英国的欧洲之困
——历史惯性与现实矛盾——

孙婉璐 ◎著

时事出版社
北京

目　　录

绪　论　1

第一章　大英帝国在欧洲格局变迁中的起与落　3
第一节　英国在霸权和衰落中的得与失　3
第二节　霸权的支点和先天性缺陷　19
第三节　寻找自身定位的国家叙事　31

第二章　英国从追求"例外身份"到脱离欧盟　42
第一节　欧洲一体化进程中英国对欧政策变化　42
第二节　"脱欧"公投：1975年和2016年的变与不变　68

第三章　"脱欧"乱局中的两位保守党首相　97
第一节　"脱欧"谈判进程及阶段性成果　97
第二节　"脱欧"三大"症结"问题及英国的现实选择　109
第三节　特蕾莎·梅政府"脱欧"协议遭拒及约翰逊的"最后一搏"　123
第四节　两位"脱欧"首相的差异比较　133

第四章	欧盟让英国深陷政治困局	151
第一节	国家主权与现实利益之间的平衡问题	151
第二节	英国政府和议会相互制衡	172
第三节	"脱欧"中的地方差异诉求	188

第五章	英国"脱欧"对未来世界政治的影响	208
第一节	"脱欧"对英国的影响	208
第二节	"脱欧"对欧盟的影响	218
第三节	对未来英欧关系及国际格局的影响	229

第六章	变局中的欧洲	255
结　语		268
参考文献		272

绪　　论

欧洲曾引领人类历史的发展，又是两次世界大战的策源地。从二战结束至冷战期间，欧洲人努力实现欧洲联合，以合作消除大国间的隔阂，取得了很大成功。冷战结束后，欧洲进一步实现联合，欧共体①发展成了欧盟。2008年以后，欧洲一体化进入了下行时期，欧洲的宏伟蓝图遭遇了一些挫折。2010年，始于希腊的主权债务危机蔓延至西班牙、爱尔兰、葡萄牙和意大利等国，欧盟的经济实力受损。2013年乌克兰危机爆发，欧洲遭遇严峻的安全挑战，欧盟与俄罗斯陷入直接军事对抗。2015年，欧洲受到大规模的难民潮冲击，法国、比利时、德国等国发生多起恐怖袭击事件，多起"黑天鹅"事件让欧洲一体化进程遇到了前所未有的挑战。英国"脱欧"是在欧盟走衰的背景下发生的，成为英国与欧盟关系的一个重要转折点。"脱欧"是近百年来地缘影响力不断衰落的英国调整"三环"在其外交比重的又一次尝试，它不是一个独立的、偶然的政治事件，而是有着深刻的历史与现实根源。英国有其特殊的国家利益和国家特质，它的重要性及在欧盟中的特立独行使其成为欧洲一体化研究的独特案例。

英国在世界历史演变中的作用非常独特，时至今日，大英帝国在世界范围留下的痕迹比比皆是，帝国的迷思也影响着一届届英国首相、议员和一代代英国人，导致它与欧洲大陆若即若离，它始终想一手牵着旧大陆，一手牵着新大陆。英国参与欧洲一体化建设的轨迹不是直线，伴随着反反复复、纠结、迷

---

① 1958年《罗马条约》生效后为欧洲经济共同体，1967年《布鲁塞尔条约》生效后称为欧共体，全称为欧洲共同体。

茫与徘徊。17—19世纪，英国通过"离岸平衡"对欧洲大陆维持均势政策，以海洋霸权作为其对外政策的总目标。二战后，英国以"抛弃"英联邦为代价，转而接近欧洲大陆，它需要欧盟，又不愿意完全融入其中。经历了1975年的"脱欧"公投，英国决定暂时留在欧共体，2016年的"脱欧"公投，让看似不可能的选项变成了现实。"脱欧"公投结果公布后，立刻引起全球政治、经济等多领域的轩然大波。"脱欧"成了2016年下半年以来的热点，其过程一波三折，几次陷入僵局。英国成了欧盟中的焦点，英国国内民众也对公投结果展开激烈辩论，与之相伴的是，英国开始谋划并一步步落实"全球英国"战略。

作为欧盟的重要成员国之一，英国开了退出欧盟的先例，给本已疲软的欧洲市场造成冲击，欧盟的稳定性也因此遭到破坏，欧盟在国际格局中的地位被削弱。欧洲一体化进程走到了一个关键路口，欧盟在相互交织的危机中无法自拔，它再一次面临往何处去的问题。同时，英国"脱欧"也将给全球经济、政治和国际格局带来诸多不确定性。英国的欧洲外交进入了一段战略模糊期。如何行走在维护国家独立性和融入地区一体化的夹缝中？有着悠久历史传统的外交大国——英国，正在给世界提供借鉴。

本书从历史脉络、大国心态、政治制度、主权观念、国家整体利益与地方利益、一体化的成效与缺陷等几个方面来阐述英欧关系。希望以下四个问题能在本书中找到答案。一是在漫长的历史时段里，理解英国如何在传统与现实之间、新意识与旧思维交互之间看待自己霸权的得与失；二是英国如何在与欧洲的爱恨纠葛中处理联合王国四个部分的合并与离心；三是"脱欧"公投后英国通过哪些步骤把"全球英国"战略落到实处，理解其在全球范围内力量投射的侧重点；四是变局中的欧盟如何改革，这些应对危机的策略会对中国产生什么样的影响。

第一章
大英帝国在欧洲格局变迁中的起与落

1700—1900年，欧洲扩张的大浪潮塑造了整个世界，英国就是这次大浪潮中的弄潮儿。作为曾经的殖民帝国、世界工业巨头和海上霸主，英国海军和商船队将触手伸向全球，影响了世界大片地区。英国的大国地位是在海权时代确立的，海洋霸权长期以来作为其对外政策的总目标。在与欧洲其他几个强国的竞争和争夺中，英国荣膺"日不落帝国"百年之久，工业革命是英国称霸世界的重要保障；同时，它作为"平衡手"对欧洲大陆采取均势政策，英国人随之在心态上萌生出帝国情结。然而，"衰落"成了过去近一个世纪英国的主旋律。纵观历史，在处理与欧洲大陆的关系上，英国常常扮演着一个纠结、复杂和矛盾的角色，如今，这个国家变得比以往更难以预料。英国的国家抱负无法与其收缩的经济基础保持一致，它一直在过去辉煌的历史和无法逆转的未来之间寻找平衡。

第一节 英国在霸权和衰落中的得与失

罗马帝国分裂后，欧洲在几个世纪的时间里重新分化组合。相比葡萄牙、西班牙、荷兰等先发海洋大国，英国人的海洋霸权来得相当迟缓。1533年，随着莫斯科公司的建立，英国才开始实行海外殖民政策。英国掠夺国外资源、进行奴隶贸易、打开他国市场、建立殖民地，随之产生的财富在英格兰超前的工业革命中扮演了至关重要的角色。正是工业革命将英国正式推向新帝国的全球霸主地位，然而，也正是新一轮工业革命，将跟不上革命步伐的不列颠新帝国，摔下了神坛。①

一、在工商业革命中崛起的新帝国

英国，伟大的海权国家同时成为伟大的机械国家。第一台炼焦炉（1735年）、蒸汽机（1768年）、纺纱机（1770年）、机械织布机（1786年）、第一件铸钢（1740年），都最先出现在英国。蒸汽船和铁路在19世纪的英国被投入使用，此时，英国的世界霸主地位似乎已成定局。② 1750年前，英国与其他国家的差别并没有那么大，但英国因工业革命而率先崛起，工业的内生性力量改变了英国的面貌，同时也改变了英国的世界地位和世界政经版图。工业革命是有文字记录以来，世界历史上人类生活最根本的一次转型。在某个短暂时期内，工业革命仅与一个国家即英国的历史重合，因此，整个世界经济都以英国为基础或者围绕英国运转，这个国家由此上升到了足以影响并支配全球的地位。1760—1830年，联合王国占欧洲工业产量增长的2/3，占世界制造业生产的份额从1.9%一跃达到9.5%，在以后的30年中，英国工业又上升到19.9%。③ 第一次工业革命鼎盛时期，英国生产了约占世界总量2/3的煤、1/2的铁、5/7的钢、1/2的棉布（限商业产量）和四成的金属器件（按价值）。④ 1860年前后，英国人口总数约占世界人口总数的2%、占欧洲人口总数的10%，却具有相当于全世界40%—60%的现代工业能力。它在现代能源（煤、褐煤、石油）的消

---

① ［英］埃里克·霍布斯鲍姆著，梅俊杰译：《工业与帝国：英国的现代化历程》（第2版），中央编译出版社2017年版，第1页。

② ［德］卡尔·施米特著，林国基译：《陆地与海洋：世界史的考察》，上海三联书店2018年版，第61页。

③ ［美］保罗·肯尼迪著，陈景彪等译：《大国的兴衰：1500—2000年的经济变迁与军事冲突》，国际文化出版公司2006年版，第38页。

④ ［英］埃里克·霍布斯鲍姆著，梅俊杰译：《工业与帝国：英国的现代化历程》（第2版），中央编译出版社2017年版，第7页。

费能力是美国或普鲁士/德意志的5倍，法国的6倍，俄国的155倍，单独占有全世界商业份额的1/5，但是却占有全世界制成品贸易份额的2/5。全世界1/3以上的商船飘扬着英国国旗。[1] 与此同时，由于工业革命对劳动力有巨大和持续的需求，英国人口在工业革命时期快速增长。英国在世界帝国最高峰时，领地面积是英国本土面积的125倍，领地面积占世界陆地总面积的1/4，国内与殖民地总人口数量也占世界总人口数量的1/4，超过了5亿人。

没有销路，也就无法为工业革命提供绵绵不绝的动力。英国本能地将海洋、商船与贸易联合在一起，大英帝国的扩张过程就像一圈涟漪层层外推。英国的工业革命催生了相对发达国家的市场，主要销售终端产品，也催生了绝对落后国家的原料市场。工业革命需要从殖民地获取原材料，也需要世界市场销售终端产品，因此推动了商业革命。真正的国际贸易时代，是不列颠帝国推动的产物，英国可以凭借向新兴工业化国家出口资本货物坐收领先者的红利。1851年的英国，不仅是世界生产车间，而且是世界性的航运商、贸易商、承保人和主要投资人。[2] 一些初级产品生产国也被卷入了全球运输体系的建设进程，新的交通体系以铁路和日益轮船化的新式海运为基础。自由贸易时代也是英国工业和经济优势自由拓展的时代，英国成为其他国家发展的示范者，全世界对英国模式的崇拜和模仿达到了顶峰。其他国家的实力难以望其项背，其发展进程基本上是英国工业革命及其技术基础的延伸。

英国崛起过程中收获过一笔巨额不义之财——靠奴隶贸易所得来的收入，布莱尔首相曾为此道歉。18世纪的贸易与征服，19世纪的工业成就了大英帝国。英格兰爆炸性的扩张之所

---

[1] [美]保罗·肯尼迪著，陈景彪等译：《大国的兴衰：1500—2000年的经济变迁与军事冲突》，国际文化出版公司2006年版，第38页。

[2] [美]诺曼·里奇著，王潇楠、王珺译：《现代欧洲史05：民族主义与改革的年代1850—1890》，中信出版社2016年版，第211页。

以成为可能,是因为其廉价又无敌的海上力量与工业潜力连接起来了,这些又与利润丰厚的大西洋奴隶贸易纠缠不清。18世纪被贩卖为奴的非洲人有半数是用英国船只运输的,从奴隶贸易中获得的利润为英国的商业和工业革命提供了润滑剂。① 18世纪后期,英国成为向美洲输送非洲奴隶的最大供货方,紧随其后的是葡萄牙、法国和荷兰,英国布里斯托尔、伦敦、利物浦和格拉斯哥成为英国运奴船最重要的母港。② 据估算,在1700年之前,有47万个奴隶被英国船只运出非洲,在18世纪和19世纪,另有42.6万个奴隶被从英属美洲殖民地运往各处。在一个半世纪的时间里,英国船只参与的人口贩运总数多达420万人,这显然是笔来钱的买卖。③

大英帝国与它之前的帝国相比哪里不同?埃里克·霍布斯鲍姆给出回答,以第一次工业革命为强大动力而崛起的强大帝国,"新"的特质可以归纳为三点。④

一是在去殖民化进程中灵活抽身。使用战争手段强抢别国领土,是所有早期殖民者共同的暴戾性表现,但英国有所不同。它不是简单的攻城略地,而是诉诸强大的军事力量,不断扩大势力范围,并在军事征服的基础上对被征服者进行强制统治。在此之前,西班牙和葡萄牙曾以跨国征服冲动掀起了现代帝国建构的帷幕,但因两国较为单纯的掠夺行为,并没能成就现代新帝国奇迹。英国由盛到衰的发展,不是一个从狂风暴雨的军事征服到国内衰退、被征服或毁灭的过程。与法国、葡萄牙或

---

① David Olusoga, "Black and British: A Forgotten History", London: Macmillan, 2016, p.199.
② 哈里·T.狄金森、李兆鹏:《英国的公共舆论、议会与非洲奴隶贸易的废除》,《英国研究》2022年第1期,第3页。
③ Joseph E. Inikori, "Africans and the Industrial Revolution in England: A Study in International Trade and Economic Development", Cambridge: Cambridge University Press, 2002, pp.227-237.
④ [英]埃里克·霍布斯鲍姆著,梅俊杰译:《工业与帝国:英国的现代化历程》(第2版),中央编译出版社2017年版,第6—7、12、14、16、23页。

俄罗斯不同的是，大英帝国的解体并没有伴随着泪水。譬如在北美殖民地，英国当局对土著居民的"友善"态度明显要超过其他殖民者。在大英帝国退出殖民地的时候，大多没有诉诸残暴的流血战争。1945年，人们对大英帝国的去向达成了共识：只要可行，所有殖民地都将缓慢地转变为自我管理的自治领。[①]但英国会千方百计地寻求帝国遗产价值最大化，继续对殖民地藩属国施加非正式的影响，为殖民地和英联邦成员国发展提供财政支持，在世界范围内维持其航海与军事基地。当大英帝国瓦解已成定势的时候，英国人在撤离之前一般都能找到最合适的代理人，把权力"和平地"交给他们，让他们看守英国的利益。结果，当世界上其他殖民帝国烟消云散、再也不见踪影时，大英帝国却留下一个"影子"英联邦。[②] 二战结束之后，殖民帝国瓦解，全球进入后帝国空间。冷战期间有人将美、苏视为两大帝国，但是，两大强国为争夺后帝国空间提供了以"解放"为核心的意识形态体系。[③] 现代世界确认的是继大英帝国而起的美帝国的那种旨在建立在无形帝国体系的政治之路。

二是与殖民地建立紧密的经济联系。从世界现代史来看，早期成功登顶全球发展巅峰的国家，秉持的都是传统帝国的行动逻辑。荷兰曾以其商业目的建构帝国，没有创立崭新的国家行为逻辑，几乎迅速败于英国而未能完型。倒是后发的英国，将古典帝国的征服逻辑与现代帝国的经济利益共谋巧妙地结合起来，并以之示范天下，提示所有试图跻身列强之林的国度，只有沿循这样的逻辑，才能开辟有形国家疆土之外的无形国际谋利空间。它不只是单方面实现帝国自身的强盛目标，还同时对被征服者和整个世界发挥积极作用。英国的独一无二性源于

---

① [英]劳伦斯·詹姆斯著，张子悦、解永春译：《大英帝国的崛起与衰落》，中国友谊出版公司2018年版，第514页。
② 钱乘旦：《〈英帝国史〉总序》，《外国问题研究》2019年第4期，第99页。
③ 孙兴杰：《后帝国空间与国家构建：反思现代国际关系的原点与限度》，《国际政治研究》2021年第5期，第72页。

英国成为世界工厂,其是带动世界经济发展的强大引擎,让新帝国的现代性鲜明地凸显出来。旧帝国无法带给人类以新的生产方式、新的生活、新的国际关系,大英帝国的发展,首先是长期蓄积内功的结果,其次才是对外战争与征服的产物。借助帝国拓展动力,不仅有军事的、政治的因素,更有经济的、社会的因素。以英国统治印度为例,历数益处:终结内乱、强化法制、统一税制、建立文官体制、引进先进教育体制及修建现代交通网络、兴建机械化工厂等。① 而此前,各个社会要素很少如此交错地发挥作用。正因如此,新帝国即使遭遇一时的国内困难,或者遭遇国家挑战,也不会催生一场国家迅疾毁灭的悲剧。诉诸军事暴力的旧帝国,与谋求利益分割的新帝国,呈现出两种不同的帝国逻辑。粗暴依然是帝国的行为纲领,但从赤裸裸的军事暴力走向经济贸易的双赢与多赢(尽管弱国也受到不平等的对待),仍然是人类社会历史上的一个显著进步。

德国与日本,尽管在工业革命方面后发先至,但这两个国家的军国主义行动逻辑,不仅没能发扬大英帝国的现代新帝国风格,反而堕入传统帝国赤裸裸的军事征服窠臼,结果不仅未能取大英帝国而代之,反而在紧张的帝国主义国家间的竞争中掉入准殖民地的陷阱。在英国的独特性中,有相当一部分源于英国很早就建立了与欠发达世界的密切联系,并致力于营造一个以自己为核心的盈利体系,无论是无形帝国还是有形帝国,其目的都是要形成一种"发达地区对落后地区、工业化区域对原材料产地、国际大都市对殖民地或半殖民地"的不对称性互补关系。

三是建立起了被征服者也乐于认同的现代国家体系。在英国工业革命高歌猛进的阶段,自由、平等、博爱等虽然是写在法国大革命旗帜上的现代基本理念,但这些基本价值在英国的

---

① J. A. Hobson, "Impeialism, A Study", New York: Cosimo, 2005, pp. 286 – 287.

现代转变中不再是简单的政治口号，而是英国社会各方面的行动指南。现代民主、宪政和法治，离开了工商经济，就无法想象。新的生产方式衍生出一种新的社会理念，社会政治整合使颠覆性的社会政治冲动逐渐冷却下来，社会政治制度和国家基本架构的稳定性得到根本保障。大英帝国率先在世界上建立了君主立宪制度、代议民主制度、现代法治制度和现代政党制度，政治制度的变革进一步导致了经济、贸易、教育和科技制度的变革，这些全新的社会政治制度最终导致了大英帝国势不可当的崛起。①

世界之所以成为今天的样子，大英帝国300年的海外扩张可谓功不可没，在北美、亚洲的大部分地区、中东、非洲以及太平洋地区，当地的人口、经济和政治生活无疑都受到了英国此前统治的影响。英语是使用最为广泛的全球性语言。而且，正是因为同英国及其价值观长期接触，全世界数以百万计的人所接受的政府管理、他们的日常生活甚至思维习惯，都被打上了英国的烙印。

二、在大国争夺中形成的海洋霸权

英国于1651—1674年通过三次大规模的海洋战争战胜了海上霸主荷兰，荷兰的商业霸权和海上优势转移到了英国手中；从17世纪末到19世纪，法国再次成为英国要敌；在19世纪中后期，世界霸主是沙皇俄国；20世纪中前期，霸权来源首先是德意志皇帝，其次是希特勒的纳粹德国；从二战结束至今，俄罗斯的威胁卷土重来。② 为防止欧洲大陆出现霸权国家，以及避免新霸权国家在海上或空中能力超越英国，英国一直很注重

---

① 俞可平、费海汀：《退而回到帝国体系，还是进而走向全球善治？——俞可平教授谈全球化时代的帝国研究和全球秩序》，《俄罗斯研究》2023年第1期，第19页。

② [美]索尔·科恩著，严春松译：《地缘政治学：国际关系的地理学》（第2版），上海社会科学院出版社2011年版，第257—258页。

维护海军和空军优势。在争夺欧洲霸权和殖民地统治权的过程中，英国通过西班牙王位继承战争，与荷兰和奥地利同盟向法国、西班牙宣战，导致1713年后法国几乎退出了德意志。经过奥地利王位继承战争、七年战争等几次重大军事较量，法国断送了大部分海外殖民地。自特拉法尔加战役（1805年）以来，英国海上强国的地位得到巩固。英国逐渐在亚洲、美洲、非洲取得了对法优势地位，并获得了海洋霸权，英国海军的船只已经游弋到了世界上的所有海域。

在欧洲大陆的几次战争中，英、法的目标是一样的，就是争夺欧洲霸权和殖民地统治权。英国全面的、无可争议的海权时代开始于滑铁卢战役之后，这是一场决定欧洲走向的战争，欧洲最令人畏惧的法国军事力量被瓦解。英国通过建立反法同盟最终挫败了拿破仑称霸欧洲的企图。1815年，维也纳和会的安排赋予欧洲当时最严密的政治秩序，英国在战争期间和战后利用其优势地位，向其他国家示意做出战略约束，促使各国就战后秩序达成协议，英国并没有使荷兰成为其卫星国，而是建立独立的荷兰。在大英帝国的引领下，著名的维也纳和会召开，欧洲权力分配变化，英、俄力量凸显出来，大国之间休战长达40年之久。① 反过来，它又通过英法同盟在克里米亚战争中阻止了俄国的南下势头，英国在土耳其的影响上升，成为地中海东部的商业霸主，俄国成了这场战争的最大输家。克里米亚战争后，英国的海权处于鼎盛时期。英国的附属国、属地、托管国和孤立的贸易站组成了一个联邦，它们大多都靠近海洋，地球上的24个时区中均有大英帝国的领土。

19世纪大部分时间是名副其实的大英帝国的世纪，英国因广袤的帝国领土和海上优势一直都是世界经济的翘楚，作为头号殖民帝国、世界工业巨头和海上霸主，英国确立了无可争辩

---

① ［美］约翰·伊肯伯里著，门洪华译：《大战胜利之后：制度、战略约束与战后秩序重建》，北京大学出版社2008年版，第72—74、89页。

的优势地位。1869年苏伊士运河开通后，伦敦到孟买的航程被缩短了40%，短至约11587公里。英国通过直布罗陀、多佛、好望角、亚历山大、新加坡这"五把战略大锁"（也称"锁住世界的五把钥匙"）以及日益密布的航线保障其海洋霸权。①

三、"日不落帝国"金色之光渐黯

第一次工业革命成就了大英帝国一强独霸，第二次工业革命却不是一个国家独领风骚，而是多个国家迅速崛起，尤其是德国和美国，英国的优势逐渐丧失。19世纪的最后25年，英国经济发展速度降了下来。1885—1913年，英国工业产值增长率为2.11%，而德国增长率为4.5%，美国的增长率高达5.2%。② 1883年，英国皇家海军有38艘战列舰，而世界上其他国家加在一起只有40艘。③ 1906年，美国的钢、铁、煤产量全面超过英国，德国的钢产量也超过了英国。④ 1951—1952年，英国出口额和工业产值都与法国和联邦德国加起来相当。随后，英国世界经济排名先后在1958年被联邦德国、1964年被法国、1965年被日本超过，下降到了第五位，靠英联邦和欧洲自由贸易联盟（European Free Trade Association，EFTA）并没能解决英国"不可逆转的相对停滞"。1976年，英镑危机发生，英国向盟友美国和国际货币基金组织求助。20世纪六七十年代，英国衰落的越来越明显，人们当时习惯性地认为，英国只是一个区

---

① 贾珺：《1815—1914年英国海权特点分析》，《军事历史研究》2006年第1期，第131页。
② ［美］费利克斯·吉尔伯特、大卫·克莱·拉奇著，夏宗凤译：《现代欧洲史06：欧洲时代的终结，1890至今》，中信出版社2016年版，第44页。
③ ［英］戴维·雷诺兹著，廖平译：《英国故事：从11世纪到脱欧动荡，千年历史的四重变奏》，中信出版社2021年版，第30页。
④ ［美］费利克斯·吉尔伯特、大卫·克莱·拉奇著，夏宗凤译：《现代欧洲史06：欧洲时代的终结，1890至今》，中信出版集团2016年版，第44页。

域性大国。① 人们把当时衰落的英国戏称为"欧洲病夫",将英国当时的衰落状态戏称为"英国病"。

在20世纪80年代的最后几年,英国国内生产总值仅超世界生产总值的4%,大致是美国的1/7至1/6、日本的1/3、德国的2/3。1993年,英国捕捞的鱼的数量不到世界总量的1%,在渔业国家中仅排第二十七名。英国曾经雄霸海上,如今在航运国家中也仅排第二十四名,在进行航运的世界船舶中仅不到1%挂着英国商船旗。在世界商业港口中,英国最大的港口伦敦处在第二十九位,远远落后于鹿特丹、安特卫普、马赛,也远在汉堡和勒阿弗尔之后,而这还只是列举了欧洲的竞争对手。1993年前,在经济合作与发展组织(OECD)的欧洲国家里,有13个国家的出口增长都快于英国。② 英国作为贸易大国的衰落相对缓慢,但结果大同小异。③ 1979年,奉行新自由主义的保守党连续执政英国18年,希望借此终结令人束手无策的衰落。20世纪90年代中期,英国大部分选民得出结论:保守党无法扭转英国的衰落。1997年,他们便通过选票让工党执政,这一执政就是13年。撒切尔夫人在回忆录中承认,某种程度的衰落是难以避免的,1979年的英国,已经成了一个遭受过重创的国家。扭转衰落趋势几乎就是撒切尔夫人政治生涯的主旋律,她无力地回应道,"我们先是过高估计了我们的实力,现在又过高估计了我们的无能"。

以下4张图表从不同角度侧面反应了英国的衰落趋势。

---

① Thus John van Wingen and Herbert K, "Tillema, ritain Military Intervention after World War Ⅱ: Militance in a Second-rank Power", Journal of Peace Research, 4XVII, 1980, pp. 291–303.

② [英]埃里克·霍布斯鲍姆著,梅俊杰译:《工业与帝国:英国的现代化历程》(第2版),中央编译出版社2017年版,第337—338页。

③ David Reynolds, "Britannia Overruled: British Policy and World Power in the Twentieth Century" (2nd edn), London: Routledge, 2000, p. 11.

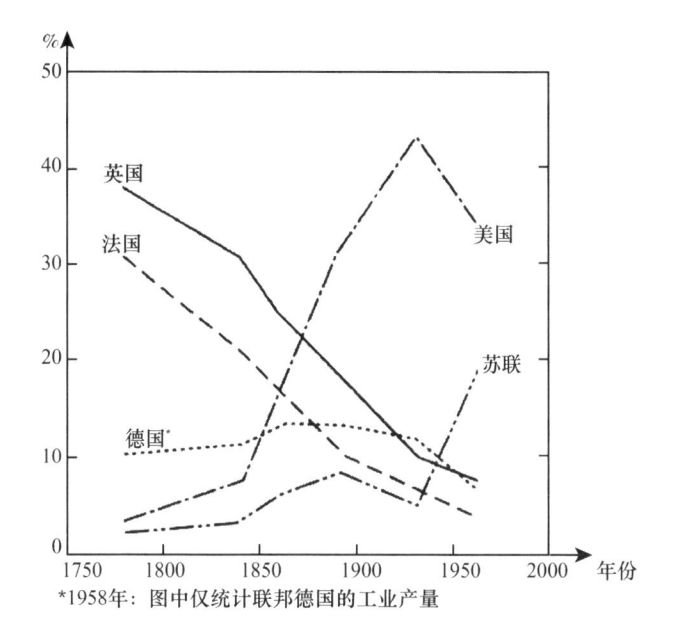

图1　英国工业产量占世界工业产量的百分比（1750—1958年）①

*1958年：图中仅统计联邦德国的工业产量

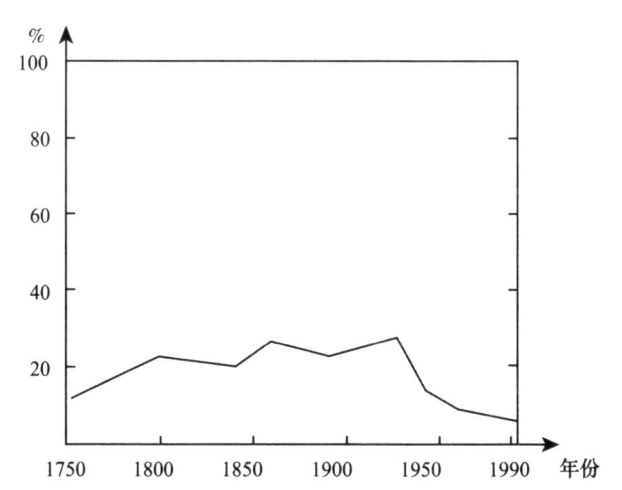

图2　不同时期英国贸易占世界贸易的份额（1750—1990年）②

---

① ［英］埃里克·霍布斯鲍姆著，梅俊杰译：《工业与帝国：英国的现代化历程》（第2版），中央编译出版社2017年版，第362页。

② ［英］埃里克·霍布斯鲍姆著，梅俊杰译：《工业与帝国：英国的现代化历程》（第2版），中央编译出版社2017年版，第369页。

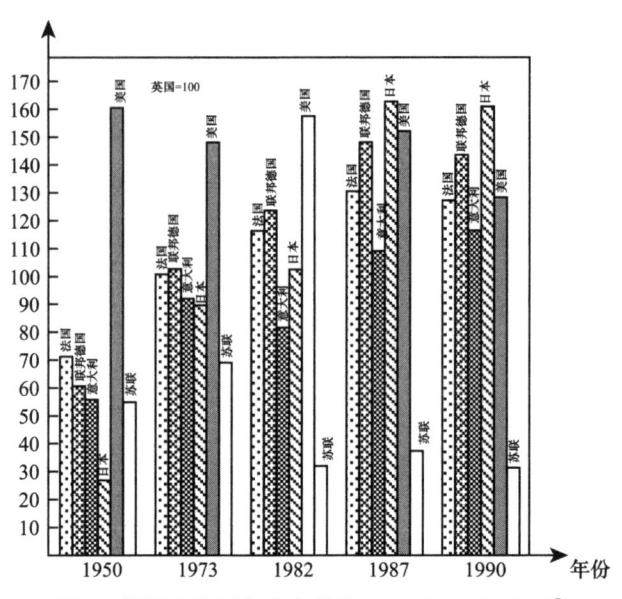

图3 英国人均国内生产总值（1950—1990年）①

表1 1880—1938年世界工业制成品出口比例（单位:%）②

国家 \ 时间	1880年	1900年	1913年	1928年	1938年
英国	22.9	18.5	13.6	9.9	10.7
美国	14.7	23.6	32.0	39.3	31.4
德国	8.5	13.2	14.8	11.6	12.7
法国	7.8	6.8	6.1	6.0	4.4
俄国	7.6	8.8	8.2	5.3	9.0

资料来源：Paul Kennedy,"The Rise and Fall of the Great Powers: Economic Change and Military Conflict From 1500 to Present", New York: Random House, 1987, p.202。

世界进入新千年时，英国固然不是冠军的争夺者，但也没

---

① ［英］埃里克·霍布斯鲍姆著，梅俊杰译：《工业与帝国：英国的现代化历程》（第2版），中央编译出版社2017年版，第363页。
② 卢凌宇、鲍家政：《从制造者到索取者：霸权衰落的逻辑》，《世界经济与政治》2019年第9期，第84页。

有面临什么重大不测的前景。2011年,英国的皇家"方舟号"航空母舰被拖着经过战火纷飞的利比亚,前往土耳其的一家拆船厂。这一景象体现了英国的没落。如果没有美国广泛的后勤支援,英国连干涉利比亚的行动也不可能成功。在伊拉克和阿富汗,英国军队基本上没能控制住叛乱。[1] 此后的英国,无论是凸显凯恩斯主义的政府调节,还是张扬撒切尔主义的市场化改革,都没能让"英国病"停止。它不能扭转衰落,但要把握衰落,缓解下滑所带来的冲击。

四、"英国霸权"落景挂桑榆

18世纪,英国为了欧洲稳定和全球争霸只与法国发生冲突。19世纪,英国四面出击。与18世纪相比,欧洲在军事上的花费更多。1861年和1871年,美国和德国相继统一后,地缘政治格局发生了重大变化。在19世纪末和20世纪初争夺非洲带有侵略性的扩张中,英国与欧洲其他所有大国都发生了摩擦,它在解决了与日本、法国和俄国的矛盾后,才集中力量与德国开展竞争。[2] 19世纪和20世纪之交,英国发动的布尔战争是它殖民扩张的分水岭和殖民体系瓦解的拐点。20世纪,英国转为被动还击,试图保卫其在1815年之后欧洲难得的和平时期所巩固下来的全球地位,但却在欧洲内部受到了新兴德国的挑战,又在全球范围内被两个拥有大陆体量的对手——美国和苏联所超越。

1910年,德国已经成为仅次于美国的世界第二大国家,此时的英国奉行"光荣孤立"政策,拒绝签订任何具有军事义务的同盟条约,以免约束其在欧洲大陆的行动。1914年,欧洲占

---

[1] [美]索尔·科恩著,严春松译:《地缘政治学:国际关系的地理学》(第2版),上海社会科学院出版社2011年版,第221页。
[2] [美]杰克·斯奈德著,于铁军等译:《帝国的迷思:国内政治与对外扩张》,北京大学出版社2007年版,第8页。

领了全球大约 84% 的领土。① 这一年，英国内阁决定参战是由德国入侵比利时触发的，这一侵略行动触发了英国保护低地国家独立的传统政策。一战后，英国经历了最后一次扩张，获得了德国在太平洋、非洲和中东的"委任"领土。② 虽然统一后的德国在 4 年内首次争夺霸权的企图被挫败，但英国的胜利是在美国的大力帮助下才取得的，这场得不偿失的胜利让英国消耗了近百亿英镑的战费，背上了沉重的债务负担。4 年 3 个月的战争，英国伤痕累累，产生了巨大的商船损失，出现了国内生产总值下降、海外资产减少和海外市场萎缩等状况。③ 维持了几个世纪的"日不落帝国"其世界政治、军事霸主地位名存实亡，无奈地承认了一战后不再是全球霸主的事实。

法国在 20 世纪二三十年代一直与英国竞争，而日本对英国的威胁在 1937—1942 年尤为严重，实现了工业化的日本已经在 1894 年、1895 年和 1904 年、1905 年打败了中国和俄国。但是最大、最持久的挑战来自德国。英国在面对迎头赶上的经济体时，应对的方式为巩固现有优势，其中之一就是海军工业复合体。英国军火在两次世界大战期间得到了极大的发展，并因为冷战而得以延续。20 世纪二三十年代，化工业、电气业、航空业和汽车业让英格兰中部地区经济重获新生，为英国在空军时代迎接二战做好了准备。

一战后仅度过 21 年时间，战争再次打响。德国挑起战争，法国很快出局。美国在一开始并未参战，但承诺不会允许德国成为最后的赢家。英国给美国提供了莫大的帮助，美国为英国提供大量驱逐舰和战争物资来对抗德国，英国几乎将西半球所有的军事设施交给美国。美国控制了这些军事设施，并获得了

---

① ［美］菲利普·霍夫曼著，赖希倩译：《欧洲何以征服世界？》，中信出版社 2017 年版，第 177 页。

② 赵怀普：《英国与欧洲一体化》，世界知识出版社 2004 年版，第 14 页。

③ 柏来喜：《代价高昂的胜利——浅析英国在第一次世界大战中的经济损失及其影响》，《兰州学刊》2008 年第 2 期，第 141 页。

英国北大西洋的钥匙，这把钥匙正是国家通往世界的入口。①1944年后，美国便永久地介入了欧洲。英国在安全上与大西洋对岸的世界头号核超级大国结为同盟。德国投降时，英国在军事和工业上排名世界第三，但与美苏差距甚远，还有部分原因是德国和日本战败了。为了在第一集团中保住地位，1952年，英国在澳大利亚成功试射原子弹，至此，核世界"三足鼎立"。

五、大英帝国在殖民地的战略收缩

很多人把1956年苏伊士运河事件看成是英国权力下滑的标志性事件，实际上，在此之前的很多事件，都足以体现其权力下滑。19世纪下半叶，各殖民地相继开始反抗英国的统治，最终在20世纪燃成燎原大火，1945年后，英国与白人自治领之间的纽带被严重弱化了。在这一过程中，那些英国价值观，比如独立、自由、宪政、主权这一类口号，恰恰成为反抗英国统治的有力武器。如果人民是自由的，为什么要接受英国的统治？如果宪政意味着人民主权，那么殖民地人民组织起来，就要结束英国的统治！② 英国人自视甚高的那些教条，曾被作为英国人有理由统治其他民族的合法性依据，竟然最终由被大英帝国统治的人民拿来反对英国的统治。多米诺骨牌式的去殖民化进程由此展开，大英帝国的版图日渐萎缩。

1942年初，英国在东南亚的殖民帝国在日军迅猛攻势下土崩瓦解，日本的冒险行动使它在几周之内将英国赶出香港、马来亚（马来西亚西部）地区和新加坡。1946年，艾德里首相宣布了印度在大英帝国之外的独立地位。③ 反抗殖民主义的力量

---

① ［美］乔治·弗里德曼著，魏宗雷、杰宁娜译：《弗里德曼说，下一个一百年地缘大冲突》，广东人民出版社2017年版，第22页。
② ［英］劳伦斯·詹姆斯著，张子悦、解永春译：《大英帝国的崛起与衰落》，中国友谊出版公司2018年版，第Ⅲ页。
③ 《英国"允许"印度独立》，《世界知识》1946年第7期，第5页。

在二战后逐渐强大。20世纪60年代以前,英国的自治领和殖民地仍是英国世界大国地位的基础和力量源泉。① 20世纪六七十年代,英国衰落得更加明显,并因此撤出苏伊士运河以东地区。到20世纪70年代后期,欧洲的殖民帝国真正消失了,西欧也在发展军事技术的竞赛中日益落后,由于无法与美、苏两个大国抗衡,西欧没有参加冷战所引发的军备力量竞赛,美国的保护让西欧国家不劳而获。②

英国资本主义为什么被德国、法国以及其他后来者逐渐赶超了呢?一种观点认为,截至20世纪50年代,英国大而不当的全球承诺以及由此产生的巨额国防开支严重妨碍了该国的经济发展。③英国的战略目标如下。第一,它的一贯做法是保护低地国家(英格兰的外崖),防止其被别国入侵。第二,努力防止欧洲大陆出现可以越过英吉利海峡袭击英国的霸权国家。英国过去实现上述目标的一种方式就是建立海外帝国,扩大在欧洲大陆的影响力,或避免让对手占据这些领土。相反,这些领土在20世纪下半叶成为战略和意识形态的负担,英国通过跨大西洋联盟在欧洲找到了可以替代的安全保障之后,这些领土就被抛弃了。④英国相继在1967年和20世纪70年代中期宣布从新加坡和马来西亚撤军,否决了"苏伊士以东"的军事承诺。

英国白人移民征服了殖民地的土著居民并定居下来,历届伦敦政府进行了越来越多的权力下放,但有计划的权力下放政策被用于那些拥有大量英国定居人口和财政独立能力的殖民地。

---

① 赵怀普:《英国与欧洲一体化》,世界知识出版社2004年版,第117页。
② [美]菲利普·霍夫曼著,赖希倩译:《欧洲何以征服世界?》,中信出版社2017年版,第201页。
③ [英]比尔·考克斯等著,孔新峰、蒋鲲译:《当代英国政治》(第4版),北京大学出版社2009年版,第59页。
④ [英]布伦丹·西姆斯著,李天云、窦雪雅译:《千年英欧史》,中信出版社2021年版,第226页。

"非白人"殖民地则不同,因为在1945年以后,它们基本上还被英国认为没有自我管理能力。在这些殖民地,英国采取了更为专制和武断的手段,建立由一位英国总督领导的非民选政府,在伦敦的监督下行使某些委任的权力。即便是那些看似对英国利益微不足道的殖民地,如西非、西印度群岛或马尔维纳斯群岛,伦敦也仍抓着不放,因为担心其他大国趁虚而入。英国试图将持续统治的代价降到最低,因而对贫困和不发达问题睁一只眼闭一只眼。这是一个廉价的帝国:英国获取得不多,投入得也很少。[1]

大英帝国的跌落过程是漫长而痛苦的,耗时长达一个世纪,英国缓慢地对外部世界的变化做出反应。实力是相对的,如今我们衡量英国实力时,不应该与过去的英国相比,而要与它今天的竞争对手相比。大英帝国从极盛到衰败,不是国家的衰败,英国仍然处于发达国家行列,它仅失去了世界霸主地位而已。

第二节 霸权的支点和先天性缺陷

英国凭借海军、殖民地和海外贸易三大要素,争得了海上优势。英国为什么能取得全球突出地位?这是由于它把制海权、财政信用、商业才能和结盟外交巧妙地结合起来了。[2] 但是,联合王国也有其先天弱点,工业革命以后,社会阶层的巨大差异曾一度成为英国社会裂变的主要原因,伦敦政府在处理联合王国各民族之间的关系上从未有过长期一致的观点,苏格兰的独立倾向越发明显,北爱尔兰问题令历届英国政府紧张头痛。

---

[1] [英]戴维·雷诺兹著,廖平译:《英国故事:从11世纪到脱欧动荡,千年历史的四重变奏》,中信出版社2021年版,第35—36页。
[2] [美]保罗·肯尼迪著,陈景彪等译:《大国的兴衰:1500—2000年的经济变迁与军事冲突》,国际文化出版公司2006年版,第38页。

一、大英帝国霸权的支点

（一）地缘政治优势与制海权

英国恰好坐落在一片被海水覆盖的岩石台地上，如果这片土地再抬高约183米，英国就不仅会跨越多佛尔海峡，而且会跨越整个北海和英吉利海峡，与欧洲大陆连在一起，这具有重要意义。[1] 英国因海而兴，它是一个面积相当大且能够供养大量人口的岛国，这里全年都能够进行土地和海上劳作。大英帝国疆土内距离海洋最远处也不过约128公里，英国具有发展海洋事业强烈冲动下的"历史力量"。[2] 它在海上力量依旧重要的时代拥有一个相对安全的岛屿基地。海权是英国国运的支柱和基石，海洋利益构成了英国的核心利益，英国对威胁的判断很大程度上是从对其海权的威胁出发的。[3] 在皇家海军打败西班牙无敌舰队后的数百年中，英国的财富、权力和荣耀诞生于海洋，皇家海军推动英国从欧陆边缘走向世界中心，英国所建立起来的海洋霸权最终超越了之前所有的国家，建立了一个对大洋实行统治的世界霸权。

岛屿位置给予英国大陆邻国所不具备的天然安全屏障和缓冲空间，近代以来欧洲大陆国家彼此战争不断，英国成功远离欧洲大陆国家间频繁的战争侵扰，集中全力发展本国的海外贸易。历史上，西班牙、法国、德国等都先后费尽周折统治过欧洲大陆，但却没有一个国家能跨过英吉利海峡，没有一个国家能够击败英国。[4] 这道

---

[1] [英]詹姆斯·菲尔格里夫著，胡坚译，《地理与世界霸权》，浙江人民出版社2016年版，第149页。

[2] 于少龙：《地缘政治观视角下英国欧陆政策研究》，博士学位论文，北京外国语大学2022年，第36页。

[3] 胡杰：《预防性战争：英国应对海权威胁的惯性思维——基于三大历史案例的考察》，《边界与海洋研究》2022年第1期，第48页。

[4] [美]乔治·弗里德曼著，魏宗雷、杰宁娜译：《弗里德曼说，下一个一百年地缘大冲突》，广东人民出版社2017年版，第21页．

海峡保护了英国免遭1588年反宗教改革的西班牙、1803—1805年拿破仑统治的法国以及1940年纳粹德国的入侵。与之不同，国土疆域近似六边形的法国邻国较多。法国有建立庞大陆军体系的急迫需要，它发动一系列战争确立欧陆霸权地位。英国有周围的海域作为屏障，能在较少遭到外部干预的情况下实施国内政策，因此，英国国内政策自主性空间比较大。①

海洋不仅是保障，也是一条进取的通道。作为西欧的岛国，英国无疑是具有海洋思维的国家。英国是一个日益依赖粮食和原料进口的岛国，而大部分制成品则用于出口，因此，对海域的控制尤为重要。英国通过强大的海军和商业船队投射力量，在全球各地建立战略据点，尤其是"锁住世界的五把钥匙"。皇家海军很受重视，与其他大国相比，英国更为依赖海军，英国陆军的地位与西班牙、法国以及德国陆军在政治中的地位不同，陆军在英国政治舞台上没有成为一个要角。②

很多英国研究中都提及这一地缘优势，但由于军事技术发展，在空中力量、远程导弹和核武器时代，轰炸机和核导弹都可以轻而易举地跨越英吉利海峡，这道海峡的地缘优势所带给英国的战略安全价值被减弱了。

（二）有选择的"绥靖"政策

张伯伦让"绥靖"这个词更多地蒙上了贬义色彩，实际上，英国在计算扩张的边际成本和收益方面算是比较成功的。在遇到负面反馈时，英国几乎总是学会收缩力量。③它在大多数时候都是一个好的学习者和机敏的"绥靖"者，避免同时威

---

① 于少龙：《地缘政治观视角下英国欧陆政策研究》，博士学位论文，北京外国语大学2022年，第36页。
② ［英］布赖恩·莱弗里著，施诚、张珉璐译：《海洋帝国：英国海军如何改变现代世界》，中信出版社2016年版，第XI页。
③ Malcolm Yapp, "Strategies of British India, 1798 – 1850", Oxford University Press, 1980, p. 335, pp. 341 – 343.

胁几个大国。很少有人去追溯英国的"绥靖"政策是从什么时候开始的，但一战开始之前，英国就有这种政策倾向了。当它与法国、美国或者俄罗斯的关系很不好时，通常都是英国付出代价来解决分歧，尽管强调了相互的善意和宽容。例如，当德国成为棘手的问题时，英国就做出让步，采取削减海军预算等措施以示善意，英国政府的外交仍旧让德国过于沉迷权力政治游戏，没有把注意力和金钱用在国内事务上。① 这或许可以解释，为什么大英帝国维持了这么长时间。

20世纪早期，美国明显是在西半球占支配地位的国家，英国在那一地区仍有重要利益，但还是决定放弃，与美国建立良好的关系。因为，德国在欧洲兴起，对英国的威胁要比美国大得多，这迫使英国向美国让步，以便集中精力对付德国，最终，英、美在两次世界大战中联手对付德国。② 约翰·米尔斯海默把这称为"出于现实原因的权力让予"。英国的大战略家也有转向过度扩张政策的时候，但通常很快就会采取矫正措施。③ 例如，在19世纪50年代，为了永久性地摧毁俄国力量，并通过直接使用武力确立英国霸权，帕默斯顿首相险些把克里米亚战争扩大为一场全球性的战争，但他的这一政策遭到更为审慎的内阁成员的阻止。④ 同样，19世纪90年代，"争夺非洲"的政策使英国卷入一场同南非的耗资甚巨的陆上战争，激起了欧洲所有大国的敌视，因而削弱了英国的海上霸权地位。此后，为恢复英国的战略地位，英国政治家与他们的殖民对手签署了

---

① Paul Kennedy, "The tradition of appeasement in British foreign policy 1865 – 1939", Cambridge: Cambridge University Press, 2009, p. 203.
② [美] 约翰·米尔斯海默著，王义桅、唐小松译：《大国政治的悲剧》，上海人民出版社2003年版，第227页。
③ [美] 斯奈德著，于铁军等译：《帝国的迷思：国内政治与对外扩张》，北京大学出版社2007年版，第10、164—165页。
④ Winfried Baumgart, "The Peace of Paris 1856", California: Santa Barbara, 1981, p. 17.

一系列和解性协约。①

（三）金融制度的变革与创新

伦敦拥有悠久的银行业传统，1694年，建立在信用制度基础上的英格兰银行成立，伦敦成了全世界独一无二的仅凭一张纸币就能随意换黄金的地方（后来纽约的华尔街与它共享此誉），在这里可以用比其他地方更少的能量安全地从事贸易活动。英国所有商品买卖都通过银行的簿记系统得到简化。英格兰银行成为整个欧洲银行业的摹本，而这源于对荷兰经验的学习和借鉴。

1688年的英荷联盟让英国人首次得以了解荷兰几家重要的金融机构，以及它们先进的金融机制。先进复杂的金融机制让荷兰人不仅能够为它在全球范围内的贸易融资，也让他们得以建立一流的海军来保护其安全。后来，这些机制在英格兰得到更为广泛的应用。与创建成功的阿姆斯特丹银行类似但又不完全相同，伦敦的银行也引入了荷兰的国家公共债务体系，通过一个能够自由买卖长期债券的证券交易所融资。这使得政府能够获得很低的利息贷款，从而增强了开展大规模项目的能力，包括发动战争的实力。② 英国七年战争获得胜利，一个关键的优势就是它较之法国有借贷能力。英国1/3的战争经费都是通过融资获得的，它的金融制度在威廉三世时期就复制了荷兰模式，又将这些模式完全融入到自己的体制中。1868年，只有英国和它的一些经济依附国——葡萄牙、埃及、加拿大、智利和澳大利亚实行金本位制。到了1908年，金本位制度成为当时大多数国家的选择。③ 金本位和英镑几乎对等，金融霸权地位使

---

① George W. Monger, "The End of Isolation: British Foreign Policy, 1900 – 1907", London: Thomas Nelson and Sons Ltd, 1963, p. 114.

② [英]尼尔·弗格森著，雨珂译：《帝国》，中信出版社2012年版，第20—21页。

③ 刘婷婷：《英国崛起过程中制度创新的动因探析》，《山东工会论坛》2016年第2期，第123页。

其可以通过对外投资和国际融资等方式来获取利润，这些无形贸易收益一直能够有效地补足其工业竞争力衰退留下的空缺。这一制度在很大程度上保证了国际收支平衡，有助于国际资本流动。1850年，英国的海外资本仅占其国民财富的6.8%，1913年时这一比例则高达35.2%。① 伦敦逐渐成为金融网络的制高点，同时也是英国的主要港口、资本中心和铁路交通网中心。②

（四）通过贸易和财富支撑消耗战争对手

当英国、荷兰两国进行持久性战争时，英国的策略是比消耗，荷兰国土面积小、人口少的劣势就暴露出来了。英国在土地资源与人口资源上比荷兰要丰富得多，其人口数量是荷兰的2.5倍。英国源源不断地培养水手和制造大量的船只。英国人挑起4次英荷战争，荷兰人在海上的利益被英国人抢走，而荷兰人在陆地上的领土则被法国人侵占。③ 后来英国与虚弱不堪的荷兰结为同盟，开始摧毁法国海军和航运事业。法国的弱点是缺乏能够蓄积能量的海上贸易活动。英国能够从欧洲运来军队、金钱和供应品，同时又能阻止法国这样做。④ 持续不断的资源消耗使法国的舰船得不到补充，法国资源都消耗在其陆地边境战争上了。英国借助贸易得来的利润，在没有太大压力的情况下源源不断地支持其在陆地上的战争，直到法国精疲力尽为止。

英国还经常以它的商业利润来支持敌人的对手，使它们的资源消耗在大陆战争上，与此同时，那些源源不断的商业机会

---

① 卢凌宇、鲍家政：《从制造者到索取者：霸权衰落的逻辑》，《世界经济与政治》2019年第9期。

② 王朝阳、何德旭：《英国金融服务业的集群式发展：经验及启示》，《世界经济》2008年第3期，第93页。

③ ［英］詹姆斯·菲尔阿格里夫著，胡坚译：《地理与世界霸权》，浙江人民出版社2016年版，第155页。

④ ［美］斯塔夫里阿诺斯著，吴象婴等译：《全球通史：从史前到21世纪》（第7版），北京大学出版社2005年版，第438页。

纷纷落到了英国手中。① 在绝大多数时候，英国并没有在欧洲大陆部署庞大的陆军，而是利用其商业财富和稳定的国债，雇佣外国军队来为欧陆同盟作贡献。例如在七年战争激战正酣的1760年，英国资金维持的军队规模共18.7万人，而被派往德意志的英国和爱尔兰军人只有2万人。②

（五）帝国让不列颠称得上"大"

英国人建立的更大的不列颠，主要聚焦在加拿大、澳大利亚、新西兰和南非等"白人自治领"。20世纪初，英国和爱尔兰的人口只有4200万，而美国和俄罗斯的人口分别为7600万和1.33亿。如果算上英国海外领地，就完全不一样了。1815—1914年，约2200万人从不列颠和爱尔兰移民到欧洲以外，不列颠和爱尔兰是那个时期欧亚国家最大规模的人口流出地，其中65%的人口（1430万）去了美国，19%的人口（420万）移民加拿大，将近11%的人口（240万）移民澳大利亚，20世纪20年代又增加了100万流出人口。③ 20世纪30年代，超过95%的澳大利亚人和近50%的加拿大人拥有英国血统。④ 从英国过去的源源不断的移民维持着与母国之间的纽带。1913—1938年，英国海外殖民地在英国出口份额中所占比例从22%上升到47%。一直到20世纪60年代末，帝国/英联邦和英镑区构成了英国对外经济政策框架，它试图用一个享有特权的商品和资本市场使英国国内经济不受国际竞争的影响。

在18—20世纪，英国参与的全球战争都证明了：帝国是最"帝国化"的，没有哪场战争比二战更能证明这一点——帝国

---

① ［英］詹姆斯·菲尔格里夫著，胡坚译：《地理与世界霸权》，浙江人民出版社2016年版，第159、162页。

② Daniel Baugh, "Great Britain's 'Blue-Water' Policy, 1689–1815", International History Review, Vol. 10, No. 1, 1998, pp. 53–54.

③ John Darwin, "Unfinished Empire: The Global Expansion of Britain", London: Bloomsbury Press, 2012, pp. 90, 95.

④ Cf. T. O. Lloyd, "The British Empire, 1558–1983", London: Oxford University Press, 1984, p. 403. 关于"不列颠民族主义"，参见 Darwin, Empire Project, ch. 4。

是一个整体。① 帝国在危急关头可以提供物资和兵力。在两次世界大战之间，国家自豪感继续与不列颠身份认同感并存，"不列颠民族主义"在动员民众支持母国中发挥了很大作用（见图4）。一战期间，英国调动了670万人（青年男性）参战，其中约70万人牺牲；加拿大招募了约63万人，46万人被派往海外；澳大利亚招募了41万人，33万人被派往海外；新西兰招募约13万人，11万人被派往海外；南非招募了约14万人，7.6万人被派往海外。非欧洲国家的帝国成员是如此慷慨，即便这场战争与他们的切身利益相去甚远。② 1939—1945年，"帝国外包"就更明显了，大英帝国和英联邦5亿人民为实现这一胜利发挥了核心作用。③ 印度贡献了超过了250万人，印度第5师与在苏丹的意大利人、在利比亚的德国人、在缅甸的日本人共同作战，澳大利亚和新西兰军队在太平洋和中东作战，南非人在中东和东非作战。二战期间，英国及其帝国成员动员了相当于103个师的兵力参战，其中只有47.6%的人在英国长大。④

作为帝国皇冠上的明珠，英国在印度的利益非常重大。1900年前后，英国商品占了印度进口商品份额的60%，印度的税收被用来支持一支由英国人指挥的英印军队和一支庞大的英国驻军以维护或扩张英国远至埃及（1882年）、苏丹（1896年）和中国（1900年）的帝国利益。⑤

---

① Ashley Jackson, "The British Empire and The Second World War", London: Hambledon Continuum, 2006, p. 21.

② Denis Judd and Peter Slinn, "The Evolution of the Modern Commonwealth", London: Macmillan, 1982, p. 38.

③ Ashley Jackson, "The British Empire and The Second World War", London: Hambledon Continuum, 2006, p. 40.

④ Ashley Jackson, "The British Empire and The Second World War", London: Hambledon Continuum, 2006, pp. 37 – 38.

⑤ [英] 戴维·雷诺兹著，廖平译：《英国故事：从11世纪到脱欧动荡，千年历史的四重变奏》，中信出版社2021年版，第36、194页。

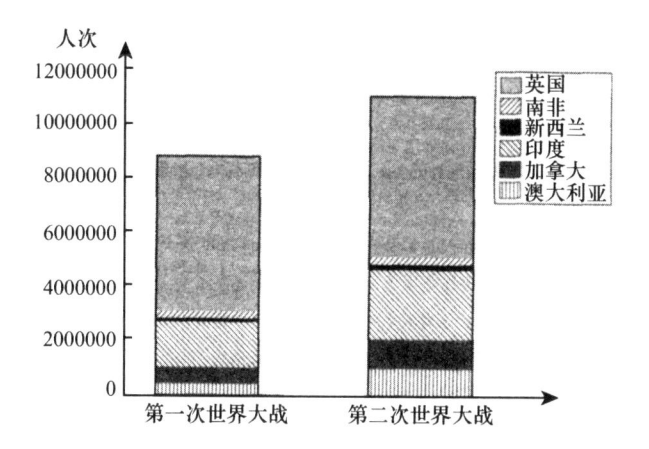

图4 两次世界大战中大英帝国动员参军的总人数①

二、大英帝国的先天性缺陷

（一）不稳定的联合王国

联合王国的统一向来问题重重。一个不列颠高歌猛进的故事，就是英格兰将侵略扩张的触手伸进威尔士、苏格兰以及爱尔兰。英国的国体一开始是王位的联合，16世纪30年代对威尔士的兼并较早也较容易，但1707年与苏格兰以及1801年与爱尔兰的联合都是借助了两次对法兰西帝国战争所带来的安全危机才得以实现。② 天主教占多数的爱尔兰很难治理，多次给英国本身带来考验：爱尔兰问题在17世纪40年代对内战起到了推波助澜的作用，1914年前又引发了自治运动危机，英国对德宣战才平息了爱尔兰局势。爱尔兰岛在1920年被一分为二，于是暂时的权宜之计就这样固化为至今的现实，一边是独立的天主教国家，另一边是新教徒占多数的阿尔斯特。这个剑拔弩张的地区仍然抓着自己在联合王国内的英国属性不放，但在爱

---

① [英]尼尔·弗格森著，雨珂译：《帝国》，中信出版社2012年版，第265页。

② "大不列颠及北爱尔兰联合王国"，1801—1922年没有"北"字。

尔兰岛其他地区，不列颠性未能立足。北爱尔兰地方政府受伦敦资助，中央政府对北爱尔兰的"偏袒"引起了苏格兰的不满。

联合并不是统一。从18世纪开始，大英帝国的全球活力以及两次世界大战的漫长危机掩盖了一个统一的"不列颠民族"的缺失。1914年，英国对德宣战，民族问题的政治辩论消失了，战争让英国的价值观与一个新兴且具有威胁性的他者对抗，这次是军国主义的德国而不是天主教的法国。二战中，参与对德战争让不列颠的认同感在苏格兰和威尔士又一次焕发生机。① 苏格兰人和威尔士人在英国辉煌时刻的国家叙事中也有份。

英国是个政治概念，而英格兰、苏格兰或威尔士更多的是情感概念。② 苏格兰人、威尔士人和北爱尔兰人的特性并未因成为英国人而消失。"爱国"成了相对模糊与困难的概念，人们至今仍挣扎在多重身份中，在相互冲突的身份与忠诚中作决策。苏格兰和威尔士的权力下放进程表明，英国正在重提一战之前的争论。

有一种说法并不夸张，即"英格兰制造了联合，苏格兰使之成功"③。苏格兰低地地区在很长时间内有自己的中央政府。1707年，存在了800多年的苏格兰与英格兰合并，二者因利益走到一起。成为英国贸易网络的一部分让联合后的苏格兰获利颇丰，苏格兰依靠先进的教育制度和启蒙运动的遗产，加上煤炭等关键自然资源和工业生产能力，在英国影响下的世界里，连本带利都赚回来了。帝国对外贸易、殖民地和陆军全都不成比例地依赖英格兰之外的人力，特别是苏格兰。英格兰与苏格

---

① Jack Brand, "The National Movement in Scotland", London: Routledge and Kegan Paul, 1978, p.49.

② 桂涛：《英国：优雅衰落——"脱欧"时代的权力、荣耀、秩序与现实》，生活书店出版有限公司2019年版，第50页。

③ Robert Colls, "Identity of England", New York: Oxford University Press, 2002, p.49.

兰联合，意味着一下子获得了数十万可以保卫国土与海洋的人力，统一的不列颠是保障帝国对外扩张的重要政治基础，苏格兰也再不会成为法国等国入侵英格兰的跳板。[1] 联合后的苏格兰人可以管理自己的事务，有关安全和秩序问题的事务除外。苏格兰一直是权力下放最为充分的地区，威尔士议会权力远小于苏格兰议会。苏格兰对权力下放甚至独立的呼声愈发强烈，因为它在人力、财力和贸易方面的贡献远超出其自身的面积和人口在联合王国中所占的比例。苏格兰地处北海，那里是俄罗斯和德国的出海口。20世纪70年代，位于苏格兰与北欧之间的北海油田被发现，储存量约240亿桶。一些人认为，"掌握自己的资源就能掌握自己的命运"。然而，大量石油被运往英格兰，英格兰每年约3/4的石油收入来自北海油田，苏格兰人觉得英格兰占了巨大的便宜。

威尔士一直追随英格兰，自治程度较低，经济上对英国依赖程度较高。长期以来，威尔士高地拥有自己的语言和文化，它的政治主张主要集中在文化和语言方面，而目前讲威尔士语的人数与1901年相比，已从总人数的1/2减少到1/5。[2] 威尔士人认为，英格兰的核心主导地位导致了威尔士文化，特别是威尔士语的衰落。

英格兰和爱尔兰比英格兰和苏格兰的关系更具有殖民色彩。对法战争成为英、爱联合的催化剂。除了贝尔法斯特外，爱尔兰还是农牧业社会。1846—1851年，爱尔兰大饥荒夺走了约100万人的生命，伦敦反应迟缓，再加上爱尔兰起义被镇压，激化了爱尔兰仇英情绪。现代不列颠从来没有实施过军事管制，但在爱尔兰和殖民地则有过好几次（军事管制发生在1798年、

---

[1] ［英］狄金森、朱利安著，朱啸风译：《近代英国政治文明的历史变迁》，《英国研究》2019年第2期，第31—32页。
[2] ［英］丹尼斯·卡瓦纳著，刘凤霞、张正国译：《英国政治：延续与变革》（第4版），世界知识出版社2014年版，第27页。

1803年、1916年和1920年)。①

英国的国家历史叙事存在一定程度的英格兰中心论的问题，经常在"英格兰"和"英国"之间随意切换，因为他们假定更大的不列颠就是英格兰民族的延伸，不列颠性的核心就是"英格兰性"，但是，这个帝国的建立和成功在很大程度上依赖苏格兰人和爱尔兰人。英格兰中心性反映在伦敦发起"脱欧"公投的草率举动，以及后来伦敦在处理"脱欧"决定时没能充分认识到苏格兰和北爱尔兰问题的严重性。

(二) 自身规模限制被"后来居上"

工业化进程一旦在人口更多、面积更大的国家起步，比如19世纪末的德国、20世纪的美国和21世纪的中国，英国的相对优势就必然要下降，容易被"后来居上"。英国的人口仅占二战后美苏两个超级大国人口总数的1/4，英国的国土面积不及美国的得克萨斯州或加利福尼亚州的州面积。

一旦国家跨过了基本的社会经济门槛，它就可以凭借后发优势产生的基本历史条件，不用试错走弯路了。英国的资源和财富很大程度上来自它的殖民地，无法形成大规模的国内市场，一旦殖民地与英国本土的航线被破坏或切断，英国的体量就无法支撑庞大的工业和战争消耗。德国仅用30多年的时间就超越了"日不落帝国"，而美国和苏联分别在1861—1865年和1917—1922年克服了各自的内部危机后，成为控制着毗邻领土的大陆型帝国。自身体量的差异成为英国作为一个世界大国的基本弱点。英国衰落时，它不得不面对帝国范围过大带来的负担，只能撤回驻外军队。有些历史学家指责英国领导人丢掉了帝国，因为这削弱了英国与规模相当于一整块大陆的超级大国抗衡的能力。

---

① Adrian Gregory, "Peculiarities of the English? War, Violence and Politics: 1900-1939", Journal of Modern European History, No.1, 2003, pp.53-54.

第三节 寻找自身定位的国家叙事

英国偏居欧洲一隅，与欧洲大陆之间横亘多佛尔海峡和英吉利海峡。在心态上，英国人并不认为在地缘政治层面上它是一个岛国，与丘吉尔一样，许多人把英国看成一个超然独处的国家，是一个"向外探索、面向世界"的国家。英国在过去几个世纪的崛起与衰落之间，扮演着各式各样的角色，如"平衡手"、世界霸主、"搭便车者"、领导者、搅局者、合作伙伴以及"欧洲病夫"。纵观英国与欧盟关系的历史，英国人对欧洲大陆的新制度总是在开始时不屑一顾，继而瞻前顾后，最终无奈采纳。英国有别于其他欧盟国家的地方在于，英国加入欧共体后仍坚持"三环外交"，依旧保持与美国的"特殊关系"和与英联邦的关系，特别是大西洋联盟。因此，它没有像其他欧洲大陆国家一样依靠欧盟这个组织，这也是英国与欧洲大陆"若即若离"的重要原因。"三环"中哪个最重要呢？当年的英国政策制定者坚信，"三环"不是不相容的，英国不需要排定一个优先次序，而是需要平衡英国对"三环"的承诺。① 现在，英国不得不有所取舍。"三环"没有在英国的统筹下更为紧密，反而在撕扯英国，在大西洋的合作纽带与跨英吉利海峡的伙伴关系之间如何保持均衡，构成了困扰英国外交的难题，因此英国不断地调整对欧策略。

一、被"帝国"所定义的国家

17—19世纪，英国通过离岸平衡对欧洲大陆采取均势政策，为的是阻止法国及后来的德国独霸欧洲。在18世纪下半

---

① 赵怀普：《英国与欧洲一体化》，世界知识出版社2004年版，第31页。

叶,主要的对法战争(发生于1756—1763年、1778—1783年、1793—1802年,以及最高潮的1803—1815年)都是争夺全球帝国的战争,用历史学家彼得·马歇尔的话说,英国是"一个被帝国所定义的国家"。① 拥有帝国这一事实极大地影响了英国对自身及世界的认识,同样,法国曾经也作为世界性力量强国,因此这种优越感也存在于法国人的血液中。② 这个建立在纯粹海洋性存在基础之上的世界帝国成为遍及各大洲的松散的世界帝国的交通枢纽,成为无根的、与大陆相脱离的存在。"大陆"一词和大陆居民衍生出的含义是"守旧的民族"。③ 如何实现大英帝国内部殖民地的联合? 在1880—1900年,起码有150多项有关建立帝国联盟的计划被炮制出来。④

英国衰落在一个物质丰裕的时代。其他国家壮大了,英国自然就衰落了,哪怕英国已经比一个世纪前富裕多了。⑤ "中等强国"普遍面临的一个困境是界定自己在国际体系中的地位,即自己的身份定位、战略重点、实现战略目标的路径问题。⑥ 英国没有抛开"日不落帝国"给它的历史包袱,对已经失去的强大地位耿耿于怀,作为第一个后工业国家正在苦苦寻找它在后帝国时代的角色。

英国在帝国结束后对自己的定位模糊不清,无法定夺出稳健的方向,因缺乏政策主轴,战后英国外交政策不但无法胜任

---

① P. J. Marshall, "A Nation defined by Empire, 1755-1776", in Alexander Grant and Keith J. Stringer, "Uniting the Kingdom? The Making of British History", London: Routledge, 1995, pp. 208-222.

② [英]劳伦斯·詹姆斯著,张子悦、解永春译:《大英帝国的崛起与衰落》,中国友谊出版公司2018年版,第Ⅱ页。

③ [德]卡尔·施米特著,林国基译:《陆地与海洋:世界史的考察》,上海三联书店2018年版,第61页。

④ 阎照祥:《英国政治思想史》,人民出版社2010年版,第407页。

⑤ Ian Budge, "Relative Decline as a Political Issue: Ideological Motivations of the Politico-Economic Debate in Post-War Britain", Contemporary Record, Jul. 7, 1993, pp. 4-6.

⑥ 王展鹏:《百年大变局下英国对华政策的演变》,《欧洲研究》2020年第6期,第32页。

英联邦的领导角色，还展现出对欧洲的爱恨交织，以及对美国时而谦卑时而轻蔑的摇摆态度，英国历届首相们各自以不同的方式尝到了挫败的滋味。① 20 世纪六七十年代，曾经的手下败将德国和日本在经济上迅速振兴。有些人甚至对德国的地位上升耿耿于怀。

作为美国曾经的国务卿，安迪·艾奇逊 1962 年在美国西点军校的主旨演讲中，有关英国的一段话引起了轩然大波。

英国失去了一个帝国，但还没有找到一个角色。英国想要做独当一面的大国，游离于欧洲，以与美国的"特殊关系"和充当英联邦领袖为基础，而英联邦既缺乏政治结构，又不统一，也没有军事实力，只是通过英镑区和对英国市场的偏好维持着岌岌可危的经济关系。现在这一角色已经没戏唱了。英国想要在美国与苏联之间穿针引线，所执行的政策看起来和它的军事实力一样弱。现在女王陛下的政府想要重新进入欧洲（在我看来非常明智），它在金雀花王朝时从那里被赶出去了，而今后所要进行的战斗可能要和当时一样激烈。②

然而，英国作为曾经世界上最强的离岸操盘手、国际秩序的规范者和输出者、有着悠久历史的传统外交大国和制度创新大国，给世界提供了诸多可借鉴的经验教训，如今仍存有遗风余韵。1919 年，英国在《凡尔赛和约》的缔结过程中处于支配地位，在建立联合国和布雷顿森林体系事务中扮演了核心角色，在冷战中也发挥了关键作用。20 世纪 50 年代，英国加入了朝鲜战争。它作为北约的重要成员国，在威慑苏联方面发挥了很大作用。即便是在最严重的 30 年衰退期时，英国也作战超过

---

① ［英］彼得·威尔汀著，李静怡译：《英国下一步：后脱欧之境》，远足文化 2017 年版，第 20 页。

② Dean Acheson, "Our Atlantic Alliance: The Political and Economic Strands", Vital Speeches of the Day, 29/6, Jan. 1 st, 1963, pp. 163 – 164.

30次，涉及24个国家，几乎遍布世界各地。[①] 20世纪90年代，英国在波斯尼亚发挥了关键作用。在法国的帮助下，英国政府在推迟对塞尔维亚的干预方面发挥了重要作用，并且使美国在3年之内没有发动空袭。戈登·布朗与法国前总统萨科齐都支持把干涉利比亚列入国际日程，而正是他们的主张才使美国在北约没有越位。2015年，在"伊斯兰国"对巴黎发动袭击后，奥朗德总统本能地向英国而不是其他欧盟伙伴求助。[②] 正如我们在乌克兰危机中看到的那样，尽管英国近几年频繁换首相，但在支持乌克兰抵抗俄罗斯这件事上，英国是除美国外最积极的国家。但从长期来看，国家的生产能力和增收能力与军事力量之间，有很强的相关性。[③] 英国的教训在于，它在世界财富中的份额逐渐缩水，与此同时，军备的开支却呈指数级升高，2015年以后尤为明显。英国的国防抱负无法与其收缩的经济基础保持一致。[④] "脱欧"更加考验英国如何建构一个贯穿过去、现在和未来的国家叙事。[⑤] 英国不应该对曾经大国地位的光辉遗产抱残守缺，而是要试图理解越来越多的多元身份公民是如何认识帝国遗产的。

二、欧洲问题让英国"精神分裂"

英国在欧洲问题上是"精神分裂的"。从二战至今，英国仍然没有能够形成明确、一贯和系统的对欧政策，英国对欧洲

[①] Michael J. Turner, "Britain's International Role, 1970-1991", Basingstoke: Palgrave Macmillan, 2010, pp. 234-235.

[②] [美]索尔·科恩著，严春松译：《地缘政治学：国际关系的地理学》（第2版），上海社会科学院出版社2011年版，第223—224页。

[③] Paul Kennedy, "The Rise and Fall of the Great Powers: Economic Change and Military Conflict from 1500 to 2000", New York: Random House, 1998, p. xvi.

[④] Paul Kennedy, "The Rise and Fall of the Great Powers: Economic Change and Military Conflict from 1500 to 2000", New York: Random House, 1998, p. 622.

[⑤] [英]戴维·雷诺兹著，廖平译：《英国故事：从11世纪到脱欧动荡，千年历史的四重变奏》，中信出版社2021年版，第205页。

的态度始终可以用"犹豫、摇摆、矛盾、迷惘"等词汇来形容。① 二战以后，英国以"抛弃"英联邦为代价，转而开始接近欧洲大陆，它需要欧共体/欧盟，但又不愿意完全融入其中。它加入欧共体时是不情愿的和勉强的，所以它一直向往置身于欧盟之外。② 英国的这种矛盾心态，导致它在参与欧洲一体化进程近 50 年时间里，一直在过去辉煌的历史和无法逆转的未来之间寻求和解。欧盟为英国的失败提供了安身之处，英国对欧盟的态度取决于英国人如何看待自己辉煌的历史。③ 因此，英国在欧洲一体化问题上一直处于若即若离的状态，被称为"三心二意的伙伴"、"棘手的合作者"和"搭便车者"，它是欧盟中享受最多例外权的特殊成员国，不是申根国家，不加入欧元区。在欧洲一体化的合作与融合过程中，对欧盟的批评和防范主要来自英国和北欧国家。④

英国对欧洲一体化并不是一开始就是消极的态度。在 1945 年之后的两三年里，工党政府主持外交事务的欧内斯特·贝文提出了介于美国和苏联之间的"第三种力量"构想，即想要建立英国领导的西欧国家联盟。战后英国的世界角色很大程度上是由强干的欧内斯特·贝文塑造的，他认为英国仍然是一个拥有重要并须加以保护的全球利益的世界强国，倡导建立由英国核力量为后盾的强大国防。⑤ 1947 年，英、法《敦刻尔克条约》

---

① 李靖堃：《英国欧洲政策的特殊性：传统、理念与现实利益》，《欧洲研究》2012 年第 5 期，第 58 页。

② Stephen Wall, "Leaving the EU?", European Public Law, 22, No. 1, 2016, pp. 57 - 68.

③ Hugo Young, "Why Britain Never Sat Comfortably in Europe?", The Guardian, Jun. 25, 2016, https://www.theguardian.com/politics/2016/jun/25/hugo-young-why-britain-never-sat-comfortably-in-europe.

④ David Gowland & Arther Turner, "Reluctant European: Britain and European Integration 1945 - 1998", Harlow: Pearson Education Ltd, 2000. p. 7.

⑤ [英] 比尔·考克斯等著，孔新峰、蒋鲲译：《当代英国政治》（第 4 版），北京大学出版社 2009 年版，第 55 页。

签订，对准的目标是德国，它标志着英国修正了在和平时期不在欧洲大陆承担义务的传统，同年，马歇尔计划的提出导致东西欧分裂成为现实。欧内斯特·贝文的"西方联盟"思想提出后，英、法、荷、卢、比在1948年又签订了《布鲁塞尔条约》。欧内斯特·贝文致力于同欧洲大陆的合作，但他在具体合作途径上是有保留的，在他看来，联邦主义者的主张只是欧洲合作的一种远景目标，眼下则应该注重实际，通过加强西欧国家间合作来逐步恢复英国及欧洲大陆昔日的强大。① 但是，当欧洲大陆一体化提上议事日程并成为现实时，英国的这一欧洲政策便受到了考验。② 英国很难接受一个以欧洲为主的身份。

英国一直在调整其作为一个"中等强国"的心态，它对待欧盟的态度在一定程度上反映了它如何接纳自己的位置。从20世纪50年代的不加入到20世纪70年代成功"入欧"，对英国而言，参与欧洲建设是英国对衰落做出的反应，欧盟意味着帝国的退守之处。英国总是将20世纪60年代没能加入欧共体归咎于法国，但是，英国高估了自己讨价还价的能力：申请加入欧共体时还附带了一长串的条件，在谈判陷入僵局时又不愿意让步。英国要为它的姗姗来迟付出高昂的代价。英国"赶了个晚集"，好不容易搭上欧洲这列火车，结果发现自己被困在二等车厢里。③ 它没能在欧洲一体化形成时期发挥决定性的作用，将其雏形塑造得更符合英国利益，早期红利已被分完，这是二战后英国历史上代价最为惨重的错误之一。相反，英国不屑一顾地认为，那些大陆国家不可能齐心协力，英国的利益不应该被限定在一个相对狭小的欧洲圈子里。英国人在心理上与西欧

---

① 贾文华：《法国与英国欧洲一体化政策比较研究：欧洲一体化成因与动力的历史考察（1944—1973）》，中国政法大学出版社2006年版，第92页。
② 洪邮生：《论战后初期英国对欧政策的形成》，《世界历史》1999年第1期，第29页。
③ ［英］比尔·考克斯等著，孔新峰、蒋鲲译：《当代英国政治》（第4版），北京大学出版社2009年版，第427—428页。

邻国存在隔阂，大国历史心态使其厌恶国家主权转让，一直存在的"疑欧"情绪得到加强。① 但英国没有预料到，战后德、法联合的意愿那么强，1958年后，六国深化经济合作的步伐那么快。英国为了抗衡六国而拼凑的七国欧洲自由贸易联盟建立得太晚，力量太弱。帝国特惠制的结束和英国加入欧共体大致与英镑区衰落、石油危机爆发和战后繁荣的崩溃同时发生。曾经人们认为，不加入欧洲就是一条死路。欧共体曾被视为经济上的"灵丹妙药"，"加入一个大的经济集团，经济就能成功"。结果，英国加入了也没能改变什么，后来的欧洲经济发展也越来越表现出缓慢和乏力。

1988年是英国对欧洲政治态度的临界点，保守党变得越来越怀疑欧洲，而工党找到了可以共鸣之处。20世纪90年代至21世纪初，英国政府充当着"新"欧洲捍卫者的角色，一直反对布鲁塞尔在经济方面的集中化倾向。到梅杰首相任期结束时，英国已经算不上是"欧洲的核心"，更像是一个满腹牢骚的配角。英国加入欧共体，又在1975年和2016年两次考虑退出。然而，脱离出去谈何容易。英国政府的很多部门在政策制定和实施上都受到欧共体影响，即使是在财政、社会安全、苏格兰事务等这些国内政治领域，欧共体已经严重影响了英国的内部决策方式。② 卡梅伦的前宣传主管称："留在欧盟还是脱离欧盟这个问题就像一趟慢车已经开了好几年，它只是正好在卡梅伦值班的时候到了站。"③

"脱欧"让英国自20世纪90年代以来的整个宪政变革进程

---

① "疑欧派"或者"欧洲怀疑论者"这一术语用来指对英国介入欧洲一体化持怀疑或者反对态度的人。而那些积极支持英国参与欧盟事务的人士被冠以"亲欧派"或"欧洲狂热主义者"。

② Anthony Forster & Alasdair Blair, "The Making of Britain's European Foreign Policy", Harlow: Longman, 2001, p. 6.

③ Craig Oliver, "Unleashing Demons: The Inside Story of Brexit", London: Hodder & Stoughton, 2017, p. 9.

陷入麻烦，"议会之母"的美誉逐渐失去光环，威斯敏斯特模式需要更加彻底的改革，而不是小修小补。2016年"脱欧"公投后，人们援引各式各样的历史先例和模式来构思"脱欧"后的自我认识，如国家"重获独立""全球英国"等。似乎只有当英国人从布鲁塞尔的束缚中解放出来，并以一种新的形式"拿回控制权"后，英国才会回归帝国时代的伟大。① 对伟大的强调反映了一种根深蒂固的情绪：不愿意与已经失去的地位说再见。在"脱欧"争论中，一切有关"出卖背叛"的反衰落叙事都存在，但意志不等于实力。

三、英语文化圈的特殊之处

英语文化圈这一政治和文化共同体使英国与其他欧盟成员国有本质差别，它是除欧盟成员国身份之外的另一种选择，这一立场得到了越来越多保守党的支持。单质文化政治集团是一种比欧洲更成功、更具张力模式的设想，更准确的说是"盎格鲁－撒克逊奇迹"，这是英国在国际舞台上寻找自身位置的一种努力。英美"特殊关系"是英语文化圈的重要组成部分。或许，英国真的是一个大西洋国家，而不是一个欧洲国家，让英国更自然的共同体可能是跨大西洋的英语国家。② 两个主要英语民族之间的特殊关系对今天的世界至关重要。

英国对美国的影响是通过殖民传到美国的，代表英国辉煌的时刻和记忆。英语文化圈代表了大英帝国历史的遗产，特别是通过英语在美国和印度的持续影响而增加了分量，它无疑是一种软实力的来源。其根源是19世纪末英、美两国关系改善，其中英国在美国的大量投资以及英国对美国谷物、肉类和其他

---

① ［德］海因里希·奥古斯特·温克勒著，童欣译：《西方的困局：欧洲与美国的当下危机》，中信出版社2019年版，第227页。
② ［美］迈克尔·罗斯金著，夏维勇、杨勇译：《国家的常识：政权·地理·文化》，世界知识出版社2013年版，第88页。

进口商品的依赖功不可没。

在过去100年的三次大冲突中，有多少国家一直坚定地站在英国一方？这份名单很短，但包括了绝大多数以英语为第一语言的民主国家。① 在两次世界大战中，加拿大、澳大利亚与新西兰从战争开始到战争结束都与英国并肩作战，所有讲英语的国家在冷战期间从始至终也是如此。② 如果罗斯福总统没能说服美国人抛弃20世纪30年代的孤立主义，那今天的一切不会发生。英国人认为，自己与盎格鲁-撒克逊的支脉——美国有着不同寻常的历史渊源，是他们作出牺牲才保全了法国等国家。英美"特殊关系"特别暗指了英语世界于1945年拯救了欧洲大陆之事实。③

虽然两国主要是以大国政治为基础的，但它常被用意识形态和文化术语包装起来进行宣传。1949年，《北大西洋公约》签署，但它把英国和欧洲拉入的是以美国为盟主的大西洋联盟之中。英国加入大西洋联盟是因为其心有余而力不足，特别是冷战的来临使英国主导的"西方联盟"意图逐渐淡化，《北大西洋公约》签署之际恰逢又一次英镑危机爆发，是美国的财政援助使英国得以渡过难关，这无疑证明了英国转向大西洋联盟的正确。1950年12月，布鲁塞尔条约组织的军事机构并入北约，由最初的"遏苏防德"，到同意联邦德国加入北约，西德在"由敌人变为盟友"的路上迈出了重要一步。④ 20世纪50年代，英国在欧洲的防务问题上全心全意依靠以美国为核心的大西洋联盟，辅之以支持传统的政府间合作的欧洲组织，如布鲁

---

① ［英］丹尼尔·汉南著，徐爽译：《发明自由》，九州出版社2020年版，第9页。丹尼尔·汉南认为的3次冲突是两次世界大战和后来的冷战。

② ［美］沃尔特·拉塞尔·米德著，涂怡超、罗怡清译：《上帝与黄金：英国、美国与现代世界的形成》，社会科学文献出版社2014年版，第152页。

③ ［英］彼得·威尔汀著，李静怡译：《英国下一步：后脱欧之境》，远足文化2017年版，第57页。

④ 孔元：《重振领导力：俄乌冲突中的英国战略》，《文化纵横》2022年第3期，第58页。

塞尔条约组织、欧洲经济合作组织和欧盟委员会等，通过它们继续维持英国在欧洲的领导权和既得利益，同时遏制苏联。英、美通过北约相互借力，无论是海湾、阿富汗还是伊拉克战争，英国都第一个站出来与美国并肩作战。英国政客多把与美国的伙伴关系看成首要，这也部分解释了英国为什么在欧洲有着"难应付的伙伴"这样的名声。① 如果日渐衰退的美国真的会越来越依赖临时的联盟而不是组织，那碰到安全问题时，它第一个想求助的国家肯定是英国。

英、美两国关系非常特殊，一是伦敦和华盛顿有相互协商的习惯，这一习惯源自战争时期，并在战后得到了延续；二是情报合作，同样是源自二战，1947年的英美协定还接纳了加拿大、澳大利亚和新西兰，即所谓的"五眼联盟"；三是核武器合作，没有哪个国家能从美国的核技术中获得这么多的好处，最早是1963年英国能购买美国的"北极星"核导弹，然后是1982年购买的"三叉戟"核导弹。②

过去，没有美国的支持，英国不愿意做出"大陆承诺"。后来，英国"脱欧"得到了特朗普政府的支持。在"脱欧"问题上，"脱欧派"毫不掩饰地称，英国将自己与一个政治文化迥异、僵硬的欧洲联系在一起是个灾难性的错误。英国应该寄希望于与英语国家继续合作，最重要的是保持英美"特殊关系"，英国能够承担随后在欧洲大国政治中被边缘化的风险。但是，英国很难否认，欧洲比世界其他地区更重要。

小结

英国凭借海军、殖民地和海外贸易在大国竞争中脱颖而出，

---

① Stephen George, "An Awkward Partner: Britain in the European Community", Oxford: Oxford University Press, 1998, pp. 240–255.

② ［英］戴维·雷诺兹著，廖平译：《英国故事：从11世纪到脱欧动荡，千年历史的四重变奏》，中信出版社2021年版，第204页。

19世纪世界见证了一段"英国治下的和平",维多利亚时代的英国建立了一个庞大帝国,这个"世界工厂"在工业、贸易、运输、科技等方面均领先于世界各国。英国的地理环境对它的外交政策产生了重大影响,正如钱乘旦先生总结的:英国是一个岛国,又曾是一个帝国。英国人一直有一种很奇怪的想法,认为自己不属于欧洲。它时常用帝国心态考虑问题,而帝国利益与欧洲的利益又往往是冲突的。所以很多时候我们会看到,英国的欧洲政策与全球政策是交织在一起的。

  英国作为霸主,它在经济治理、殖民地治理,以及利用制度治理方面有很多创新的做法。但是面对后来者的赶超,英国本国地理规模小的不利因素凸显出来。它曾经依靠外部资源来支撑自己的强大,当反抗殖民主义的力量在二战后逐渐强大后,英国的殖民地尽失,同时,它还必须处理时而出现的不列颠的统一性问题。"脱欧"期间,不论卡梅伦、戈夫,还是约翰逊,都将历史作为国家价值和英国自豪感的来源。但是,简化历史就会失实,英国需要抛下历史包袱,更加诚实地面对历史,对过去形成一种更加包容、更少怀旧的观念,走出狭隘的身份认同感。本章希望呈现的是在漫长的历史时段里,英国如何在传统与现实之间、新意识与旧思维交互之间看待自己霸权的得失、如何在与欧洲大陆的联结与隔阂中找准自己的位置、如何处理联合王国的合并与离心,以及如何在无法逆转的相对衰落进程中继续发挥余温余热。以上谈论的欧洲主要是地理意义上的,下面几章的欧洲主要从政治共同体层面讨论。

第二章

英国从追求"例外身份"到脱离欧盟

20世纪六七十年代,英国的目标是加入欧洲经济共同体,重新取回英国自1958年以来丢失的在欧洲事务的核心地位。现在,它又要纠正因为加入欧盟而"背叛"英联邦国家的错误,希望重建"大英帝国2.0"。二战后的英国外交政策显示了衰落的英国不断寻找自己的新定位,这一过程伴随着纠结与困惑,英国对欧洲的疑虑使它希望自己远离欧洲大陆,而现实利益又让英国在国力衰退的情况下选择加入其中,这两种力量造成了英国融入欧洲经历了几个痛苦过程。与一些"中等强国"不同的是,英国仍握有可观的国际资源,底蕴深厚的外交传统、英联邦遗产和遍布世界的金融资本,使其具有选择退出欧盟的资本。本章历史叙事记录着英国的态度是如何转变的,从反对加入、不得不加入、寻求主导权、留在内部求改变,到最终选择退出,在融入欧洲一体化的每个阶段,英国都在寻求例外权。1975年和2016年的两次"脱欧"公投是例外权的极端表现形式。

第一节 欧洲一体化进程中英国对欧政策变化

欧洲一体化是当今欧洲最大的政治实验,它使主权国家之间的合作达到了前所未有的广度和深度。从欧洲经济共同体到欧共体再到现今的欧盟,欧洲一体化进程呈现的是各成员国之间越来越紧密的联系。但在这一进程中,英国扮演的不是促进欧洲一体化的角色,而是持怀疑、观望、等待姿态。到了不得不加入时,英国总要谋求不同于其他成员国的豁免权和例外权。

英国不想赶欧洲一体化的"头班车",却希望获得"头班车"的待遇,这根植于英国人对例外主义的坚信。英国既想获得加入欧盟所带来的好处,又想避免过度一体化所导致的负面影响。① 英国是欧盟内疑欧主义的典型国家,特立独行是英国对欧外交的一贯传统。② 因此,它获得了"难以对付的伙伴"和"不情愿的伙伴"的称号。

欧盟的诞生,曾被一些人认为是消解民族国家的尝试。在英国的坚持下,欧盟每次修改条约都保持了最终目标的模糊性。③ 英国的问题不仅在于加入得晚,还在于英国对欧洲联合的未来前景并没有像大陆国家那样寄予厚望。它在欧洲大陆缺乏信任。在欧洲一体化向前推进的一些重要措施上,英国的反应多是被动的,它在欧洲新制度开始时要么不屑一顾,要么谨慎地瞻前顾后,等待时机成熟,最终无奈采纳。

一、英、欧对二战史的认知差异影响其对欧洲联合的立场

英国与大多数西欧国家对二战的认识和反思截然不同,战争史观差异使它们对欧洲联合的态度也不同。一些欧洲大陆国家视二战为不愿意重提的过去,而英国却视二战为骄傲的历史。④ 1940年的敦刻尔克大撤退和不列颠空战,是被英国国家神话和电影所铭刻的光辉事件,英格兰海岸的白色悬崖成了最能唤起英国人民情感的象征。作为率先宣战的欧洲国家,英国

---

① 刘军辉:《多米诺效应、空间不平衡性与区域贸易集团稳定性——简析英国脱欧的原因及对中国的启示》,《财经研究》2018年第9期,第131页;金玲:《英国脱欧:原因、影响及走向》,《国际问题研究》2016年第4期,第25页。

② 杨芳:《英国"疑欧主义"新解》,《世界知识》2016年第6期,第39—43页。

③ 丁一凡、冯仲平等:《英国与欧盟:延续与变革》,《欧洲研究》2013年第1期,第30页。

④ 桂涛:《英国:优雅衰落——"脱欧"时代的权力、荣耀、秩序与现实》,生活书店出版有限公司2019年版,第36页。

遭到具有强劲实力的德军攻击。从空战到海战，英国拖住了德军大量兵力和作战飞机、潜艇，为其他盟军赢得战场优势准备了条件。① 1940 年的英国凭借自身和帝国的资源没有战败，这对整个世界无疑是非常重要的。假使英国像法国一样投降或者退出战争，那希特勒就能把全部兵力和资源用在苏联。如果不是英国顽强不屈的抵抗，美国可能还是处在孤立主义中，仅给一些经济支持。但这一传奇事件在英国战后叙事中被过分地夸大了。在那一段具有英雄色彩的历史中，还有一个历史侧面，在战场的另一头，新加坡陷落在日本人之手，英国经历了历史上最大规模的降军。英国人的自我认知在 1945 年 5 月以后得到加强。英国是参加了安排战后世界秩序重要会议的三强之一，它仍对自己的大国地位抱有幻想，不想和战后破败的欧洲大陆国家联合，因为这与不列颠的国际地位不相称。20 世纪六七十年代，英国就是带着这一版本的历史走到欧洲联合的谈判桌前的。但英国的国际地位自 1945 年起大幅下降，第三大国的身份很大程度上是因为它处于战胜国一方。它不得不面对帝国范围过大带来的负担，撤回驻外军队。对其他国家而言，恢复经济并超越英国只是时间问题。

　　鉴于历史，欧洲已经没有精力应付战争，也没有欲望制造混乱。欧洲心理的转变历程是独特的。在 1945 年之前的几个世纪里，屠杀和战争在欧洲司空见惯，而 1945 年之后，即使是欧洲现行体制引发的混乱也仅局限于口舌之争，并未引起大的冲突。② 反抗殖民主义的力量在二战后逐渐强大，西欧军事力量已经崩塌，其政治领导者更加专注于经济复苏和国内社会支出，20 世纪 70 年代后期，欧洲的殖民帝国真正消失了，西欧也在发展军事技术的竞赛中日益落后。由于无法与美、苏两个

---

① 张箭、陈安琪：《二战时期英国军队军备规模述评》，《全球史评论》2022 年第 1 期，第 277 页。

② ［美］乔治·弗里德曼著，魏宗雷、杰宁娜译：《弗里德曼说，下一个一百年地缘大冲突》，广东人民出版社 2017 年版，第 76 页。

大国抗衡，西欧不参加冷战所引发的军备力量竞赛，美国的保护让西欧国家不劳而获，同时，英国和欧洲大陆国家法国也确实拥有了自己的核武器。①

二战期间，欧洲联合问题被提上日程，为避免大规模战争再次爆发，消除德、法两国之间的积怨，保证欧洲大陆的自由和文明，唯有进行一种联邦式的组合，才能消除这个地区混乱的民族主义的贪欲。② 二战后，民族国家的观念在欧洲大陆受到了某种程度的怀疑。③ 联邦主义倡导者认为，欧洲之所以战争连绵不断，原因在于民族主义情绪太强，民族主义情绪和民族利益的冲突是导致欧洲国家间战争的重要因素。④ 欧洲民族主义的畸形发展和暴力统治，导致欧洲爆发两次世界大战，证明了欧洲的民族国家不是总能为其人民谋取福利保障和提供安全环境。于是，欧洲大陆国家开始限制民族主义扩张，并对寻求国与国之间广泛的合作有着更清醒的认识，以避免当年因德、法对抗导致的战争悲剧。摒弃民族主义是莫内等倡导的联合思想的重要组成部分，但是英国人把它视为谬误。

在英国看来，正是因为有了丘吉尔唤起民族主义，才有了1940年的英国坚决抗德，恰恰是英国的独立以及英吉利海峡将英国与欧洲大陆相隔离，才使得英国免遭灭顶之灾。法国失陷后，英国单独面对控制了整个西欧大陆的纳粹德国，其军队从敦刻尔克成功撤退，转变成民族胜利，英国的国家机构经受住了考验，英国人民的民族自豪感因此得到了加强。⑤ 1939—

---

① ［美］菲利普·霍夫曼著，赖希倩译：《欧洲何以征服世界？》，中信出版社2017年版，第201页。
② 由法、德、意、荷、卢、比、丹、西、葡九个国家组成的抵抗运动组织发表的《欧洲抵抗运动声明》。见赵怀普：《英国与欧洲一体化》，世界知识出版社2004年版，第18页。
③ ［英］丹尼斯·卡瓦纳著，刘凤霞、张正国译：《英国政治：延续与变革》（第4版），世界知识出版社2014年版，第83页。
④ 赵怀普：《英国与欧洲一体化》，世界知识出版社2004年版，第10页。
⑤ 赵怀普：《英国与欧洲一体化》，世界知识出版社2004年版，第20页。

1945年，许多欧洲国家要么是被苏联或纳粹德国占领，要么就是遭遇军事惨败后按照战胜国的批准重新建立政治机构，英国的政治体制则从未垮掉过，军事上的胜利维护了其政治体制。德国投降、欧洲战场胜利后，英国认为，自己这样一个欧洲大陆之外的岛国对于解放大陆国家起到了决定性的作用。在随后的15年中，其重大外交决策都能从二战结果中找到根源，而这一时期正是欧洲面临重要选择和机遇的时期。二战的影响远不止15年，这段特殊经历在不同的意识层面影响着半个多世纪以来的每位英国首相。二战胜利帮助英国建立了现代身份认同，英国始终认为自己是大国，帝国角色对它有着深刻的影响。[①]此外，战争经验还使英国认识到，得到英联邦和美国的支持对英国的生存至关重要。

除了抑制战争外，欧洲联合还有一个更广泛但不明晰的目标，即建设超越民族国家的政治行动能力。随后，欧洲联合的侧重点逐渐发生了变化，人们对战争的记忆渐渐消失，政治不再被视为关乎生死的问题，战争动因逐渐失去时效，安全考虑逐渐转向经济和政治考虑。20世纪50年代，舒曼计划无限制的超国家含义是英国拒绝参加欧洲煤钢联营的原因之一。莫内访问伦敦时表示，任何准备参加欧洲煤钢联营的国家必须首先接受超国家原则，这一原则是不可谈判的。[②]英国不愿意参加那些不详究竟的谈判，谨慎的做法是避免对这个前景不明的计划做出支持的保证，不能把做决定和行动的自由交给超国家机构。对一些英国"疑欧派"来说，共同市场是带有反英联邦和反美色彩的贸易圈。

1956年苏伊士运河事件让英国人的国家自豪感受到极大挫伤，却使法国人意识到，必须以最快的速度推进欧洲一体化进

---

① Hugo Young, "This Blessed Plot: Britain and Europe from Churchill to Blair", London: MacMillan, 1998, p. 5.

② 赵怀普:《英国与欧洲一体化》，世界知识出版社2004年版，第66页。

程，再也不能依赖美国了。西欧六国于1957年3月签订《罗马条约》，尽管《罗马条约》并没有明确地导向国家主权议题，但是其背后的政治目的是趋向于一个联邦结构的设计。与一般国际条约不同，《罗马条约》是无期限的，且没有规定退出的程序，却载有欢迎其他欧洲国家参与的条文。此外，它还设置了一整套具有一定权限的共同体机构，使各项政策措施具有组织保证。西欧六国的经济合作让英国更加担忧，而对英国的怀疑使西欧六国加快了批准《罗马条约》的步伐。1956年苏伊士运河事件还加深了法国对英国的不信任感，同时，又使英国外交重点转向欧洲。在欧洲一体化进程中，与英国一样不情愿的还有北欧五国，即挪威、瑞典、丹麦、芬兰和冰岛。① 这五国中的三国加入了七国小自由贸易区。1960年1月，英国、奥地利、丹麦、挪威、葡萄牙、瑞典和瑞士七国在斯德哥尔摩签订协议，成立七国小自由贸易区，目标是于1970年实现工业品的自由贸易，而不是一体化。英国的主要考虑是政治上的，试图借此贸易区合作改善它同西欧六国讨价还价的地位。经过一年多的较量，英国感到从七国小自由贸易区的获益无法抵偿不加入西欧六国的损失。英国担忧，如果不加入西欧六国将会逐渐丧失在欧洲的影响力。让英国尴尬的是，欧洲经济共同体让法国、德国与美国在经济议题上更为紧密，而英国则受到排挤。美国支持西欧六国而冷淡七国小自由贸易区，称七国小自由贸易区是无益于西方团结的蛇足之举。于是，英国决定抛弃七国小自由贸易区。

二、"入欧"之路："既定规则"与"特殊条件"之争

在20世纪五六十年代的英法关系中，双方都存在根深蒂固

---

① Magnús Árni Magnússon, "Nordic and British Reluctance towards European Integration", European Studies 1999–2000, University of Cambridge, p. 4.

的怀疑和误解。① 英国历时 12 年、三次申请加入欧洲经济共同体/欧共体后才被接纳为其中一员,"入欧"谈判非常艰难。英国希望欧共体在英联邦特惠制、对本国农民补贴以及预算摊款等问题上给予它特殊待遇。法国一方面拒绝欧共体对英国让步,另一方面积极推动欧共体制度完善。

为防止欧洲经济共同体演变成一个具有排他性质的、联邦性质的地区集团,1961 年 8 月,英国提出加入欧洲经济共同体。正如戴高乐认为的那样,英国既想得到作为欧洲经济共同体成员国的好处,又不肯付出代价。为了维护英联邦的利益和本国农业利益,英国第一次"入欧"谈判非常艰难。英国内阁不赞同按照《罗马条约》规定的条件加入,它的申请带有附加条件:要求英联邦国家农产品进入共同市场可获得特别条件、保护本国农业并继续对本国农民进行差额补贴,以及要求自由贸易联盟国家同时加入等。英国还坚决反对欧洲经济共同体在政治和安全上合作,它在几乎所有北约联盟问题上都站在美国一边反对法国。英国申请的首要动机是维护英美"特殊关系",这一"特殊关系"反而成为其申请失败的主要原因。1963 年,戴高乐拒绝了英国的申请,他担心,英国加入可能会与法国争夺欧共体的主导权,而且英国一向紧跟美国,或许英国就是带着美国削弱欧洲的任务而来的。除了对英国的大西洋主义不满外,法国也不愿意在共同农业市场建立前接受英国,因为那意味着增加一个对共同农业政策强有力的反对者。许多历史学家认为,英国在当时选择加入欧共体是一个明智的决定,但是对麦克米伦政府来说,加入的申请失败对其政府声望是一个沉重打击。

1967 年 5 月,威尔逊领导的工党政府重新提出申请加入欧共体,同日,爱尔兰和丹麦也提出了申请。此时,欧共体六国

---

① Magnús Árni Magnússon, "Nordic and British Reluctance towards European Integration", European Studies 1999 – 2000, University of Cambridge, pp. 15 – 16.

已经开始讨论政治联盟问题，英国不愿意缺席。对威尔逊政府来说，国家主权之威胁已经不那么严重了，因为戴高乐也强烈反对欧共体拥有超国家权威。1965年的"空椅子危机"导致了《卢森堡协议》产生，根据该协议，成员国可以否决欧洲经济共同体就"非常重要的问题"做出的决定，欧洲经济共同体内联邦主义的趋势似乎得到遏制。比起第一次的谈判条件，英国这一次有所让步，不再要求修改《罗马条约》和既有规定，但是在财政分配问题上持不同意见，同时要求为对英国负有特殊责任的加勒比国家的食糖和新西兰的奶制品给予特殊优待，并且反对在对外政策和防务上使英国的主权受到任何限制。结果，戴高乐与第一次一样否决，他不相信英国会把欧洲利益放在大西洋联盟利益之上。对于英国国内的"疑欧派"而言，戴高乐的否决是他们乐见的结果。

20世纪70年代初，美元贬值，国际经济形势恶化。英国对美国"五大力量中心"的提法感到不安。英国担心如果继续孤立于欧洲之外，在西方重大问题的谈判桌上，将没有英国的位置。希思出任首相后，英国已经感受到一些不加入的后果了，德、法已经成为西欧的中坚力量，美国也把西欧当成主要伙伴，英国对西欧的影响受到了削弱。在法国，接替戴高乐执政的是持更加开放态度的蓬皮杜总统，法国这时也试图引入英国的力量，以平衡联邦德国日益增长的势力。1970年，在与英国谈判开始之前，欧共体自有财源制度已经建立，并且坚持这一制度不容谈判，法国认为，如果让英国在建立这一制度中拥有发言权会对法国不利。英国第三次与欧共体的谈判仍主要集中在英联邦特惠制、对本国农民补贴和预算摊款三大问题上。欧共体的自有财源制度对英国是不利的，英国希望使它的摊款慢慢转移并拥有较长的过渡期。欧共体六国希望加强共同体内货币汇率的联系，作为日后建立全面货币联盟的第一步，但是英国出于维护英镑特殊地位的考虑，坚持英镑的地位不容谈判，认为英镑是国家主权的象征，建立货币联盟意味着英国放弃自己的经济政策，从而放弃它的主权。此外，英国不愿意将自己的"渔场"向欧共体国家开放。最终，英国缴纳预算摊款逐步过渡的要求基本实现，新西兰的奶制品和加勒比国家的食糖问题得到暂时解决，英国也承诺加入后考虑削减英镑差价，协议是在双方妥协和让步的基础上达成的。在英国内部，保守党的右翼分子反对英国加入欧共体，希思允许保守党党员自由投票。1971年10月，英国下院批准了加入欧共体的动议。英国成功加入欧共体是在英、欧双方互相让步的基础上实现的，英国获得欧共体成员国身份后，这些问题仍然是双方讨价还价的主要争论点。

这次与前两次申请关键的不同在于：20世纪70年代，英国有一个下定决心把英国带进欧共体的希思，而法国有了一个新总统蓬皮杜，他不赞同戴高乐坚决抵制英国加入的做法。此外，20世纪70年代的英国比20世纪60年代更弱，英联邦对英国的作用也下降了。为证明加入一个带有超国家野心的组织是正确的，希思称，加入欧共体所带来的潜在好处是巨大的，而超国家的威胁是最低限度的。英国政府承认共同农业政策使国内食品价格上涨，英联邦贸易受损，但是英国会在技术上受益，提高工业效率。英国许多政治精英都认为欧盟是可以改造的，可以通过加入其中影响欧共体政策，使其成为一个"外向的"共同体。

英国成为欧共体成员国并非是英国政府有意为之、蒙蔽人民的权谋，也并不意味着英国接受了欧盟的理想，这只是英国不得已的选择。它试图通过获得欧洲的领导权来维持作为美国传统盟友的作用，加入欧洲共同市场同时也是个"生计"问题。英国的领导者企图重启丘吉尔的"三环"计划，拿回全球领导权，而事实却是欧洲国家背着英国沆瀣一气，美国径自壮大并积极支持欧洲一体化，而英联邦已经不能为英国争得什么有用资源了。1961年，英国没能利用其领导地位阻止南非被英联邦开除，20世纪60年代中后期，它与英联邦的实质联系已经不再紧密。1956年苏伊士运河事件、1967年英国决定从苏伊士以东撤退、1969年的邓肯报告,以及1973年1月加入欧共体,被视为大英帝国走向终结的主要体现。① 反观欧洲大陆,1958—1970年,欧共体国民生产总值增长了70%,年均购买力提高4%—5%;1958—1972年,欧共体六国间的贸易占其贸易总额的比重由30%上升到52%。对欧洲大陆这项实验半信半疑的英国越来越沉不住气,生怕别国分割利益而自己落单。

加入欧共体一年后,英国就已经成了一个"难以对付的伙伴"。希思政府尽力使舆论相信,除了加入欧共体以外,英国缺乏其他可供选择的战略。然而,希思是在世界发生经济危机之时把英国带进欧洲的,英国的经济困难使英国的成员国资格重新成为一个有争议的问题。想象中的经济好处并没有立即体现出来,部分原因在于英国加入太晚,无法对欧共体早期计划施加影响,英国"赶了个晚集"。② 布莱尔的欧洲高级顾问斯蒂芬·沃尔称,英国最大的错误在于加入得晚,以至于只能接受既定的规则和惯例。英国对没有成为欧共体六个创始国之一耿耿于怀,欧共体最初的条约和策略框架都是为解决创始国共同关心的问题而设计的,尤其照顾了德、法利益。③ 随后上台的威尔逊工党政府提出重谈加入条件,并就英国的去留问题举行全民公投。英国用了将近4年时间考虑申请加入欧共体,等待了12年时间被接纳为正式成员国,加入欧共体后又犹疑两年之久才决定留在欧共体。英国会继续强调泛欧合作,而不是超国家性质的合作。④ 或许正因为英国"入欧"时的功利性目的,因此它在对欧政策上缺乏行动方针,导致英国"入欧"几十年

---

① 赵怀普:《英国与欧洲一体化》,世界知识出版社2004年版,第119页。
② [英]比尔·考克斯等著,孔新峰、蒋鲲译:《当代英国政治》(第4版),北京大学出版社2009年版,第427—428页。
③ 桂涛:《英国:优雅衰落——"脱欧"时代的权力、荣耀、秩序与现实》,生活书店出版有限公司2019年版,第41页。
④ 王妙琴、朱立群:《英国对欧洲联盟的政策及其影响》,《欧洲》1996年第2期,第58页。

后,同样的问题,即英国何时会"脱欧"仍旧盘旋不去。

三、单一市场的推动者兼政治联盟的搅局者

1975年,英国"脱欧"公投以后,英国的成员国身份虽然以明确和决定性的方式得到确认,双方关系渡过了一场危机,但总体上,英国对欧共体若即若离的状况并未改变,二者的既有矛盾没有消除。它乐于接受与欧共体在经济领域的合作,反对在政治一体化方面向纵深发展。英国仍在预算摊款等问题上寻求欧共体的让步,为反对紧密的超国家一体化,它将扩大欧共体作为淡化一体化程度的手段,反对欧洲议会直接选举的主张,担心其对英国议会构成威胁、有损国家主权,并与欧洲货币体系计划保持距离。然而,英国却在建立欧洲单一市场方面起到了积极的推动作用。

接替威尔逊担任英国首相的卡拉汉在欧洲问题上更为灵活,但是在议会中的微弱多数使他很难推行积极的对欧政策。撒切尔夫人于1979—1990年当政,她对欧共体的一些建议非常具有建设性,同时也引导着欧洲内部争议的走向。撒切尔夫人当政时,英国被认为是"欧洲病夫",而到1990年,英国经济已经逐渐恢复并取得了较快的增长。[1] 她代表了党内主张自由市场经济、反对国家干预的势力,在外交上,推行强硬政策,强调维护英国利益。撒切尔夫人很重视英美关系,但也认为英国除加入欧共体外别无选择。她在三个任期内,"将英国推入欧洲,这点大概仅有希思足以能比"。[2] 欧共体可以是解决国内经济问题的外部市场,是一种治国方略,但是并不意味着英国接受欧洲一体化背后的联合理念。撒切尔夫人希望英国成为欧洲的政

---

[1] [英]彼得·威尔汀著,李静怡译:《英国下一步:后脱欧之境》,远足文化2017年版,第75—76页。

[2] Hugo Young, "This Blessed Plot: Britain and Europe from Churchill to Blai", London: MacMillan, 1998, p.306.

治领导国，将美国主导的北约与欧洲大陆整合在一起。

欧共体在20世纪80年代规模不断壮大，1986年，欧共体成员国增加到12个，法国积极推进一体化进程，它同联邦德国结成联盟，并得到了大多数成员国的支持。在20世纪80年代的最后几年，英国人均国民生产总值排第十七名，仅就欧洲国家而言，英国的人均富裕程度不如奥地利、比利时、丹麦、芬兰、法国、德国、意大利、卢森堡、荷兰、挪威、瑞典和瑞士，换句话说，英国人均富裕程度仅高于土耳其、希腊、葡萄牙，稍稍超过爱尔兰和西班牙。①

撒切尔夫人的对欧政策奉行务实主义，她认识到英国无力阻挡欧洲一体化复兴的势头，只能想办法从欧共体中捞回更多实惠。她不以退出欧共体为前提，在欧共体内抵制任何不符合英国国家利益的提议或立法。② 撒切尔夫人欧洲政策的首要目标是节制过度浪费的欧洲预算，解决英国的预算摊款问题，她坚持把确定1980年的农产品价格与解决英国的预算摊款问题联系起来，如果其他成员国拒绝在预算摊款问题上做出让步，英国将否认任何关于农产品价格的协议。③ 1982年5月，欧共体大多数国家不顾英国的反对，以多数票通过了农产品提价10.5%的新协议，这是欧共体成立以来第一次不以一致同意的方式就农产品价格问题做出决定。它意味着英国试图援引《卢森堡协议》阻挠农产品价格协议，迫使欧共体在英国预算摊款问题上让步的策略遭遇失败。④ 然而，欧共体每年预算近2/3用在农业支出和农产品价格补贴的做法已经使它面临财政破产的危险，英国发出将中止支付全部摊款的威胁，法国则发出"双

---

① ［英］埃里克·霍布斯鲍姆著，梅俊杰译：《工业与帝国：英国的现代化历程》（第2版），中央编译出版社2017年版，第337页。
② 梁晓君：《英国欧洲政策之国内成因研究——以撒切尔时期为例》，世界知识出版社2008年版，第3页。
③ 赵怀普：《英国与欧洲一体化》，世界知识出版社2004年版，第210页。
④ 赵怀普：《英国与欧洲一体化》，世界知识出版社2004年版，第212页。

速欧洲"的威胁。经过长期争论后，欧共体在1984年的《枫丹白露协议》中终于修正了不平衡预算的机制，这是撒切尔夫人向欧共体抗议4年才得到的结果，英国可以从上交的增值税与欧共体实际用于英国开支的差额中提取66%的回扣，作为妥协的代价，英国也同意了提高欧共体增值税。

撒切尔夫人的第二目标是创造单一市场，从1987年开始，撒切尔夫人推动的《欧洲单一法案》是单一市场形成的主要推力。值得一提的是，英国提醒货币联盟具有结构性危机，这一观点在当时并不受重视，事后却被认为深有远见。① 在枫丹白露会议上，英国还强调了加强大西洋联盟的欧洲支柱及加强欧洲防务合作的作用。20世纪80年代，欧共体机构改革问题被提上日程，英国不愿放弃过多的国家主权，不赞同扩大欧共体委员会和欧洲议会的职能，同时坚决反对削弱欧共体部长理事会的权力。为解决决策效率低下问题，多数成员国支持机构改革，德洛尔从出任欧共体委员会主席开始便宣称，如果想建立起欧共体内部统一市场，就必须增加欧共体中的超国家主义，以消除过去曾妨碍这一进程的国家经济利益至上的障碍。而英国（得到希腊、丹麦以及爱尔兰的支持）反对改革措施，拒绝对《罗马条约》做任何重大修改，不放弃否决权，它宣称，国家否决权的存在是它加入欧共体的部分条件。从双方对机构改革和统一市场的不同态度可以看出，英国对欧共体的目标和发展方向有着不同的设想。在撒切尔夫人看来，统一大市场建成即意味着欧共体市场目标的实现，而多数成员国则把统一市场看成是建立超国家政治实体和欧洲联邦的一个必要途径。

被誉为第三位"欧洲之父"的德洛尔预测，"十年内，欧共体将主导近80%的经济法规、税收与社会规范"，这一点让

---

① ［英］彼得·威尔汀著，李静怡译：《英国下一步：后脱欧之境》，远足文化2017年版，第79页。

英国担忧。① 1988年，撒切尔夫人的"布鲁日演说"对德洛尔的立场进行了反击，撒切尔夫人的立场非常明确：国家主权的重要性远超过国家组织，独立主权国家间的自愿合作才是建设一个成功欧共体的最好途径，更密切的合作并不需要把权力集中到布鲁塞尔，也不需要一个指定的官僚机构进行决策。她强调，只有在成员国依靠自己的力量显然不能达到某种特定目标的情况下，欧共体才应该采取行动。"布鲁日演说"成为撒切尔夫人的一个转折点，她疏远了内阁中对欧共体持积极态度的重要幕僚，包括财政大臣奈杰尔·劳森和外交大臣杰佛里·豪以及保守党重要人物赫塞尔廷，撒切尔夫人的执政地位遭到削弱。撒切尔夫人的演说还鼓励了新一波英国疑欧主义势力。保守党在欧洲政策问题上的分歧加深，逐渐增长的反欧势力已经形成"布鲁日集团"。1989年，杰佛里·豪辞职后在英国下院发言时提到，如果我们（英国）一开始就加入，那我们将对欧洲拥有更大的影响力，我们决不能忘记被孤立的教训……我们面临的危险不是被强加规则而是被孤立。真正的威胁是其他欧共体国家抛弃我们，在没有我们声音的时候建立一种货币安排。而我们今后将不得不加入，那时候规则已经制定好了，权力已经被其他国家分配完了。② 这一观点至今仍然具有一定的支持者，但英国何时丧失机会的问题仍存在争议。

　　柏林墙倒塌，德国的统一，让1945年后被排除在欧洲政治圈之外的东欧开始登场。对法国而言，德国的政治势力必须被包围在欧洲架构之内，必须以政治联盟架构压制柏林的军事实力。而德国人愿意放弃强势的货币马克换取统一，于是货币统一问题被提上日程。但是，撒切尔夫人反对法国提出的方式，这等同于把全欧洲交到了德国人的手上。欧洲后来的发展也确实朝撒切尔

---

① David Reyolds, "Overruled: British Policy and World Power in the Twentieth Century", London: Longman, 1991, p. 271.

② 赵怀普：《英国与欧洲一体化》，世界知识出版社2004年版，第254页。

夫人所担忧的方向迈进。在海湾战争和南斯拉夫冲突等重大问题上，欧共体显示出了软弱的地位。欧共体需要发展政治联盟来壮大自身，如果没有政治协调，经济联合也可能受阻。

四、在无力阻挡的欧洲一体化进程中寻求例外权

20世纪90年代初至21世纪初，欧洲启动加速经济和货币联盟及政治联盟进程。当欧洲一体化由欧洲经济共同体向政治联盟推进时，这必然触及英国的传统观念、在欧盟中的权力地位以及国家利益。英国始终保持着传统的对欧政策特色，但它已经无力阻止一体化进程向纵深发展，渐渐失去了欧洲政策的话语权。它的基本立场仍然是欧共体内部关系松散一些、一体化发展缓慢一些、对英国特殊利益照顾尽量多一些，加强同美国的特殊关系。它选择性地退出了《马斯特里赫特条约》和《阿姆斯特丹条约》中的一些条款，并在欧盟制宪问题上退缩，希望制宪问题向非宪法化方向发展，提出保留英国在税收、外交和防务以及社会政策等领域的独立权。

英国从撒切尔夫人时期到梅杰时期的对欧政策具有连续性，但梅杰相比撒切尔夫人表现出更大的灵活性，他为自己的欧洲政策辩护，认为英国不应该被孤立在欧洲大陆之外，英国必须使自己处在欧洲的中心，否则，无异于把制定欧洲政策的大权让给法国人和德国人。梅杰与撒切尔夫人都被迫让英镑加入欧洲汇率制，但梅杰还面临着德洛尔提议的进行全面欧洲一体化政策的压力以及保守党内"反欧派"扩大的压力。1991年，梅杰在《马斯特里赫特条约》谈判中选择退出了"社会章节"条款和统一货币行动。英国主要担心的是放弃国家对货币的控制将让自己难以达成国内目标，如低通胀、解除管制和经济增长。对宏观经济政策的控制权是英国的坚定立场，英国具有全球金

融中心的地位，放弃这种能力的成本比其他国家更高。① 英国认为，应当允许各国按照适合本国的生活水准来处理劳资问题，欧共体社会层面的规则是对"辅助性原则"的考验，这些规则无疑会增加英国的劳动力成本。欧洲政治联盟的目标是建立"更为紧密的国家联盟"，英国坚决反对建立联邦和在条约中写入"联邦"这个词，反对建立欧洲的独立防务，主张把西欧联盟作为北约的欧洲支柱，这些是英国争取到的一些例外权。但英国被迫同意提高采用多数表决机制决策的比例，削弱投票权一直被英国"疑欧派"认为是削弱英国的经济独立。② 英国虽然获得了一些例外权，但它也丧失了阻止欧洲走向联邦体制的能力。20世纪70年代，英国内阁中有很大一部分人相信，"英国加入其中能阻止欧共体逐渐向不利于英国的方向发展"。然而，继撒切尔夫人以后，英国已经没有能力这样做了。《马斯特里赫特条约》还让部长理事会失去了否决权。梅杰是在被迫接受对政府信任投票之后才使《马斯特里赫特条约》获得通过的。人们指责梅杰判断失准、唯唯诺诺，1997年大选，梅杰领导的保守党惨败。《马斯特里赫特条约》划定了欧元的路线图，它的签署标志着欧共体从经济实体向经济政治实体转向，是迈向联邦制的一次大飞跃，更多的权力从成员国政府手中转移到欧共体委员会。

1992年，"黑色星期三"事件③的直接后果是英国退出欧洲汇率机制，一些人将其视为英国慢慢退出欧洲一体化的开端。当时的财政大臣诺曼·拉蒙特浪费了几百万英镑也未能保住英

---

① ［美］海伦·米尔纳著，曲博译：《利益、制度与信息：国内政治与国际关系》，上海人民出版社2015年版，第219页。

② ［英］丹尼斯·卡瓦纳著，刘凤霞、张正国译：《英国政治：延续与变革》（第4版），世界知识出版社2014年版，第96页。

③ 1990年，英国决定加入西欧国家创立的欧洲汇率机制，1992年9月15日，索罗斯决定大量放空英镑，整个市场卖出英镑的投机行为击败了英格兰银行，英国政府在一天内两次宣布提高利率，被迫退出欧洲汇率机制。

国的成员国资格，对英国政府造成了极大的负面影响。

法、德、英三大国对欧盟发展主导权的争夺长期贯穿于欧洲建设的过程中，1994年，德国提出"硬核欧洲"的建议，法国支持，一贯自视为欧洲大国的英国大为恼火，这意味着英国被排除在核心圈之外。英国既担心搭不上欧洲一体化的这趟班车，又怕上车后失去一些东西。英国在20世纪90年代初对吸收东欧国家加入欧共体特别积极，以防止出现一个过分中央集权、过分官僚化以及过分紧密的欧共体。英国希望"稀释"欧盟的原因是：欧盟的范围越是广大，它就一定会越弱。① 到1995年，欧盟成员增至15个，随着奥地利、瑞典和芬兰的加入，整个西欧仅剩下瑞士和挪威两国未加入欧盟了。

撒切尔夫人与布莱尔总体上都赞同英国加入欧共体的决定，二人都曾取得过经济上的成功。撒切尔夫人的欧洲计划被德国统一模糊了焦点；布莱尔选择加入伊拉克战争，失去了国内基础，又疏远了欧洲，他的"亲欧"形象受到削弱。布莱尔领导的新工党宣称，唯有取得欧洲的领导地位，才能重回世界舞台的中心。他希望朝着两个方向努力：由英国领导的欧洲防御外交政策和建立欧洲单一市场。② 尽管在1997年和2000年，英国提案获得成功，但它还是慢慢失去了制定欧洲政策的领导权。布莱尔上台后的积极表态让欧盟看到了达成新协议的条件，双方经过15个月的政府间会议达成了《阿姆斯特丹条约》。该条约纳入了更多的社会政策以保障欧盟公民的权利，将1985年签署的取消内部边界检查的《申根协定》纳入该条约，并将申根区扩大至除英国和爱尔兰之外的所有成员国，扩大了理事会多数表决的范围，允许一些成员国在联盟中先行于另外一些成员国，不反对"灵活性"原则，但也要兼顾后行国家。如果梅杰

---

① ［英］佩里·安德森著，高福进、杨晓玲、杨晓红、陈茂华、刘钊译：《新的旧世界》，上海人民出版社2017年版，第41页。

② ［英］彼得·威尔汀著，李静怡译：《英国下一步：后脱欧之境》，远足文化2017年版，第102页。

政府执政，这些是不可能达成的。为了照顾英国的立场，欧盟首次以条约形式将"卢森堡妥协"正式化。① 但是由于英国心存疑虑，该条约还是没有触动欧盟机构改革。

英国仍旧没有明确它与欧盟关系的定位，继续充当一名"勉强的伙伴"。"9·11"事件发生后，英国全面支持乔治·布什的外交政策，让大西洋主义与戴高乐主义再一次正面相撞。② 2002年欧元面市，布莱尔面对两大难题，即欧元与《欧盟宪法条约》。欧元区在英国不仅是一个经济问题，更是一个政治问题。多数人担心货币统一最终会导致欧洲成为一个国家，英国沦为欧盟的一个"省"。布莱尔继续坚持"原则可行，但时机未到"的立场。2003年，财政大臣布朗宣布英国不会加入欧元。英镑仍然是首屈一指的货币，如果原来由议会掌控的货币权力转移到欧洲央行，财政权力向欧盟委员会转移，就会使英国丧失以贬值货币刺激出口、以增加货币投入缓解经济衰退等竞争手段，从而丧失控制和影响本国经济的能力。英国坚持"欧洲可以，但欧元不行"，它会拿走国家主权的重要部分，即每个国家对本国货币的控制能力，把这种能力给予位于德国法兰克福的欧洲中央银行，英国人担心欧洲货币由德国人来控制，并且由德意志银行来决定关于货币供给和利率的政策。英国与丹麦和瑞典一起，在欧元被引入时袖手旁观。③

伊拉克战争进一步破坏了英国与法、德之间的关系，这场战争使欧洲认识到，没有以军事实力为依托的外交软弱无力。

---

① 各成员国保留重大议题的否决权，但对其他议题则采取有效多数投票决定的方式，削弱了超国家权力的行使。现在有些议题根据简单多数的原则决定，其他问题则根据有效多数原则决定，但是否决权仍然得到了审慎的保护。见［英］比尔·考克斯等著，孔新峰、蒋鲲译：《当代英国政治》（第4版），北京大学出版社2009年版，第434页。

② 戴高乐主义者支持由法德合作下不让英美主控欧洲发展的大方向，与主张接受美国领导的大西洋主义相对立。

③ ［美］迈克尔·罗斯金著，夏维勇、杨勇译：《国家的常识：政权·地理·文化》，世界知识出版社2013年版，第88页。

一支6万人的欧洲快速反应部队加快组建，2003年欧盟独立防务形成。① 德国总理施罗德说，北约的问题不是美国所占的比重太大，而是欧洲的分量太小。不能依靠一个大国解决世界上所有的问题。布莱尔政府不得不重新加强与欧洲的协调。

2004年，欧盟完成了第五次扩员，也是规模最大的一次扩员，成员国发展到25个。随后，它便遇到了一次严重打击，极速扩大必定带来"消化不良"的问题。布莱尔宣布，让民众对即将进入议程的《欧盟宪法条约》投票，他的目的是想让该条约更为"中立"，也希望为新工党的欧洲政策争取民意基础。2005年，法国和荷兰选民投票反对《欧盟宪法条约》，英国决定推迟批准该条约。该条约让欧洲议会得到了更多的权力，给欧盟人权宪章赋予了更多的法律效力，设立了欧盟内阁总统这样一个新的行政职位。② 《欧盟宪法条约》试图赋予欧盟某种"类国家"特质，法国和荷兰否决该条约的部分原因正是由于民众拒绝欧盟上述深远的设计，暴露了欧洲一体化进程的弱点，打击了对欧洲一体化的乐观派。经历了两年多的宪法危机以后，为了走出困境，在2007年6月的布鲁塞尔首脑峰会上，欧盟决定改革条约——《里斯本条约》，使其取代《欧盟宪法条约》，《里斯本条约》中新增了成员国退出条款。工党政府在这次峰会前划定了一条不可逾越的"红线"，包括：英国本国法律不受欧盟新条约的约束，不可以用欧盟有效多数票强迫英国接受有关司法和国内事务方面的决定，不可要求英国将外交政策置于欧盟控制下，不能强求英国将有关社会安全和税收问题的控制权交给欧盟。③《里斯本条约》虽然从制宪上退了回来，实际

---

① 邹根宝、黎媛菲、江畅：《从布朗的五项测试标准看英国加入欧元区的前景》，《世界经济研究》2003年第10期，第74页。

② ［美］丹尼·罗德里克著，廖丽华译：《全球化的悖论》，中国人民大学出版社2011年版，第181页。

③ 钱乘旦等主编：《英国通史·第六卷：日落斜阳——20世纪英国》，江苏人民出版社2016年版，第447页。

上却是"不以宪政化之名行宪政化之实",《欧盟宪法条约》中的绝大多数实质性内容都被纳入其中。① 只是删除了一些暗含"类国家"特质的象征性规定,如盟歌、盟旗,继续沿用"高级代表"的称谓,这仅仅是政治阶层对公众敏感性的回应。② 冷战结束后,法、德希望加快推进欧洲一体化,建立包含共同外交和防务政策在内的欧洲联盟,但英国坚持以北约和西欧联盟为核心的西欧防务体系。直到2009年12月《里斯本条约》生效,欧盟共同安全与防务政策正式确立,西欧联盟才随之解散,欧洲安全体系转变为北约和欧盟共同安全与防务机制两套体系。③

布朗成为英国首相后,适当与美国保持距离,重新评议了伊拉克战争。布莱尔执政时,作为财政大臣的布朗就坚持英国要通过五项经济评估后再加入欧元,布朗执政后也没有推动这一进程,因为作为欧元区成员,就要在财政政策上遵守《马斯特里赫特条约》的一系列经济趋同标准。1995—2005年这10年间,英国经济的增长率在欧洲国家中是相当突出的,优于德、法两国。④ 布朗对英国布莱尔时期10年的经济增长有很大贡献,但是自己却没有躲过对金融危机处置不当的责任。这场危机也成为欧盟发展的一个转折点。英国去工业化以金融立国,2008年金融危机使其经济受挫,英国决定从欧盟手中夺回被德、法两国控制的移民权和金融权,但又不希望放弃欧盟带来的利益。英国想遏制德、法创立欧洲政治一体化的野心,对这一遏制有帮助的任何事物,英国都欢迎。

千禧年前后的20年里,欧洲联邦主义者与英国人的思想交

---

① 姜南:《民族国家与欧洲一体化(1945—1973)》,中国社会科学出版社2013年版,第130页。
② 周弘、[德]贝娅特·科勒-科赫:《欧盟治理模式》,社会科学文献出版社2008年版,第4页。
③ 孔元:《重振领导力:俄乌冲突中的英国战略》,《文化纵横》2022年第3期,第59页。
④ 钱乘旦等主编:《英国通史·第六卷:日落斜阳——20世纪英国》,江苏人民出版社2016年版,第176页。

锋达到高潮，两者势均力敌。英国成功地达到了扩员的目的，而联邦主义者则设计了欧元与宪法。英国曾担忧，如果不加入欧元区，就会落在欧洲大陆后面。现在，欧元被认为是导致一些国家经济失败的测试。统一货币没有成为"欧罗巴合众国"的皇冠，欧元区的经济远没有得到提升，它们的表现不仅逊于美国，而且被欧盟内的瑞典、英国和丹麦甩在后面，这几个国家的经济在相同时间段内皆有较高的增长率。① 当欧洲经济遇到困难时，没有一个统一的欧洲对策，每个国家还是自己顾自己。经济联盟夺走了成员国最后的武器，即通过将自己的货币贬值来快速提高竞争力。②

五、"能同甘、不能共苦"的伙伴：在危机中后退

卡梅伦是在国际金融危机余波未平、欧洲主权债务危机持续发酵时执政的，与前两任首相任期内的英国与欧盟关系相比，在2010—2016年卡梅伦的两个任期内，英国与欧盟关系逐渐倒退。多重危机使欧盟的发展前景充满不确定性，也给英国继续寻求例外权以机会，英国希望重新调整它在欧盟内的位置，限制本国的移民福利、削减移民数量、在金融监管领域有豁免权，并防止进一步向欧盟转让权力。2010年后，欧洲对外关系委员会针对成员国进行的年度软实力评测，把英国列为欧洲软实力前三，该评价过于乐观。虽然英国仍有能力进行零星的干预，但是英国已经无力对欧洲的未来提供愿景。③ 英国在欧洲一家

---

① ［英］佩里·安德森著，高福进、杨晓玲、杨晓红、陈茂华、刘钊译：《新的旧世界》，上海人民出版社2017年版，第55页。欧元区的19个国家，欧盟28国，欧盟成员国中的英国及北欧、东欧的一些国家仍然使用本国货币。

② ［美］丹尼·罗德里克著，廖丽华译：《全球化的悖论》，中国人民大学出版社2011年版，第183页。

③ ［英］彼得·威尔汀著，李静怡译：《英国下一步：后脱欧之境》，远足文化2017年版，第109页。

独大的局面不复存在了。德国势力增长的势头非常迅猛，尤其是联邦德国和民主德国统一以后，更加自信，并小心翼翼地在政治上给自己松绑。

根据国际货币基金组织公布的数据，金融危机对世界经济影响最严重的一年是2009年，欧盟和英国国内生产总值年增长率均在-4.2%左右，从2010—2016年英国"脱欧"公投前的经济恢复情况看，英国经济复苏强劲，欧盟整体国内生产总值年增长率约1.27%，而英国为1.98%，欧元区则很逊色，为0.98%。① 这使双方对市场前景的认识产生很大差异。英国虽然不是欧元区成员，但是英国却是非欧元区经济体中受危机冲击最严重的国家。② 欧债危机大大降低了英国对欧出口能力，加大了英国银行业对欧投资的风险。欧债危机给英国"疑欧"势力提供了新论据，英国基本采取了隔岸观火的态度。德国总理默克尔不止一次提出，将国家主权让渡给统一的欧洲财政和政治联盟，才是拯救欧元的唯一手段。她深刻地认识到，如果欧元崩溃，那么崩溃的不只是货币……欧洲将崩溃，欧洲联合思想也将崩溃。③ 卡梅伦则反对以加强政治一体化的方式应对危机。英国要求保留自己对金融服务业的控制权。

2011年7月，英国议会通过《欧洲联盟法令》，规定任何向欧盟进一步转让权力的新条约或条约修订都要首先经由全民公投通过，从法律层面规定了"人民公决"原则。④ 在同年12月的欧盟峰会上，英国以不符合国家利益为由，否决了以法、德为首的国家提出的修改《里斯本条约》的动议，迫使除英国

---

① 根据国际货币基金组织数据整理，Datasets＞World Economic Outlook（October 2018）＞Gross Domestic Product（GDP）＞Real GDP growth，https：//www.imf.org/external/datamapper/NGDP_RPCH@WEO/OEMDC/ADVEC/WEOWORLD/EU。

② 马晓云：《从"疑欧"到"脱欧"：英国卡梅伦政府对欧盟政策研究》，博士学位论文，南京大学2017年，第150页。

③ [美]约瑟夫·奈著，王吉美译：《论权力》，中信出版社2015年版，第183页。

④ 一些研究中称它为"公投锁定"（referendum lock）原则。

和捷克之外的 25 个欧盟成员国在欧盟条约框架之外签署了政府间性质的"财政契约"。① 一项事关欧元稳定的欧盟协议被迫改为政府间协议,"财政契约"给了欧盟一定的财政监督权力。② 欧盟抛开英国,对加强经济治理迈出了重要一步,降低了英国动用否决权影响一体化进程的能力,让英国处于孤立地位。③ 欧盟财政一体化发展方向与英国利益不符,特别是"财政契约"使欧盟的权力向德国倾斜。时任法国总统的萨科齐表示,"卡梅伦要求在条约中加入特别条款,给予英国在金融监管领域豁免权,我们一致认为那是不可接受的,因为全球经济危机的部分原因恰恰是由于金融部门监管缺失"。④ 欧盟拒绝给予伦敦金融城以特别保护,英国可能还将面临欧盟不断收紧监管规则的情况,如建立银行联盟、征收金融交易税等,这些都加大了卡梅伦要求与欧盟谈判并举行公投的压力。欧元区日益成为欧盟的核心,欧盟框架下可能会出现"双速欧洲"。欧债危机使欧元区加速一体化,非欧元区与欧元区国家的矛盾加深,激发了英国的疑欧情绪,卡梅伦提出"脱欧"公投是为了应对欧债危机后欧盟的变化和各方利益诉求,是争取英国利益最大化的战术互动。⑤

移民潮和周期性的抗议成了英国长时段历史的一部分,政治家打种族牌或揪着移民问题不放已经是战后英国经常发生的事情,两个主要政党经常面对要安全还是要宽容的两极对立。⑥

---

① 丁一凡、冯仲平等:《英国与欧盟:延续与变革》,《欧洲研究》2013 年第 1 期,第 31—32 页。

② 郭华榕、徐天新主编:《欧洲的分与合》,人民出版社 2015 年版,第 511 页。

③ 丁一凡、冯仲平等:《英国与欧盟:延续与变革》,《欧洲研究》2013 年第 1 期,第 37 页。

④ Bruno Waterfield, "EU suffers worst split in history as David Cameron blocks treaty change", The Telegraph, Dec. 9, 2011.

⑤ 杨芳:《欧债危机以来英国对欧政策评析》,《现代国际关系》2013 年第 2 期,第 46—51 页。

⑥ [英]戴维·雷诺兹著,廖平译:《英国故事:从 11 世纪到脱欧动荡,千年历史的四重变奏》,中信出版社 2021 年版,第 211、214 页。

2008年金融危机爆发两年后，时任财政大臣的乔治·奥斯本制定了减少赤字目标，采取紧缩的政策，这在当时是负责任与务实的行为，但副作用是福利开支减少、得罪基层选民，这股不满的情绪很快转化为对移民的排挤甚至憎恨。英国非常依赖多佛—加莱航运。多佛港每年经手250万辆载重货车，贸易价值1190亿英镑，约占英国贸易总额的1/6。① 多佛和加莱两个海峡港口是相互依存的，它们既是应对欧洲人入侵的防御要塞，也是进入欧洲大陆的突破口。② 2010年以后，英国内政部的工作量大大增加，工作内容就是应对恐怖主义暴行和加莱难民营的难民，不断增长的移民关切开始主宰政治议程。③ 英国发现自己已经被纳入了欧盟的控制范围，逮捕令问题需要联合立法、难民危机时需要相互合作、欧洲人权立法影响了英国法律，妨碍了英国驱逐外国犯罪和恐怖分子，欧洲自由流动原则导致英国无法实现预期的净移民目标。英国海岸线的长度及其占欧盟国家总面积的比例高于绝大部分欧盟成员国（希腊除外），识别并控制难民的任务艰巨，内政部已经成为英国政府中最具挑战工作的部门。据统计，2004—2014年，英国每季度的移民大多在10万人左右，"脱欧"公投前8个季度，英国的移民量大幅增加，平均每季度达16.6万人。④

2012年，英国工作及养老金大臣邓肯·史密斯认为，欧盟权力是在牺牲国家主权的基础上实现的，多数表决制以及欧洲法院在自由流动区域运用司法体系的能动性使其在移民福利问题上制定法律，而英国却无能为力。他还强调了，在1999—

---

① ［英］戴维·雷诺兹著，廖平译：《英国故事：从11世纪到脱欧动荡，千年历史的四重变奏》，中信出版社2021年版，第246页。
② ［英］布伦丹·西姆斯著，李天云、窦雪雅译：《千年英欧史》，中信出版社2021年版，第7页。
③ ［英］罗莎·普林斯著，周旭、张广海译：《特蕾莎·梅：谜一般的首相》，文化发展出版社2017年版，第217页。
④ "What to look for in the quarterly migration statistics after the referendum", The Migration Observatory, Feb. 23, 2017, https://migrationobservatory.ox.ac.uk/resources/commentaries/look-quarterly-migration-statistics-referendum/.

2007年,《阿姆斯特丹条约》、《尼斯条约》和《里斯本条约》之间的连续性条约给欧洲议会更大的权力,创造了理事会主席一职和欧盟的外交职能。① 2013年1月23日,卡梅伦提出了全民公投的意愿和时间表,阐述了英国对欧盟未来发展提出的五个原则:一是提高欧盟成员国的全球竞争力;二是加强欧盟政策灵活性,尊重成员国多样性;三是确保欧盟和成员国间权力的双向流动,即不仅成员国向欧盟让渡权力,欧盟也要建立向成员国归还权力的机制;四是加大成员国议会权力,增强欧盟民主合法性;五是对欧元区与非欧元区国家一视同仁。② 2015年4月,卡梅伦在竞选宣言中承诺,如保守党在2015年大选中获胜,单独组阁,他将与欧盟就英欧关系进行谈判,并就谈判结果进行一次关于英国是否保留欧盟成员国地位进行公投。他虽然采取了对欧强硬的立场,但绝非要退出欧盟。③

东欧移民构成就业威胁没多久,叙利亚难民潮就爆发了,2015年后,难民问题成了欧盟的痛点,也成为卡梅伦第二个任期内面临的最大挑战,它需要所有欧盟国家的合作。根据各个选区的样本调查,英国民众主要关注政府能否在两个方面做出调控:一是减少欧盟移民入境,二是限制给已入境移民的福利。④ 短时间内,移民问题就压倒了与欧盟辩论的其他议题。从卡梅伦与欧盟的谈判角力中可以看出英国的关切。⑤ 根据与欧盟谈判的结果,英国彻底告别建立一个"日益紧密联盟"的一体化目标,引入对移民社会福利的"紧急制动"机制,当英

---

① "Brexit: The Conservatives and Their Thirty Years' War over Europe", Financial Times, Feb. 2, 2019, http://www.ftchinese.com/interactive/13092?exclusive.

② David Cameron, "EU speech at Bloomberg", Jan. 23, 2013, https://www.gov.uk/government/speeches/eu-speech-at-bloomberg.

③ 冯仲平:《转型中的英国外交》,《欧洲研究》2015年第4期,第22页。

④ Harold D. Clarke and Matthew Goodwin eds., "Brexit: Why Britain Voted to Leave the European", Cambridge: Cambridge University Press, 2017, p.21.

⑤ [英]罗莎·普林斯著,周旭、张广海译:《特蕾莎·梅:谜一般的首相》,文化发展出版社2017年版,第317页。

国的福利体制承受特别压力的时候，英国政府可以在未来七年里削减对欧盟其他成员国劳动力（主要是来自东欧的工作移民）的社会福利。除了对福利、工作机会、教育、医疗等资源的抢占，恐怖主义袭击、性侵等恶性案件的发生也与移民有关系。英国"疑欧派"认为，移民人数过多，社会变化速度太快，不可能建立一个团结的社会。大多数人对移民的态度是怀疑而不是赞同，而经济衰退加深了此类观点。当民众认为他们的社会稳定遭到破坏时，移民对英国劳动力的补充就不再重要了。"移民有利于经济建设"和"移民对就业构成威胁"之间是经济考量问题，同时也是一个身份认同问题。

欧债危机和难民危机在一定程度上反映了欧元区和申根区的脆弱性。单一市场被视为欧盟最大的成就，批评者说它创造了太多细微的规则，成员不能控制自己的事务，从穷国到富国大量的移民，"必须让我们自己来决定谁进入我们的国家"。以德国为首的经济强势国家强调，欧债危机是由于个别成员国的财政不负责任导致的，欧盟成员国需要在各自解决自身的经济问题的同时，又将难民问题视作欧洲问题，号召成员国共同承担分摊难民的压力，这无疑会引发一些国家的不满。98%的希腊人、88%的瑞典人以及77%的意大利人都表示不同意欧盟的方案，认同度最高的国家荷兰也仅有31%支持欧盟方案。①

欧盟成员国在难民分配、责任分摊等问题的争吵愈演愈烈，多个申根国家重启边境检查。欧盟就难民问题仍难达成共识，西欧国家要求团结，东欧国家拒不接受分配。匈牙利是第一个用铁丝网保护边界的国家，波兰、捷克、斯洛伐克与之一起组成了抵制德国难民政策的阵线。他们说，制造难民的不是他们，邀请难民来的也不是他们，他们不像德国那样财大气粗，没有

---

① 金玲：《欧洲一体化困境及其路径重塑》，《国际问题研究》2017年第3期，第53页。

容纳难民的实力。① 在欧洲一体化发展历程中，德国从没有这样孤独，默克尔主导的难民政策在欧盟内部应者寥寥，还使国内基民盟和基社盟陷入严重分歧，右翼选择党在选举中获得突破。

第二节 "脱欧"公投：1975年和 2016年的变与不变

20世纪50年代初，英国认为自己的利益远超过欧洲大陆，它比西欧其他任何国家都具有更大的影响力和更广泛的责任，2016年，英国仍旧如此。英国加入欧共体时是不情愿的，所以它一直向往置身于欧盟之外。② 从1973年到2016年"脱欧"公投前，英国共举行了11次公投。除了1975年6月就是否继续留在欧共体问题的全民公投，以及2011年关于英国下院变更选举制度的公投，其余9次都是涉及权力下放问题的地区性公投。③ 2016年，英国第二次"脱欧"公投。从这两次发起"脱欧"公投的目的来看，英国本质上都是继续从欧共体/欧盟获得"例外权"，所以，在程序上，英国两次都是先谈判再公投。一方面显示英国政府为本国争取利益，另一方面为了缓和党内矛盾。然而，与1975年相比，2016年英国的实力、政党基础及所处政治环境都发生了变化，因此，两次公投的结果也不同。

---

① ［德］张丹红：《从查理大帝到欧元：欧元的统一梦》，长江文艺出版社2017年版，第341页。
② Stephen Wall, "Leaving the EU?", European Public Law, Vol. 22, No. 1, 2016, pp. 57–68.
③ "Referendums held in the UK", United Kingdom Parliament, https://www.parliament.uk/get-involved/elections/referendums-held-in-the-uk/. 2011年，在"是否用备择性投票来替代简单多数制？"的公投中，有67.9%的人反对，简单多数制继续有效。

一、全民公投的制度功能与局限性

从政治意义上讲，全民公投是指在某个国家或特定地区内，享有投票权的全体人民就本国或本地区内的、具有重大影响的问题直接投票表决，又称全民投票或全民表决，简称公决。最为有名的"公投老国"当属瑞士，平均每年4—5次全民公投很常见，它在国家宪法中规定了必经全民公投的事项。首先是修宪议题或与宪法有关的协定或条约，其次是各州理事会拒绝或持相反意见的相关法律提案、修改或者废除法律，以及关于兴建核设施等事项。其他非必经全民公投的事项，具备法定条件后，也可能利用全民公投来做最后裁决。不过在多数国家，尽管宪政制度中规定了全民公投制度，但只是作为一种补救措施，宪法为全民公投设置了很高的限制条件，如发动全民公投需达到规定的联名人数、一些特定事项不能发动全民公投等，以免危及整个代议体制。

欧盟27个成员国[①]中有14个是在全民公投通过后加入欧洲一体化的，有一个候选国（挪威）进行了两次全民公投，每次全民公投都反对加入。15个国家表态支持一个欧洲存在。还有一个情况较为特殊：法国因是否接纳一个候选国导致了一次全民公投。1972年的法国，就是否接受英国加入欧共体进行了全民公投，蓬皮杜总统由此通过选民得以改变了其前任戴高乐所宣称的反对英国加入欧共体的否决决定。也有许多国家打算使用这样的全民公投来决定是否接受土耳其加入欧共体。[②]

从法律意义上讲，全民公投须要在宪法体系中有恰当的宪法地位，但是，英国没有成文宪法，它的宪法在很大程度上有

---

① 2013年7月，克罗地亚加入欧盟前。
② ［荷］吕克·范米德拉尔著，任轶、郑方磊译：《通向欧洲之路》，东方出版社2016年版，第407页。

赖于惯例和先例，人民主权思想也并非是英国宪法的直接基础。1975年，英国第一次关于欧共体成员身份公投的合宪性就受到过质疑，反对者认为，全民公投与议会主权原则相违背，在议会主权下的全民公投并无法律约束力，缺乏适当的宪制地位。①1992年，英国保守党的反对派要求就《马斯特里赫特条约》举行全民公投，梅杰发起了对他的政府进行信任投票后，《马斯特里赫特条约》才在下院得以通过。1997年，布莱尔政府声明，政府会就加入单一货币的经济影响进行评估，并最终交由全民公投。2004年，布莱尔意欲就《欧盟宪法条约》进行全民公投，但因种种原因未能成行。2008年，英国下院否决了保守党提出的《里斯本条约》付诸全民公投的提案。②

支持全民公投的人有如下观点：第一，此举是最直接的民主方式，普遍投票、无记名投票和平等投票使公民真实地表达己见，公民有机会对影响他们生活的事情做决定，在选举以外的时间介入政治程序，或改变民意代表做出的决定。第二，全民公投的结果具有权威性，它的正当性是间接民主不能相比的，公民更有可能接受他们自己所做的决定，即使有的全民公投是咨询性质的，没有强制约束力，但是，一旦举行了公投，政府必然受其结果的约束。第三，公投能够激发人们对公共政策的兴趣，有助于公民在政党无法吸纳的议题上表达意见，补救了国家与社会、统治者与被统治者之间的意志落差，确保公民参与政治的权利。第四，其有助于对抗立法机构可能持有的某些特殊利益，向立法机构施压，使其更加尽职尽责，关注公民利益，纠正议会恣意立法或者"立法不作为"。第五，其使改革成为可能。许多掌握权力的人都不情愿选择更直接的民主的方式，因为公投结果往往具有不

---

① 唐飞：《宪法政治中的审议与协商——从英国脱欧公投的宪法学分析说起》，《学术界》2017年第12期，第120—121页。

② "Timeline: Campaigns for a European Union referendum", BBC, May 1, 2015, https://www.bbc.com/news/uk-politics-15390884.

确定性，不受政治精英的控制。

反对者认为，全民公投并不一定会达到预期的效果。一是全民公投不可避免地将政治意见分化成两个对立阵营，而非寻求相互妥协。数量上，可能会有近似"50% + 1"的微弱多数赞成胜过"50% - 1"的微弱少数反对。考虑存在大量的弃权者，微弱多数的胜出并不能反映民众的意见倾向。在程度上，多数人微弱的赞同可能胜过少数人强烈的反对，[1] 使得少数持强烈反对意见的切身利益攸关者的权利受到侵害。二是选民投票时需要把握很多表决问题，对普通人来说难以完全理解。民众可能并不具备表决议题所需的专业知识，缺乏对表决问题的完整判断能力。"我们没有理由认为，多数决策具有一种更高的超个人的智慧。"[2] 当今社会的人民并不具有直接民主起源时的同质性，对专业知识和技术依赖性较高的问题不宜用全民公投的方式来决定。三是公投造势的开支很大，金钱在这一过程中起到很大的支配作用，因而公投程序有利于财力雄厚的群体，弱势群体仍然处于劣势地位。[3] 四是全民公投已经成为一种为了寻求利益而集结公众支持的政治工具。为了能够获得多数人的支持，少数人的利益集团经常用一己之私绑架整个国家利益，将官意和民意混淆起来，使投票失去意义而变成"精英公决"。[4] 五是议题可能缺乏慎重的考虑，或者没有得到完善。对一些复杂问题，将选票设计为同意或者不同意太过随意和武断。六是全民公投可能成为民选官员面对棘手难题时规避责任的有效工具，是其助长转移决策风险的怠惰行为，不用做出决定，

---

[1] 魏贻恒：《全民公决的理论与实践》，中国人民大学出版社2007年版，第184页。

[2] [英]弗里德利希·冯·哈耶克著，邓正来译：《自由秩序原理》（上），生活·读书·新知三联书店2003年版，第135页。

[3] [英]比尔·考克斯等著，孔新峰、蒋鲲译：《当代英国政治》（第4版），北京大学出版社2009年版，第156页。

[4] 王英津：《自决权理论与公民投票》，九州出版社2007年版，第256页。

将责任推给选民。此外，它鼓励了单一议题政治，也可能鼓励民众对于立法机构毫无根据的猜疑。

在条件不具备的情况下，硬性采用这一方式，公投结果很容易被扭曲。全民公投虽然具有民主之形式，但它是否具有民主之实质？这一直是个颇具争议的问题。并非只要采取了全民公投的方式就实现了民主，重要的制度性因素不是多数者的支配权，而是对少数人的保护权，全民公投并不必然地保障少数人的利益。[1] 民主需要的不仅仅是一个投票表决、多数通过的程序，还需要向人民提供充分的信息和参与讨论的机会，才能使最后投票的结果尽可能的趋于理性。[2] 理性的公共选择结果的产生必须在投票之前创造所需的基本条件，包括充分的信息、个人选择的自主性以及少数者权利保障机制。[3] 衡量一个国家民主化程度不是看这个国家举办公民投票的次数多少，而是看它民主决策过程的质量。

就全民公投与代议民主制的关系而言，积极的看法认为，全民公投不是对代议民主制的否定，相反，它是对代议民主制的补充和修正，是优良民主的紧急状态。当人民不满意于国会与政党的表现时，可以经由全民公投得到修正，而不必背弃他们原先支持的政党，因而有益于代议民主制的稳定，缩短了人民与政府的距离，人民不再是单纯的施政对象。消极的意见认为，直接民主使人民握有太大权力，从而破坏了代议民主制中政策权区分的制衡效果和政策的持续能力，行政和立法机关都会因为公投机制的引用而被弱化。[4]

---

[1] 王英津：《自决权理论与公民投票》，九州出版社2007年版，第258—259页。

[2] 王英津：《自决权理论与公民投票》，九州出版社2007年版，第260页。

[3] 季卫东：《宪政新论——全球化时代的法与社会变迁》（第2版），北京大学出版社2005年版，第23页。

[4] 魏贻恒：《全民公决的理论与实践》，中国人民大学出版社2007年版，第185页。

为什么英国"脱欧"公投如此重要？

第一，英国"脱欧"是欧洲一体化发展进程中的重大政治事件。它在国际政治的单位层次和体系层级兼具重要意义，既反映了英国异质于其他欧洲大陆国家的单位层次特征，又反映了一体化背景下博弈合作的体系特征和矛盾。欧洲问题困扰了几代英国领导人，包括撒切尔夫人、梅杰、布莱尔，以及因为"脱欧"而辞职的卡梅伦和特蕾莎·梅。

第二，如何在国家主权与国家利益之间权衡和取舍，是英国在"脱欧"过程中需要回答的问题。同时，该问题也会给其他国家参与地区一体化提供启示和借鉴。国家主权与超国家主权之争始终伴随着欧盟的发展，并直接关系到欧盟的前途。欧洲一体化对成员国主权起到弱化还是强化作用？它是会在进一步让渡国家主权的基础上将欧洲引向联邦之路，还是会始终在国家主权与超国家主权之间维持平衡？国家主权已经成为全球化或地区一体化的障碍，应被削弱甚至退出历史舞台吗？世界各国都不同程度地卷入了经济全球化及地区一体化之中，民族国家在相互依赖的关系中是否使国家主权得到强化？这些问题在欧盟成员国之间、精英阶层和民众之间一直存在争议，欧洲一体化的任何发展成果及发展阻碍几乎都与这些问题有关。国家主权的内容和形式发生了很大变化，它在全球化中的地位和作用需要我们重新认识和解释。

第三，"脱欧"深刻反映了英国的民主政治对其外交政策的影响。英国议会主权原则、不成文宪法制度、内阁责任制及两党制在"脱欧"过程中得以体现，同时，这些制度引发了一些"脱欧"混乱局面。在以什么样的方式离开以及未来建立什么样的英欧关系问题上，保守党和工党陷入分裂，党派之间不断博弈。"脱欧派"支持与欧盟划清界限，建立更为自主的关税体系，谋求与非欧盟国家建立伙伴关系；"亲欧派"则期待未来与这一紧密的贸易伙伴保持高度一致的关税体系和监管体系，甚至不"脱欧"。此外，"脱欧"还体现了英国社会分歧，伦敦以及其他英格兰大城市和较富裕的群体支持"留欧",年轻人大多支持"留欧",小城市和乡村的老年人及较不富裕的群体支持"脱欧"。苏格兰、北爱尔兰及直布罗陀在"脱欧"问题上的立场让英国国家统一问题变得敏感。

二、1975 年与 2016 年"脱欧"公投的相同之处

英国加入欧共体仅一年后,一个挥之不去的问题便开始出现,即英国何时会退出。加入欧共体 40 多年后,该问题再次摆到英国人面前。英国是否应该收回让渡到欧盟政策领域的主权?威尔逊和卡梅伦都因面临着政党矛盾的压力才发起公投,在两次公投前,他们都宣布暂停内阁集体负责制,他们也都希望选民能根据他们谈判获得的成果而选择"留欧"。

(一)在程序上先谈判再公投

如果不谈判,公投就不会有价值。支持"留欧"还是"脱欧",许多民众在很大程度上视谈判结果而定。当谈判结果交由国内讨论时,首相会尽力维护自己的谈判成果,并且说服民众,这已经是本届英国政府能争取到的最大让步了。

英国加入欧共体后,国内经济困难使它的欧共体成员国身份很快便成为一个有争议的问题,于 1974 年 2 月执政的威尔逊工党政府在两个月后提出重新谈判加入条件的要求,称保守党获得的加入条件不能令人满意,英国人民有权对最初的加入条件行使决定权,并就去留问题举行一次全民公投。工党特别要求对欧共体农业政策做重大修改,谋求更加公平的预算摊款办法,以及保持英国自己的地区政策。对工党政府来说,重新谈判可以减少因成员国身份需付出的代价,转移公众对国内经济困难的注意力,又可以显示工党政府比希思政府更坚定地维护国家利益的强势姿态。但威尔逊的基本立场是,谈判不涉及成员国资格问题,不谋求对《罗马条约》重新谈判。为确保谈判按设计的目标和方向前进,威尔逊将这

项工作委任给外交大臣卡拉汉。虽然威尔逊和卡拉汉对欧共体的热情不大，但他们都认识到，英国的根本利益和前途需要在欧共体内部来实现。

在1974年6月卢森堡部长理事会会议上，英、欧双方谈判涉及以下几个重点问题：英联邦国家的农产品进入共同市场问题，包括对加勒比国家的食糖和新西兰的奶制品进口优惠条款期限的延长；减少英国承担的预算分摊份额，此为谈判中最重要的问题；改革共同农业政策，英国的地区和工业政策不应该受《布鲁塞尔条约》的妨碍和阻挠，增加对最贫困地区小型农场的直接补贴。① 这些问题最终都是为了保持英国的独立性和维护英国经济利益。其他成员国认为，"重新谈判"在法理上不可接受，因为一国政府签订的条约对以后的历届政府都有约束力，将谈判结果交由全民公投决定去留俨然是政治讹诈。1975年3月，首届欧洲理事会决定讨论欧共体发展的重大方针政策，在英国的强烈坚持下，双方谈判的焦点问题主宰了这届会议，威尔逊想把自己刻画成为争取国家利益而敢于同外国"敌人"作斗争的英雄人物形象，以便在谈判结果交由人民讨论并建议他们投赞成票时，不至于被反对者指责出卖国家利益，因此，威尔逊在会上表现出强硬的态度。

2013年1月22日，卡梅伦在演讲中提到，欧盟应该是具有灵活性，而非束缚成员国的僵化集团，如保守党在下次大选中获胜，英国将就与欧盟的关系重新谈判，并就是否继续留在改革后的欧盟这一问题，让英国民众做出选择。但是，英国政府只是希望改变欧盟对英国的"统治"关系，不支持英国退出欧盟。2015年5月8日，英国保守党赢得了大选，赢得下院过半席位，承诺尽快兑现竞选承诺，将在2017年底前举行公投。

---

① "EU reform: PM's letter to President of the European Council Donald Tusk", Prime Minister's Office, Nov. 10, 2015, p. 4, https://assets.publishing.service.gov.uk/government/uploads/system/uploads/attachment_data/file/475679/Donald_Tusk_letter.pdf.

2015年11月，卡梅伦致信欧洲理事会主席图斯克时称，英国对欧盟的关切归结为一点就是"灵活性"，他对欧盟改革提出四点目标：一是关于国家主权，不参与政治一体化走向"更紧密的联盟"，维护成员国议会的立法权，欧盟需进一步遵守辅助性原则；二是欧盟必须增强而不是削弱成员国的竞争力，签订更多贸易协定，削减不必要的监管规则；三是英国不承担欧元区的救助计划，要求欧盟对欧元区国家和非欧元国家一视同仁，保护单一市场的完整性，成员国可自愿选择加入银行联盟计划；四是针对移民问题，英国要求欧盟针对移民福利制度进行改革。英国每年净移民已经达到30万人，需要采取措施减少人员自由流动对英国公共服务造成的压力，停止依靠福利政策吸引其他国家公民来英国工作。对未来新加入欧盟的成员，确保它们在经济达到一定水平前，英国不准许其适用自由流动原则。① 其中，第四点是最敏感也是最棘手的问题。2016年1月31日，卡梅伦针对双方谈判成果发表声明，称双方已经取得一些进展，但仍有很多问题尚需解决，他特别强调，欧盟委员会经正式讨论确认，英国当前的局势符合采取"紧急制动"条款的标准。② 此举被视为欧盟在该问题上的让步，这意味卡梅伦首相可以兑现他的承诺，限制欧盟移民的工作福利。③ 据民调机构益普索·莫里调查，1/3（约200个）的英国议员称，英国是否应该留在欧盟应视首相的谈判结果而定。④ 即使付诸全民公投有风

---

① "EU reform: PM's letter to President of the European Council Donald Tusk", Prime Minister's Office, Nov.10, 2015, p.1, https://assets.publishing.service.gov.uk/government/uploads/system/uploads/attachment_data/file/475679/Donald_Tusk_letter.pdf.

② "紧急制动"会剥夺欧盟公民的权益，不符合自由流动原则。

③ "PM meeting with Donald Tusk", Prime Minister's Office, Jan.31, 2016, https://www.gov.uk/government/news/pm-meeting-with-european-council-president-donald-tusk.

④ "A third of MPs still undecided which way they will vote in the UK's EU referendum, new poll shows", The UK in a Changing Europe, Feb.1, 2016, http://ukandeu.ac.uk/a-third-of-mps-still-undecided-which-way-they-will-vote-in-the-uks-eu-referendum-new-poll-shows/.

险，但卡梅伦还是基于以往英国通过谈判获取优势的经验、英国在欧盟中的重要地位，以及欧盟为了使希腊留在欧元区付出巨大努力等情况，做出了先谈判再公投的选择。况且，欧盟已经经不起英国这样重要的成员国在欧盟被多重危机缠身的情况下离开了。2015年的最后四个月里，40多个民调中的31个民调都显示，在英国民众中，"留欧"领先，甚至有几次的"留欧"支持率高出"脱欧"20个百分点。① 卡梅伦团队中有人建议，尽快在已有谈判成果的基础上在2015年内举行公投，因为那时，多米尼克·卡明斯② "脱欧"游说团体还没有被有效组织起来。

在卡梅伦与欧盟的谈判过程中，法国立场较为强硬，不愿意给予英国过多优惠条件。英国希望它的立场能得到默克尔的支持，但欧盟成员国在英国退出问题上表现得很团结，英国能争取到的或许只有匈牙利总理欧尔班·维克托了。

卡梅伦团队的策划者之一安德鲁·库珀事后反思称，问题不在于卡梅伦不够强硬或资质不够，而在于在一开始的时候，控制移民自由流动本身就是实现不了的目标。在2014年保守党大会上，卡梅伦称，在移民问题上，政府将会实现民众想要的结果。那时候"脱欧派"还未有足够势力施压，而卡梅伦此举显然过度承诺。③ 谈判结果公布后，140多个议员决定支持"脱欧"，是开始时"脱欧派"人数的3倍。民众也认为，这一谈判结果没有考虑到他们关注的基本问题，他们想要的结果不是欧盟对"紧急制动"做出带有时间限制的保证，而是大规模削

---

① Harold D. Clarke and Matthew Goodwin eds., "Brexit: Why Britain Voted to Leave the European", Cambridge: Cambridge University Press, 2017, p. 17.

② 卡明斯是"脱欧"运动负责人，后成为约翰逊团队的高级顾问。

③ Tim Shipman, "All Out War: The Full Story of How Brexit Sank Britain's Political Class", London: William Collins, 2016, p. 143.

减来自欧盟的移民数量,以及限制移民福利。① 在公投中,卡梅伦没有得到支持的原因还在于他前后矛盾,他起初表示,如果谈成的协议不乐观,他会支持"脱欧",可结果出来后,他并没有这样做。财政大臣乔治·奥斯本采取了"恐惧计划"(Project Fear)策略,对离开欧盟的经济风险提出了严重警告。乔治·奥斯本称,"脱欧"将迫使他制定紧急预算案,大规模增加税收,如此一来,"恐惧计划"不但没有使人们因为担忧经济问题而支持"留欧",反而激怒了一部分民众。② 既然英国政府能提供一系列官方数据来证明"脱欧"对英国造成的长期损害和短期冲击有哪些,为什么还冒险举行公投?为什么还要为"脱欧"做准备?卡梅伦在策略上也存在失误,他吸引民众把对"脱欧"公投的考虑集中到对谈判结果的关注上,如果谈判成功,就可以扭转一部分选民的观点,使"留欧"造势具有说服力,英国政府才能建议民众选择留在一个改革后的欧盟中。然而,一些人认为,他只是为了赢得公投"拼凑"出来一份协议,并没有维护国家利益。卡梅伦对于民众是否接受改革后的欧盟这一说法太过乐观了,公投前的造势活动不应仅仅围绕谈判结果而进行。作为卡梅伦的欧洲事务大臣,戴维·利丁顿在2015年大选后就作出判断,欧盟作出重大改革的可能性不大。③ 欧盟已经公布了它的《五总管》报告(Five Presidents Report),该报告计划于2017年前,在欧元区进行更深入的经济、金融、财政和政治一体化,并希望在2025年完全实现统一。英国希望看到的是松散的欧盟,而他们设计的却是英国"疑欧派"不愿

---

① Harold D. Clarke and Matthew Goodwin eds., "Brexit: Why Britain Voted to Leave the European", Cambridge: Cambridge University Press, 2017, p. 21.

② [英]罗莎·普林斯著,周旭、张广海译:《特蕾莎·梅:谜一般的首相》,文化发展出版社2017年版,第325页。

③ Tim Shipman, "All Out War: The Full Story of How Brexit Sank Britain's Political Class", London: William Collins, 2016, p. 120.

意看到的"欧元区合众国"。①

（二）全民公投目的相似

"脱欧"公投是英国的一种施压手段，欧共体或欧盟为了挽留英国会作出相应的让步和妥协。无论是威尔逊还是卡梅伦，他们上任之初，工党和保守党在当时都没有获得下院过半数席位，致使他们执政地位不稳。1974年，威尔逊又发动一次大选，工党的席位才勉强过半。他们都面临着党内大力支持"脱欧"的议员的压力，这也是两位首相发起公投的一部分原因。

第一，缓和政党矛盾的考虑。威尔逊本人并不抵制欧共体成员国身份，但是他领导的工党在下院地位不稳。在工党得以执政的1974年，英国处于战后最困难的时期，已经经历了4年的经济混乱。1974年2月，工党仅获得37.1%的选票但是却获得301席，保守党获得了37.9%的选票却仅得297席，两党均没有获得议会半数席位。在工党执政的几个月中，物价持续上涨，通货膨胀严重，工党少数派政府岌岌可危，同年10月，英国又举行了一次大选，工党以319席勉强过半数。② 很多决策者给出一些看似正当但不是真正的原因，威尔逊担心工党内部发生分裂会危及自己的党内领袖地位，于是，大选后，英、欧之间的实质性谈判就开始了。以罗伊·哈里斯·詹金斯为首的一小部分人支持英国加入欧共体，以托尼·本为首的工党左翼、以伊诺克·鲍威尔为首的一小部分保守党人大力支持"脱欧"，认为此时是把英国带出共同市场的绝佳机会，双方形成了对立意见。"脱欧"公投在某种程度上被视为使工党政府免于内部分裂的策略，先谈判再公投成为一个各方都能接受的办法，对支持者来说，如果谈判成功，可以继续留在欧共体。对反对者

---

① Tim Shipman, "All Out War: The Full Story of How Brexit Sank Britain's Political Class", London: William Collins, 2016, p.121. 由容克、图斯克、欧洲议会主席马丁·舒尔茨、欧洲中央银行行长马里奥·德拉吉以及欧元集团主席迪塞尔布洛姆组成。

② 钱乘旦等主编：《英国通史·第六卷：日落斜阳——20世纪英国》，江苏人民出版社2016年版，第82页。

而言，通过提出其他成员国不能接受的要求，就能达到退出的目的。1975年1月，威尔逊允许内阁大臣在全民公投中自由投票，集体负责制被暂时中断。

2011年，英国已经有超过10万人请愿，就英国的欧盟成员国身份举行公投。2011年9月，由保守党议员安德烈亚·利德索姆、克里斯·希顿－哈里斯和乔治·尤斯蒂斯组成"崭新开始"小团体（Fresh Start Group），目的是要重新审视英欧关系。2012年10月，他们公布的《选择改变》报告（Options for Change）里面提到的减少英国对欧盟的财政贡献、改革欧盟共同农业政策等内容都在卡梅伦与欧盟的谈判中得以体现。2013年1月，卡梅伦在位于伦敦市中心的彭博社欧洲总部发表演说时指出，欧洲大陆缺乏竞争力、规则冗杂、民主问责制缺失、从成员国拿走太多权力……[1]此次演说后，该团体又公布了《改变宣言》（Manifesto for Change），要求对欧盟条约做5项变更。[2] 2013年10月24日，虽然下院以483∶111的结果挫败了举行"脱欧"公投的动议，但是，已经有81名保守党议员（在欧洲问题上，已经形成了最大规模的保守党反对派）、19名工党议员，以及个别自民党议员决定违背本党党鞭，支持"脱欧"公投。[3] 卡梅伦举行公投的目的一方面是为了安抚保守党内强硬的"疑欧派"，另一方面是抑制工党的作用。工党如赞成公投，保守党在对欧政策上就占了主导权，不赞成公投就等于忽视欧盟在难民、债务危机等方面给英国带来的问题。

卡梅伦很难团结在欧洲问题上混乱的保守党，另外，由于独立党兴起，保守党面临失去右翼选民的威胁。2015年大选期

---

[1] Harold D. Clarke and Matthew Goodwin eds., "Brexit: Why Britain Voted to Leave the European", Cambridge: Cambridge University Press, 2017, p. 2.

[2] 彭博社演说做出了举行公投的承诺，此举被视为是对保守党内"疑欧派"后座议员和独立党势力增加的回应。

[3] "Timeline: Campaigns for a European Union referendum", BBC, May 1, 2015, https://www.bbc.com/news/uk-politics-15390884.

间，奈杰尔·法拉奇称要为独立党的核心宗旨而战，用煽动性的口号最大限度地争取选民，移民对国家医疗服务体系（NHS）的威胁成为他反欧言论的重要支撑。为了顺应选民的"疑欧"情绪，保守党承诺公投，以稳固选民基础、在大选中争取获得绝对多数、单独执政。卡梅伦的目的是使民众确信，这是自1975年对欧共体成员国身份公投之后，第一次尝试让民众在欧盟政策问题上有发言权。2016年1月5日，由于担心持反对意见的大臣辞职，他宣布暂停内阁集体负责制，允许大臣们根据自己的观点参与全民公投，而不是被迫服从首相领导。

第二，从欧盟获得"例外权"。在1975年的谈判结果中，关于英联邦国家农产品进入共同市场问题，欧共体同意最大限度向它们开放市场，增加发展援助，并达成了《洛美协定》。该协定使21个英国前殖民地与欧共体建立了联系。关于英国希望从欧共体获得更多的地区基金。后来则获得了欧共体为期三年基金计划的28%。欧共体还通过了一项协调成员国援助工业的计划。法国同意了重新审查共同农业政策的实施方式，只是在预算摊款问题上，英、法的立场差距很大，最终在1975年初达成了一份复杂的解决方案，英国获得了一定数额的欧洲地区发展基金，预算摊款引入矫正机制，给予英国一定回扣。欧共体做出了很多让步，英国也没有获得完全满足。威尔逊努力维护他与欧共体重新谈判达成的协议，宣称英国政府已经争取到较为有利的条件，退出欧共体的后果是严重的。

英国不是申根国家，没有加入欧元区和欧盟财政契约，不受《庇护程序指令2013》和《反恐框架决议》约束，但加入了申根信息系统、《都柏林公约III》、《欧盟调查令》、欧盟逮捕令、欧洲刑警组织及欧洲检察官组织。[①] "脱欧"公投也是英国

---

① "The UK's 'new settlement' in the European Union: Renegotiation and referendum", European Parliamentary Research Service, Feburary, 2016, p. 7, http://www.europarl.europa.eu/RegData/etudes/IDAN/2016/577983/EPRS_IDA (2016) 577983_EN.pdf.

人例外意识的表现，公投可以向欧盟施压，在谈判中争取获得欧盟更大的让步。①

英国的例外和要求在何种程度上能被欧盟所接受，英国和欧盟之间存在偏差。执政后的卡梅伦在多个场合都提出过欧盟改革的要求。他认为，到紧急关头，德国总理和欧盟领导人不会允许英国脱离欧盟。为了达成一份令人满意的协议，卡梅伦耗时9个多月与其他27国谈判。2016年2月2日，图斯克公布了与卡梅伦谈判达成的协议草案的相关内容，关于卡梅伦提出欧盟改革的问题，达成的协议内容包括：第一，非欧元区欧盟成员国可以向欧洲议会提出立法请求，欧洲议会可根据特定多数（Qualified Majority）决定是否采纳。第二，欧盟单一规则手册（EU Single Rulebook）适用于所有成员国的银行和金融机构，但考虑到非欧元区国家的特殊情况，仍需制定特殊条款。第三，欧盟将重新审议其法律体系对辅助性和平衡性原则的执行情况，但不赞同非欧元国家享有问题否决权。关于主权问题，尊重英国不受制于条约中的"更紧密的联盟"一词，如超过55%（16个）的成员国议会反对欧盟立法草案，可中止该草案的立法程序。第四，关于社会福利和自由流动原则，给予英国最长7年的"紧急制动"期，欧盟国家公民工作4年以上才能在英国获得相关的工作福利，可以根据公民母国而不是英国的水平支付儿童福利。② 如果英国正式告知欧盟"留欧"的决定，这份协议将在法律上生效。

英国限制移民福利的要求与欧盟反歧视性原则相悖。欧盟

---

① 丁纯：《英国退欧和欧洲的前途》，《欧洲研究》2016年第4期，第19页；潘兴明：《英国对欧政策新取向探析》，《外交评论》2014年第4期，第116页；丁一凡：《英国与欧盟：延续与变革》，《欧洲研究》2013年第1期，第25页。

② "The UK's 'new settlement' in the European Union: Renegotiation and referendum", European Parliamentary Research Service, February, 2016, p.1, http://www.europarl.europa.eu/RegData/etudes/IDAN/2016/577983/EPRS_IDA（2016）577983_EN.pdf.

认为，它已经做了最大限度的让步和尽可能的保证，但是调整了的英欧关系根本满足不了英国的野心。① 卡梅伦政府称，做出实质性变革的欧盟将会让英、欧关系与以往不同。然而，谈判成果公布以后，民调出现了复杂迹象，电话调查仍然显示"留欧派"领先，但网络调查却显示两派的支持率旗鼓相当。② 这是卡梅伦不愿意看到的结果，他的谈判没有达到扭转民意的目的。随后，"脱欧"的艰难进展使越来越多的人认识到，卡梅伦以全民公投威胁欧盟，试图为英国谋得更多权利的做法是不必要的冒险。

三、1975年与2016年"脱欧"公投的不同之处

1975年，英国人愿意参加一个具有活力和前景可期的共同市场，但是他们不想参加一个向政治共同体发展的欧盟。1975年全民公投的结果为英国政治埋下了隐患，即人民主权与议会主权发生矛盾时如何处理。与上一次不同的是，2016年的全民公投的结果与执政党及大部分议员的预期相背离。

（一）英国的相对实力和政治环境变化

在1975年公投中，民众以2∶1的差距做出"留欧"决定，他们对欧共体成员国身份的支持是广泛的，但并不能说明他们内心有多支持欧共体。这一公投结果主要受几个环境因素影响，而这几个因素在2016年公投时一个也不具备。

第一，英、欧相对实力变化。1975年，英国经济停滞不前，出现严重的通货膨胀、高失业率、低生产率，工业生产下降，英国有了"欧洲病夫"和"英国病"等标签，它甚至被视

---

① Ben Wellings, "Our Island Story: England, Europe and the Anglosphere Alternative", Political Studies Review, Vol. 14, No. 3, June, 2016, p. 375.
② John Curtice, "Did the 'English Dinner' Make Any Difference? First Evidence from Survation", What UK Thinks, Feb. 21, 2016, https://whatukthinks.org/eu/did-the-english-dinner-make-any-difference-first-evidence-from-survation/.

为被强势的经济集团抛弃的失败者和衰退者。在经济困难时期，外资对刺激英国工业发展尤为重要。2016年的欧洲大陆已经不能像20世纪70年代那样让英国羡慕与嫉妒了。欧盟从20世纪70年代的9国扩展到2016年公投前的28个成员国，新增的成员国与西欧国家相比贫穷太多。20世纪80年代以前，欧盟作为一个整体，其经济总量占世界经济的34.1%，2018年占比22.5%，欧盟以外的世界对英国经济发展更为重要。[①] 2008年金融危机后，欧洲一体化发展进入一段停滞期，在欧债危机、难民潮、乌克兰危机、恐怖袭击、民粹主义力量等因素共同作用下，欧盟内部出现分化，社会问题逐渐暴露，民主赤字问题愈加突出。欧盟仍然是重要的实体，但是它的重要性在下降，且短期内看不到好转的迹象。英国经济以服务业为基础，全球服务业贸易正在极速增长，英国与非欧盟国家的服务业贸易十年间增长了73%。[②] 而在1975年，威尔逊面对的欧洲大陆却是另一番场景。

第二，欧洲和英国政治环境变化。2016年之前的几年时间里，欧盟内右翼民粹主义政党崛起，英国"脱欧"公投以及欧盟贸易保护主义的抬头等都是逆全球化的表现。[③] 民粹主义政党对传统中间势力或左翼政党构成挑战。2017年，德、法大选受民粹主义冲击，民族主义者在意大利、匈牙利等国掌权，并在奥地利与其他党组建联合政府，在西班牙赢得议会席位，它

[①] Roger Bootle, Julian Jessop, Dr Gerard Lyons, Patrick Minford, "Alternative Brexit Economic Analysis", Economists For Free Trade, February, 2018, p. 13, https://www.economistsforfreetrade.com/wp-content/uploads/2018/03/Alternative-Brexit-Economic-Analysis-Final-2-Mar-18.pdf.

[②] "The Future Relationship between The United Kingdom and the European Union", UK Government, July, 2018, p. 25, https://assets.publishing.service.gov.uk/government/uploads/system/uploads/attachment_data/file/725288/The_future_relationship_between_the_United_Kingdom_and_the_European_Union.pdf.

[③] 郑春荣：《欧盟逆全球化思潮涌动的原因与表现》，《国际展望》2017年第1期，第34页。

们都明显地反对欧盟。苏格兰、加泰罗尼亚等地都发生了分离主义运动,欧洲怀疑论在英国、德国、法国、匈牙利和希腊等欧盟国家中甚嚣尘上。在全球化逆转趋势下,全球化程度加深以及与之相关联的经济、政治和社会不平等加剧,2007—2008年金融危机之后,英国保守党和自由民主党联合上台执政,新政府明确实施财政紧缩政策,使国内社会本意存在的经济分歧和不平等进一步恶化。① 以往我们谈发展问题,很少谈及发达国家,英国"脱欧"让人们认识到,即使是在发达国家内部,依然存在严峻的发展不平衡问题。② 公投结果是英国普通民众对现实状况投下的抗议票。多数受教育程度低的选民和老年选民投"脱欧"票,是因为与受过高等教育的年轻选民相比,他们更难以实现跨国就业。英国"脱欧"并非孤立现象,而是更大趋势的一部分,这一趋势的核心是脱离世界主义立场、反对跨境工作的移民,以及对经济全球化提出质疑。英国"脱欧"与特朗普当选有着相似之处,民族国家在保护经济、抵御全球化的作用被重视起来,跨国力量受到质疑,保守派和右翼民粹主义能够很好地驾驭这一波对社会经济的不满情绪。③

英国选举制度使得获胜的党派没有充分代表民意,政党政治的对抗性使在野党对执政党的欧洲政策为了批评而批评,民众关于欧洲政策的意见不能通过执政党得到体现。英国与欧盟关系始终是保守党内部政治斗争的重要工具,双方都无法完全推进自身偏好的方案,但都有能力否决对方的方案。从英国独立党(UKIP)的成长过程及其在"脱欧"公投中的角色可以看出,英国独立党过去获得的民众支持与公众对"脱欧"的支持

---

① [英] 罗伯特·盖耶尔、沈伟:《英国退欧的原因、过程及其对英国—欧盟—中国关系的影响》,《欧洲研究》2016 年第 4 期,第 56 页。
② 任琳:《英国脱欧对全球治理及国际政治经济格局的影响》,《国际经济评论》2016 年第 6 期,第 25 页。
③ [德] 安德里亚斯·讷克著,刘丽坤译:《英国脱欧:迈向组织化资本主义的全球新阶段?》,《国外理论动态》2018 年第 6 期,第 55—57 页。

密切相关。① 20世纪70年代前，"两个阶级、两大政党"一直是英国政治的主要特点，投票行为变动幅度小，两党的特征比较鲜明。威尔逊和卡梅伦执政时期，两大党的得票率分别是75%和65%。② 1975年，两大政党仍能维持"霸权"地位，民众对其有较高的认同。工党政府建议民众选择"留欧"，民众投票时也确实那么做了。③ 20世纪70年代以后，后工业社会阶层出现，很多议题无法纳入由传统左右政治的框架内，选民对政党的认同度下降。两大传统政党的支持基础开始萎缩，小党和新党崛起。④ 20世纪70年代中后期和21世纪初相比，英国无政党认同的选民比例从10%增加到16%，具有强烈政党认同的选民从26%下降到了13%。⑤ 卡梅伦领导的保守党政府在理论上未能超越撒切尔主义，党内疑欧主义上升。科尔宾的当选完全是得益于普通民众的支持，他只是以传统左翼主张来回应当今社会需求。两党长期缺乏理论创新，难以提出有效的政策主张。⑥ 2016年与1975年"脱欧"公投明显不同是英国独立党的出现。作为一个原本主攻欧洲议会选举的政党，独立党原来是不参加英国议会选举的，2004年，该党领导人法拉奇将移民问题推向了英国政治议程中心。从2010年开始，他在民众中积极鼓动反欧盟、反移民情绪，独立党威胁到了保守党的选票是

---

① Matthew Goodwin & Oliver Heath, "The 2016 Referendum, Brexit and the Left Behind: An Aggregate-level Analysis of the Result", Political Quarterly, Aug. 26, 2016, pp. 323 – 332.

② David Butler and Gareth Butler, eds., "British Political Facts", London: Palgrave Macmillan, 2011, pp. 269 – 271.

③ Harold D. Clarke and Matthew Goodwin eds., "Brexit: Why Britain Voted to Leave the European", Cambridge: Cambridge University Press, 2017, p. 1.

④ 谢峰：《政治演进与制度变迁：英国政党与政党制度研究》，北京大学出版社2013年版，第412、418页。

⑤ John Bartle and Anthony King, "Britain at the Polls 2005", Washington: CQ Press, p. 58.

⑥ 王明进：《英国两大政党在欧洲问题上的内部纷争》，《人民论坛》2018年第17期，第30—32页。

近几年英国政党体制分裂的一个主要原因。[1] 从经济和社会结构角度来讲，那些被边缘化的群体认为他们已经"被甩在后面"，年龄较大的、工薪阶层的、学历不高的白人选民大多支持独立党，而保守党和工党把精力集中在吸引中产阶级和中间派选民的支持上。激进右翼的反抗会给英国政治带来长期影响。[2] 独立党在"脱欧"问题上给保守党带来了最直接的压力，使保守党面临失去右翼选民的威胁。保守党和工党内部因"脱欧"问题矛盾日益升级并相互指责，科尔宾选择不加入卡梅伦的跨党派"留欧"阵营，而是另起炉灶，造成了"留欧"阵营力量分散。[3]

第三，与1975年相比，移民是一个新问题，东欧和叙利亚移民议题是引发2016年"脱欧"的一个重要导火索。随着欧盟东扩，欧盟成员国公民享有在英国自由就业权的国家数量从2004年前的14个增加到2014年的27个。[4] 移民数量占英国本国工作人员数量的比例每增长1%，就会导致低收入者的工资下降0.6%，而高收入者的工资升高0.4%。[5] "脱欧"投票与欧盟移民的变化比例密切相关，在欧洲移民迅速增加的地区，选择"脱欧"的倾向更加明显。[6] 移民还引发了性侵等恶性案

---

[1] Harold D. Clarke and Matthew Goodwin eds., "Brexit: Why Britain Voted to Leave the European", Cambridge: Cambridge University Press, 2017, p. 5.

[2] Robert Ford & Matthew Goodwin, "Understanding UKIP: Identity, Social Change and the Left Behind", Political Quarterly, Oct. 28, 2014, pp. 277 – 284.

[3] 史炜：《对英国脱欧的必然性分析及对英国未来经济社会走向的展望》，《国际金融》2016年第12期，第13—14页；王展鹏：《英国国际地位的辩论与对欧政策新变化》，《欧洲研究》2013年第1期，第37—38页。

[4] 史炜：《对英国脱欧的必然性分析及对英国未来经济社会走向的展望》，《国际金融》2016年第12期，第12页。

[5] 史炜：《对英国脱欧的必然性分析及对英国未来经济社会走向的展望》，《国际金融》2016年第12期，第13页。

[6] Stephen Clarke, Matthew Whittaker, "The Importance of Place: Explaining the Characteristics Underpinning the Brexit Vote Across Different Parts of the UK", Resolution Foundation, Jul. 15, 2016, https://www.resolutionfoundation.org/publications/the-important-of-place-explaining-the-characteristics-underpinning-the-brexit-vote-across-different-parts-of-the-uk/.

件发生，人们对社会安全的担忧也在增加。从文化上讲，移民是对英国生活方式的一个威胁。"移民有益"的论调在英国早已从主流退去。难民问题是英国"脱欧"的一大主因。在公投前的民调中，绝大多数选民表示，退出欧盟对国家医疗服务体系有利。欧盟难民政策让大批东欧难民涌入英国，成为稀缺工作、住房和社会福利的主要竞争者，抢占底层英国民众的机会。贫困家庭比富有家庭更支持"脱欧"，支持"脱欧"的选民正是那些认为其财政状况正在恶化的人。2015年，欧洲大陆在应对难民浪潮时表现出的混乱和无助，让英国人担心，留在欧盟早晚要替德国的难民政策买单。有人认为，对公投结果负主要责任的应当是默克尔，自从她2015年秋敞开国门之后，英国的民意发生了有利于"脱欧"的变化。[1] 2016年公投是在一个特别焦虑的时刻举行的，是在100万难民涌入德国、巴黎及布鲁塞尔发生恐怖袭击的几个月后。另外，以难民身份进入欧洲的恐怖分子，让欧洲在恐怖主义面前极为脆弱。[2]

（二）公投结果不同

威尔逊的谈判和维护谈判结果的努力取得了一定效果。财政大臣丹尼斯·希利警告，退出欧共体将给英国经济带来严重后果。1975年3月，内阁以16∶7的多数支持威尔逊的立场。当内阁将协议交予下院时，以396∶172的多数通过了重新谈判的条件，虽然这一结果主要得益于保守党的支持。尽管宣称保持中立，但威尔逊倾向于"留欧"是众所周知的。为了鼓励赞成票，政府对此次公投的问题措辞做了精心设计，1975年6月5日，公投举行，对于"你认为联合王国应该留在欧共体（共同市场）里吗？"这个问题，投票结果为67.2%，约2/3的人支持"留欧"，这次公投的投票率在当时的政治环境是比较高

---

[1] ［德］张丹红：《从查理大帝到欧元》，长江文艺出版社2017年版，第173页。

[2] ［德］安德里亚斯·讷克著，刘丽坤译：《英国脱欧：迈向组织化资本主义的全球新阶段？》，《国外理论动态》2018年第6期，第51—52页。

的。英国的成员国资格以一种明确和决定性的方式得到确认，这一投票结果使英欧关系挺过了一场危机，但去留问题对英国来说仍旧是一个挥之不去的困惑。此次公投还留下了一个悬而未决的问题，即议会的投票结果与全民公投的投票结果背道而驰该如何处理。

2015年5月，卡梅伦领导的保守党在大选中赢得了单独执政的绝对多数席位，几个月后，他把全部精力投入到为"留欧"造势的活动中。2016年4月13日，选举委员会指定"留欧"和"脱欧"两大官方竞选组织为公投造势。政府花费930万英镑，向每户发放传单，建议人们选择"留欧"。[1] 大部分大臣和议员与首相的观点一致，认为英国应该"留欧"。"脱欧"公投前一天，已公开表达支持"留欧"的议员有479个，其中包括185个保守党议员（138个保守党议员支持"脱欧"）、218个工党议员（10个工党议员支持"脱欧"）、全部苏格兰民族党议员（54个）以及8个自由民主党议员。在内阁成员中，支持"留欧"和"脱欧"的比例是24∶6。[2] 2016年6月23日，英国就欧盟的成员国身份问题举行全民公投，"英国应该留在欧盟还是离开欧盟？"在382个投票区中，共有46499537名选民登记，实际投票率72.2%，其中支持脱离欧盟的选民人数为17410742人，占实际投票人数51.9%，赞成留在欧盟的选民人数为16141241人，占比48.1%。"脱欧派"以3.8%的微弱优势胜出。[3] 英国收回了在1975年继续留在欧共体的决定。英国的退出提醒欧盟，它仍然是由主权国家组成的，任何成员国都

---

[1] "Government leaflet on the EU Referendum", House of Commons, May 4, 2016, https://beta.parliament.uk/search? q = Brexit + carmeron.

[2] "EU vote: Where the cabinet and other MPs stand", BBC, Jun. 22, 2016, https://www.bbc.co.uk/news/uk-politics-eu-referendum-35616946.

[3] Elise Uberoi, "European Union Referendum 2016", House of Commons Library, Jun. 29, 2016, http://researchbriefings.parliament.uk/ResearchBriefing/Summary/CBP-7639.

可以选择打破现存制度承诺脱离它。① 公投后，支持"留欧"的民众纷纷在英国政府和议会请愿网站上签字，要求二次公投。请愿理由是赞成或反对比率均不足60%，而且公投投票率低于全国人口的75%。2016年7月9日，政府发表声明，认为公投没有事先纳入最低投票率等前提条件，拒绝举行二次公投。

四、英国"脱欧"公投存在的问题

英国与其他欧盟成员国一样，正在加大对公投的使用，用一人一票的直接民主方式决定"脱欧"。《里斯本条约》第50条仅仅五段的简短描述并没有为退出国提供明确的退出机制，前文中论述公投的制度局限性，很多都在2016年英国"脱欧"的案例中得到体现，英国政府执行"脱欧"的决定困难重重。公投并没有解决英、欧之间的问题，反而引发了更多问题。

（一）缺乏理性思考和严肃辩论

纵观历史，民众的投票行为并非总是合乎理性并符合他们在该问题上的最大利益。② 虽然"脱欧"公投在程序上体现了民主，是民意的直接表达，但是其中一部分民意是被政治左右的，民众选择"脱欧"的诉求并不清晰，对复杂的问题容易给出简单轻率的答案。人们无法根据条约或者先例计算出他们投出"脱欧"一票给整个国家造成的成本或带来的收益。"脱欧"辩论缺乏全面的思考和长远预期，普通民众很少有这种能力，他们更多的是为个人利益而发声。许多民众低估了"脱欧"的复杂程度，以及有可能导致的严重后果。"脱欧"不应简化为英国对欧盟贡献的核实。"如果土耳其成功入盟，未来几年200

---

① Robin Niblett, "Britain, the EU and the Sovereignty Myth", Chatham House, May 9, 2016, https://www.chathamhouse.org/sites/files/chathamhouse/publications/research/2016-05-09-britain-eu-sovereignty-myth-niblett.pdf.

② [美] 罗杰·希尔斯曼等著，曹大鹏译：《防务与外交决策中的政治：概念模式与官僚政治》，商务印书馆2000年版，第409页。

万土耳其移民会蜂拥到英国";"我们每周为欧盟支付3.5亿英镑,还是把这些钱投向我们国家的医疗服务体系吧";"脱欧"势力用这些失真的数字夸大了欧盟的威胁和英国对欧盟的财政贡献。① 英国一直推行免费医疗服务,医疗服务体系是英国的一项重要国策。此前,因为政府执行了多年财政紧缩政策,医疗服务体系备受指责,而移民加重了医疗服务体系和社会福利负担,"脱欧派"的宣传造势切中问题要害。这些数字本身真实与否并不重要,重要的是,它们吸引了人们的注意力,并使人们对留下还是离开欧盟的决定集中到个别敏感问题上。"脱欧派"的呼吁让民众充满希望,为民众选择"脱欧"提供了论据支持。英国统计局几次对"3.5亿英镑"这一数字质疑和反对,但是却被"脱欧派"忽略,仍旧重复这些被夸大了的数字。据英国财政部公布的数据,英国每周对欧盟的净贡献不到2亿英镑,每周3.5亿英镑的贡献结果未将英国每年从欧盟收到的返款及英国农民和其他领域收到的基金款项排除在外。

两派在争取选民时,当"脱欧派"已经有了领导人、组织和民众活动家的时候,"留欧派"却缺乏相应地准备活动。② "脱欧派"的成功在于很好地控制了当时民众对移民的不满情绪,把英国打造成一个受害者的角色,抱怨英国被布鲁塞尔统治,把布鲁塞尔比喻为曾经的苏联。"脱欧"拉票活动提高了约翰逊在党内的声望。坚持"留欧"的人往往被贴上不爱国、不民主、不接地气、精英主义者的标签。"脱欧派"把公投选项简化为英国是否该选择"脱欧"以获得自由,又或者选择将英国的独立性断送在布鲁塞尔的手上。全民公投结果不应仅是询问选民问题,不只是为了单纯体现舆论民情,而更多地应当是再现形成舆论的公共过程。民众只有充分交流与主题相关的

---

① Harold D. Clarke and Matthew Goodwin eds., "Brexit: Why Britain Voted to Leave the European", Cambridge: Cambridge University Press, 2017, p.49.

② Ben Judah, "The 'Ins' and 'Outs' of Britain's Referendum", Poltico, May 26, 2015, http://www.politico.eu/article/referendum-time-Brexit-yes-no-campaign/.

观点、信息和理由,将公开发表的意见联系起来,投票站投下的选票才会获得民主共决的分量。① 从这一点看,很难说 2016 年的公投结果是人民意愿的真实反映,它只在形式上实现了民主。"脱欧"公投应该是民众在对每项后果和风险理解的情况下,做出自己深思熟虑的选择。"脱欧"公投三天后,英国政府和议会网站上要求二次公投的人数就已超过 300 万。"悔脱派"称,"脱欧派"利用虚假信息宣传造势,这是一场充斥着谎言的公投。② 接下来,如果英国想要避免社会分裂,应该想办法结束移民问题成为"脱欧"主导问题的现象。

(二) 简单过半数门槛过低

英国对公投的制度设计存在严重缺陷,简单过半数门槛过低就是其明显表现。公意的基本特征存在于多数之中,但是介于全体一致与两方一票之差之间有多种可能。讨论的问题越是重要和持久,决策门槛就应该设得越高,就越应该接近全体一致;讨论的问题越是紧迫,所规定的两方票额之差就应该越小。在必须马上做出决断的问题上,简单多数有助于快速解决问题。"脱欧"问题显然更接近前者。与欧盟关系问题曾多次导致保守党和工党出现内乱,这一问题一旦被激化,政府无论如何执行公投结果,都会有大批的反对者。公投要求简单多数通过是一种赢者通吃的解决方案,将政治意见分化为两个对立的阵营,而非寻求相互妥协。政府可能会被指责偏袒一方,对外一点点让步都会被视为损害国家利益。

全民公投容易把复杂的问题简单化。英国政治中的欧洲问题包括诸多方面,如欧盟和英国的宪法安排、国家认同和欧洲认同、经济政策差异、欧洲问题上的政党分歧、对全球化的反应及在欧盟中的贡献和收益等,如此复杂的问题,选票上留给

---

① [德]尤尔根·哈贝马斯著,伍慧萍、朱苗苗译:《欧盟的危机:关于欧洲宪法的思考》,上海人民出版社 2019 年版,第 155 页。

② Elise Uberoi, "European Union Referendum 2016", Jun. 29, 2016, House of Commons Library, http://researchbriefings.parliament.uk/ResearchBriefing/Summary/CBP-7639.

选民的仅仅是"离开"（Leave）和"留下"（Remain）二选一的选项。英国政府把"脱欧派"微弱多数的结果当作一项共识性政策来执行，这必定使"留欧派"难以接受。"脱欧"公投推动了两极分化的政治，它使分裂加深而不是终止。应该用什么方式"脱欧"？以微弱优势胜出的选项并没有被赋予明确的含义。当政府与欧盟在谈判中讨价还价时，"脱欧"却变成了一个程度问题，即何种程度上参与欧洲一体化的问题，英国能何种程度独立行使国家主权的问题。公投让民众短时间内被划分到两个阵营里，当"脱欧"谈判结果出来时，任何一个阵营都有反对的声音。即使同一个阵营的人，他们对实现什么样的"脱欧"也标准不一。在特蕾莎·梅执政的3年时间里，议会讨论过从"软脱欧"到"硬脱欧"一系列可能的方案，每种方案都很难在议会得到多数支持。公投并没有解决英国与欧盟的关系问题，它只是作为一场民意测验，体现出英国人在面对去留问题时，两方势力不相上下。

（三）议会主权原则与公投效力之间的优先性引发争议

一些国家的全民公投对欧盟的政策构成了挑战。主权国家可以全民公投支持欧盟成员国身份，也通过全民公投反对欧洲一体化政策深入推进。① 据英国上院宪法委员会解释，根据议会主权原则，全民公投的结果不具备法律约束力，只是咨询性质的。英国的欧盟成员国资格是由议会批准通过的，公投结果应经由议会表决和确认方能生效。即使人民投票决定退出欧盟，议会仍有权通过投票使得英国留下。公投结果显示"脱欧"支持者占多数，但下院议员们的"留欧"倾向明显。然而，民主的正当性和严肃性使公投结果不可逆，议会没有正当理由推翻民意，它不得不受"尊重公投结果"的约束。直接民主投票具

---

① Richard Rose, "Referendum Challenges to the EU's Policy Legitimacy-and How the EU Responds", Journal of European Public Policy, Vol. 26, No. 2, Jan. 31, 2018, pp. 207 – 208.

有最高合法性和权威性，受到越来越多民众的认同。议会主权至上和公民意志至上之间产生了矛盾。英国"脱欧"的决定是人民做出的，执行这一结果的是政府，而政府执行的结果要获得议会的多数赞同。"脱欧"程序启动之初，英国政府将其界定为外交与国际条约的存续范围问题，规避议会最终决定权。但是，英国作为欧盟成员国又是宪法层面的制度安排，过去40多年，为英国制度提供了部分框架。宪法层面的变动需要议会来实施。在2017年1月24日的米勒案中，英国最高法院裁决，英国首相在根据第50条向欧盟提交"脱欧"通知之前，应获得议会的授权。①

（四）卡梅伦的政治失误

卡梅伦是英国自1812年以来最年轻的首相，任期内他躲过了2014年苏格兰独立公投，但2016年的英国"脱欧"公投让他结束了自己6年的首相生涯。为了平息党内纷争以确保2015年保守党赢得大选，防止保守党在大选前分裂，顺应民众"疑欧"情绪，争取支持率，公投时向欧盟施压，争取一个对英国更有利的条约，② 卡梅伦政府一边大规模引进移民，补充廉价劳动力缓解经济危机，另一边制造反移民舆论转移经济危机的根源，同时，用"脱欧"公投向欧盟施压，要求降低对移民的福利标准。③ 卡梅伦另外一个考虑是，公投可以将球踢给工党，使工党陷于一种两难处境：赞成公投就等于跟在保守党后面走，

---

① Nicholas Aroney, "R (Miller) v Secretary of State for Exiting the European Union: Three Competing Syllogisms", The Modern Law Review, Vol. 80, Issue 4, 2017, pp. 726 – 745.

② 丁纯：《英国退欧和欧洲的前途》，《欧洲研究》2016年第4期，第19页；潘兴明：《英国对欧政策新取向探析》，《外交评论》2014年第4期，第116页；丁一凡：《英国与欧盟：延续与变革》，《欧洲研究》2013年第1期，第25页；陈晓律：《从世界历史的角度探讨英国脱欧与欧盟的发展》，《欧洲研究》2016年第4期。

③ 马钟成：《英国脱欧公投标志着西方政治经济体制开始衰竭》，《世界社会主义研究》2017年第1期，第56页。

不赞成公投又会违反民意。①

"脱欧"公投是卡梅伦政治投机的结果,很多媒体评论他是"搬起石头砸了自己的脚";公投也可能是他不得已之举,因为他面对来自本党的压力和独立党的威胁,别无选择。然而,他对公投结果的胜算率估计错误。② 布莱尔曾不惜一切代价避免发生的,卡梅伦却进行了投机性的尝试。一些民调显示,社会中反建制的声音在高涨,但卡梅伦相信,在最后做决定的时候,人们还是会倾向于维持现状,不会选择彻底离开欧盟。然而,大部分民众投票时,根本没有听首相、内阁大臣、大部分议员、商业和政治精英,以及来自世界银行和国际货币基金组织等提出的"留欧"建议。③ 卡梅伦后来也公开承认,"脱欧"公投是他最大的遗憾。

小结

二战以来的 70 多年里,英国对欧洲联合的态度经历了排斥、不得不加入、威胁退出、寻求主导权、留在内部求改变,到最终选择退出的变化过程。英国经历了 1961 年和 1964 年两次加入欧共体申请失败,1970 年第三次提交申请后,经过艰苦谈判后才获准加入。英国需要欧盟,但又不愿意完全融入其中,它对欧洲大陆的新政策总是在开始时不屑一顾,而后谨慎观望,等待时机,政策获得效果后最终又无奈采纳。英国希望它加入欧共体/欧盟时或者支持欧共体/欧盟某项措施通过时,能获得特殊待遇。实际上,随着大英帝国的瓦解、与英联邦联系减少、

---

① 李靖堃:《站在十字路口的英国欧洲政策》,《欧洲研究》2013 年第 1 期,第 32 页。

② 杨帆、杨柳:《英国脱欧的深层原因与欧盟的发展前景》,《国际政治与经济》2017 年第 1 期,第 116 页。

③ Harold D. Clarke and Matthew Goodwin eds., "Brexit: Why Britain Voted to Leave the European", Cambridge: Cambridge University Press, 2017, p. 4.

英美特殊关系转冷、经济相对衰落，加入欧共体是英国对自身衰落做出的一个反应。英国加入两年后便就成员国身份举行了一次"脱欧"公投，民众大多选择"留欧"。作为欧盟成员国，英国对欧盟委员会或者部长理事会的提议通常都是抵制或者勉强同意，这一点在履行《罗马条约》、采用比例代表制选举欧洲议会、建立货币与经济联盟、参加社会章节条款及制定共同国防与外交政策等方面都反复得到了证实。然而，英国却在执行《单一欧洲法案》时走在了前列，形成了单一市场。在欧盟时，英国加入却未融入，是欧盟中享受最多例外权的特殊成员国。它不是申根国家，不加入欧元区影响了丹麦、瑞典做出同样的选择，在《欧盟基本权利宪章》上的例外权引起了波兰的效仿。

英国在1975年和2016年的两次"脱欧"公投也是英国例外意识的表现。在"脱欧"公投的程序和动机上，卡梅伦和威尔逊很相似，为了缓和党内矛盾，都先谈判再公投，以期在获得欧共体/欧盟的让步后，本国民众看到政府谈判获得的成果就会支持"留欧"，也能显示政府维护本国利益的形象。威尔逊几乎实现了他公投的目的，但卡梅伦却得到截然相反的结果。除了所处时代和环境不同外，卡梅伦在策略上失当，误判形势，对公投结果的估计过于乐观，并且过度承诺。英国的例外要求在何种程度上能被欧盟接受，英国和欧盟之间存在认知偏差。全民公投的理论局限性在英国"脱欧"过程中充分地体现出来。它引发了英国民主政治的许多深层次问题，公投给出的不是句号，而是更多的问号。为什么英国执行"脱欧"公投的结果如此艰难和耗时？英国"脱欧"到底是延续了它的务实主义传统，还是如许多观察家评论的那样，该决定成为1956年苏伊士运河事件以来的最大败笔？接下来的两章中笔者将试着回答这些问题。

第三章
"脱欧"乱局中的两位保守党首相

法国欧洲事务部部长纳萨莉·卢瓦索在脸书上以戏谑的口吻道出了英国对欧洲大陆的矛盾心态:"我最终决定给我的猫取名'英国脱欧',它每天早晨疯狂地喵喵叫,把我吵醒,因为它很想出门。但当我把门打开,它却坐在那里犹豫不决,当我把它放到门外时,它还气呼呼地瞪眼看我……"英国"脱欧"谈判异常艰难和复杂,在3年多的时间里,"脱欧"事项占据了英国绝大部分政治内容,三任保守党首相、三任"脱欧"事务大臣、一任下院议长辞职,举行两次"脱欧"大选,政府关键部门人事变动频繁,两大传统政党分裂加剧。特蕾莎·梅首相经历了两次不信任投票,"脱欧"协议草案三次付诸表决遭拒,因为下院久拖不决,英国于2019年12月12日举行大选,约翰逊领导保守党夺回了单独执政的机会。欧盟已经三次同意给予英国"脱欧"延期,截至2020年1月31日。在执行"脱欧"进程中,为什么约翰逊成功了,特蕾莎·梅却没有完成"脱欧"的使命?

第一节 "脱欧"谈判进程及阶段性成果

卡梅伦辞职后,持续半个多月的首相竞选开始了。大部分民调都显示,约翰逊在所有潜在候选人中几乎稳操胜券。但在候选人向1922委员会呈递提名的最后时间,约翰逊的重要支持者戈夫突然对他发起攻击并宣布参选,紧接着能源大臣安德烈亚·利德索姆和特蕾莎·梅也相继参选。戈夫扼杀了约翰逊的机会,他的"背叛"受到了约翰逊支持者的指责。持疑欧主义的安德烈亚·利德索姆在关键竞争阶段出现失误,退出竞选。2016年7月13日,特蕾莎·梅在低调中胜出,成为继撒切尔夫人之后英国的第二位女首相。虽然很多人认为,保守党应该由一个"脱欧派"领导,但是特蕾莎·梅经验丰富、理性、稳健,拥有一个可靠的掌舵人应该具备的特点,支持者认为,她能给混乱的英国带来秩序和稳定。选择谁担任首相不仅考虑他在欧洲问题上选择留下还是离开的倾向,更应该考虑谁最有资格胜任这份工作。

一、英、欧双方的谈判立场及策略

英、欧双方的立场存在根本矛盾,对英国来说,它想要在离开欧盟的情况下最大限度地让英国进入欧盟单一市场。而欧盟警告英国,不要妄想"拣樱桃",随意选择自己想要的规则,同时享受留下和离开的好处。英国的目标是限制移民和结束欧盟的法律管辖,但是它不想因此损害与欧盟的经济联系,削弱自己的优势。保持单一市场的完整性和维持成员国之间团结是欧盟的两个基本目标。双方都避免在"脱欧"过程中损害内部团结,也都希望用"分而治之"的策略削弱对方。但是,英、欧双方有两点目标是一致的,即有序"脱欧"以及未来建立紧密的贸易关系。

(一)英国的立场及策略

特蕾莎·梅任首相之初,欧盟集体向英国施压,希望英国尽快启动"脱欧"议程。特蕾莎·梅的言论和行动都显示了她强硬的立场。2017年1月17日,她在兰卡斯特宫发表演讲,列出了英国"脱欧"谈判的十二点目标,包括保证"脱欧"的确定性和透明度、控制本国法律、加强联合王国的四部分团结、保护英国与爱尔兰的历史联系和维持共同旅游区、限制欧洲移民、保障双方公民的权利、保护工作者的权利、确保与欧洲市场维持高度自由贸易、与其他国家签订新的贸易协定、保障英国在科技和创新方面的优势、与欧盟国家联合打击犯罪和恐怖主义、确保平稳有序"脱欧"。① 她指出,"脱欧"不是英国部分保留欧盟成员国身份,也不是拥有准成员国身份,更不是处于"半进半出"的状态,英国不寻求保留一点成员国资格。② 她同时摆明态度,如果协议令人不满意,英国随时撤出,即使在欧盟之外,英国也应付得来,因为英国有足够大的规模和力量。2017年2月,英国政府发布了《英国脱离欧盟并与欧盟建立新的伙伴关系》,该文件被视为"硬脱欧"白皮书。③ 2017年3月29日,特蕾莎·梅致信欧盟宣布启动《里斯本条约》第50条,即启动英国"脱欧"程序。她强调,公投是为了我们的民族自决,英国离开欧盟但是不离开欧洲……在正式"脱欧"前,英国将继续履行欧盟成员国的责任。④ "脱欧"大臣戴维·戴维斯将协助处理与"脱欧"相关的谈判事宜,67岁的戴维·戴维斯是保守党右翼、欧洲怀疑论者,曾在20世纪90年代担任欧洲事务国务大臣。

作为拿回法律控制权措施的一部分,2017年7月,《大废除法案》进入英国下院讨论议程,最终以326票支持、290票反对的结果于2017年9月13日通过。《大废除法案》将废止英

---

① Vaughne Miller, "Brexit: Red Lines and Starting Principles", House of Commons Library, Jun. 21, 2017, https://researchbriefings.parliament.uk/Research Briefing/Summary/CBP-7938.

② "The government's negotiating objectives for exiting the EU: PM speech", Prime Minister's Office, Jan. 17, 2017, https://www.gov.uk/government/speeches/the-governments-negotiating-objectives-for-exiting-the-eu-pm-speech.

③ "The United Kingdom's exit from and new partnership with the European Union white paper", Department for Exiting the European Union, UK Government, Feb. 2, 2017, https://www.gov.uk/government/publications/the-united-kingdoms-exit-from-and-new-partnership-with-the-european-union-white-paper/the-united-kingdoms-exit-from-and-new-partnership-with-the-european-union-2.

④ "Prime Minister's letter to Donald Tusk triggering Article 50", Prime Minister's Office, Mar. 29, 2017, https://www.gov.uk/government/publications/prime-ministers-letter-to-donald-tusk-triggering-article-50.

国议会在 1972 年制定、为次年加入欧共体做准备的成员国立法的基础法案——《欧洲共同体法案》。欧盟的相关法案将转化为英国国内法律，此举意味着英国将结束欧盟法律优先性的原则，从欧盟立法中脱离出来，未来英国的法律将会在伦敦、爱丁堡、贝尔法斯特和加的夫产生，它们将决定英国未来采用哪些法律。

英国外交大臣访问了捷克、罗马尼亚和斯洛伐克等欧洲国家，强调英、欧安全密不可分，英国寻求与欧盟建立深刻而特殊的关系，确保继续在安全和防务政策上亲密合作，以回应俄罗斯在这些国家的影响。英国的目的是拉拢一些对布鲁塞尔不满的成员国站在英国一方，欧盟便不能形成统一立场对英国强硬，但是，欧盟成员国在"脱欧"过程中基本保持了团结一致的立场。

为保持经济稳定，避免断崖式"脱欧"，英国政府和企业需要一段缓冲期来适应。同时，特蕾莎·梅首相强调了 2019 年 3 月英国离开欧盟后，两年过渡期的重要性。过渡期内英国将继续享有欧盟成员国权利，同时也会支付欧盟相关费用。①

（二）欧盟的立场及策略

欧盟和英国都任命了各自的强硬派来负责处理"脱欧"事务，米歇尔·巴尼耶是法国共和党政治家、法国前外交部长和前欧盟委员，具有丰富的从政经历和外交经验。2016 年 12 月，米歇尔·巴尼耶被任命为欧盟委员会首席"脱欧"谈判代表，他一度被英国政客戏称为"欧洲最危险的人"。

2017 年 4 月 29 日，欧盟在《里斯本条约》第 50 条框架下也设置了谈判原则：①未来建立紧密的伙伴关系；②欧盟与英国达成的任何协议应保证权利与义务平衡以及公平的竞争环境；

---

① "Prime Minister Theresa May met with European Council President Donald Tusk to discuss imaginative and creative ways to establish the new UK/EU relationship", Prime Minister's Office, Sep. 26, 2017, https://www.gov.uk/government/news/pm-meeting-with-donald-tusk-26-september-2017.

③确保单一市场的完整性，不接受部分参与的方式；④非成员国在权利与义务上与成员国区别对待；⑤欧盟四大自由①不可分割，不允许英国"挑三拣四"，不能单个谈判；⑥应遵循保证欧盟及其成员国利益的总体目标；⑦应采取分阶段的方式，优先考虑有序"脱欧"，减少不确定性，使损失最小化；⑧欧盟必须团结一致才能推动协议达成；⑨在"脱欧"问题上，不允许英国与欧盟其他成员国单独谈判；⑩第50条启动后有2年的谈判窗口期，截至2019年3月29日。②

在程序上，欧盟坚持先谈"脱欧"协议再谈未来贸易协定的"两阶段"谈判路线，而英国希望"脱欧"谈判与未来英欧贸易关系谈判同时进行。从随后的谈判进程来看，英国实际上接受了欧盟的"两阶段"路线。欧洲议会提出，除非在这三个问题上有充分进展（"分手费"、英欧公民在对方境内的权利问题、爱尔兰与北爱尔兰边界问题），才可能建立良好的贸易关系。

欧盟不满英国退出的决定，不会轻易让步，它的谈判代表在谈判中要坚守底线。欧盟要谨防，如果它与英国达成的协议让英国获益过多，其他成员国也可能会效仿。同时，欧盟又希望英国回心转意，它会适时地向英国发出"挽留"的信号。2018年1月17日，欧盟委员会主席容克与图斯克一同为英国留在欧盟内展开游说，对英国态度较为强硬的马克龙也表示，如果英国"留欧"，法国将"乐观其成"。③ 2018年3月，欧洲理事会公布的指导原则中包含了重要的"演化条款"，即如果

---

① 欧盟共同市场商品、服务、资本和劳动力4个自由流动原则不可分割。
② Vaughne Miller, "Brexit: Red Lines and Starting Principles", House of Commons Library, Jun. 21, 2017, https://researchbriefings.parliament.uk/Research Briefing/Summary/CBP-7938.
③ 《欧盟挽留英国："脱欧"之后还可"入盟"》，《德国之声》，2018年1月17日，https://www.dw.com/zh/%E6%AC%A7%E7%9B%9F%E6%8C%BD%E7%95%99%E8%8B%B1%E5%9B%BD%E8%84%B1%E6%AC%A7%E4%B9%8B%E5%90%8E%E8%BF%98%E5%8F%AF%E5%85%A5%E7%9B%9F/a-42181837。

英国未来在其核心立场上让步，欧盟将会考虑在未来贸易协定中给予英国更多的市场准入。① 随后，米歇尔·巴尼耶将这一演化条款的时间限制放宽到了过渡期内，这意味着英国有足够的时间改变其立场。欧盟的喊话为英国政坛"亲欧派"提供了外部动力，"演化条款"被视为分化英国内部意见的一种尝试，并试图使特蕾莎·梅的立场软化。这一步骤造成了英国内阁在契克斯会议前近3个月拉锯战式的决策过程。同时，米歇尔·巴尼耶又在多个场合澄清，欧盟不想干预英国国内政治争论，以免英国指责其干预内政。

二、"脱欧"谈判进程

英欧双方历时近17个月分两个阶段谈判，期间几经波折，达成了一份"脱欧"协议，在不到两个月的时间里，便被英国下院否决。

英国和欧盟每个月进行为期4天左右的谈判，第一轮谈判于2017年6月19日开始，很大程度上是一个见面会，双方互相摸底，并就谈判的优先事项和时间安排达成共识。同年7月17日举行的第二轮谈判更为严肃和细节化，基本是遵循着先协调员会议再辩论组讨论的模式，双方在公民权利保障、"脱欧"费用清单和北爱尔兰边界三大问题上未达成共识，而只有在这三个主要问题取得充分进展的前提下，欧盟才同意继续协商未来双方贸易问题。同年8月28日，举行第三轮谈判，在上述核心问题上仍然分歧巨大。同年9月22日，第四轮"脱欧"谈判开始前，特蕾莎·梅首相试图借佛罗伦萨演说挽救陷入停滞的"脱欧"谈判，她告诉欧盟领导人，"全世界的眼睛都在盯着我们看"。过渡期内，英国继续维持现有的市场准入和安全合作措

---

① "Brexit: Lighting the way", PWC, Spring 2018, Issue 3, p.4, https://www.pwc.ie/publications/2018/brexit-spring-2018-report.pdf.

施，英国希望在"脱欧"后和欧盟建立新的贸易关系。① 2017年9月25日的第四轮谈判仍旧裹足不前。当天，特蕾莎·梅在唐宁街10号会见了爱尔兰总理利奥·瓦拉德卡。虽然英、欧双方都释放出了加速谈判的信号，但2017年10月9日和11月9日的第五、六轮谈判仍未能取得实质进展。随后，欧盟下达"最后通牒"，要求英国在两周内就"分手费"问题给出明确回复，以在12月中旬欧盟冬季峰会前打破僵局，进入第二阶段谈判。2017年12月8日，第一阶段谈判联合报告公布，英、欧在以下几个方面达成了原则性共识，如在安全领域继续合作、确保双方公民在对方境内的权利、在爱尔兰不设"硬边界"、维护1998年《贝尔法斯特协议》等。

2018年2月，第二阶段谈判开始，此阶段将重点讨论英国与欧盟过渡期的关系、未来英国与欧盟贸易协议以及第一阶段谈判遗留的爱尔兰与北爱尔兰边界等问题。随后的两个月内，双方频繁讨论。2018年3月19日，双方就过渡期安排的协议草案达成一致，2019年3月30日至2020年12月31日为"脱欧"过渡期，英国各界一扫一年多的悲观心态、低迷情绪。双方计划在同年6月底欧盟峰会前解决分歧，在10月或11月形成法律草案后交由欧盟27国和英国议会审议，以确保在2019年3月完成审批程序。然而，实际进展远落后于预期。从2019年4月开始，谈判又开始踯躅不前。外界多次质疑英国政府为何在后续谈判中如此安静，为何长时间内还不能形成谈判立场。原因是英国内乱难平。

如果想要在2019年3月底如期"脱欧"，2018年10月的欧盟峰会被认为是英、欧达成"分手"协议的最后期限。这次峰会上博弈角逐的主角是英国、爱尔兰和欧盟委员会的高层，峰会还

---

① "PM's Florence Speech: a New Era of Cooperation and Partnership between the UK and the EU", Prime Minister's Office, Sep. 22, 2017, https://www.gov.uk/government/speeches/pms-florence-speech-a-new-era-of-cooperation-and-partnership-between-the-uk-and-the-eu.

是无果而终，难点还是爱尔兰与北爱尔兰的边界问题。欧盟表示，英国没有提出新东西，没有拿出推进协议实质性进展的态度。马克龙表态称，只有在英国已经足够接近拟定出协议，并值得欧盟方面举行峰会的情况下，才会同意召开11月的特别峰会。最终，在2018年11月25日，欧盟各成员国首脑在布鲁塞尔特别峰会上通过了长达585页的英国"脱欧"协议，并就未来双边关系发表一项政治声明。该协议在英国政府引发了一阵辞职风波，特蕾莎·梅政府接下来面对的是漫长而艰难的下院批准过程。

三、"脱欧"方案选择及协议成果

英、欧达成协议4个月前，英国政府曾出台一份"契克斯计划"，该方案同时遭到了欧盟和英国国内"脱欧派"的反对。

（一）英国"契克斯计划"及其引发的辞职风波

2018年7月6日，英国政府曾出台一份"契克斯计划"。[①] 该方案暴露出英国内阁在"脱欧"问题上的巨大分歧，"脱欧派"认为这一方案过于软弱。"脱欧"事务大臣戴维·戴维斯及其副手史蒂夫·贝克、外交大臣约翰逊先后辞职，两位重臣辞职引发了随后一个星期内多位政府高级官员辞职。[②] 这仅仅是内阁分裂的开始，接下来，英国内部的制约因素逐渐暴露。戴维·戴维斯不能接受特蕾莎·梅的"脱欧"策略，他从谈判开始便要求，应该谈到最后再亮出底牌，而特蕾莎·梅首相在谈判过程中过快地展现出妥协的意愿，这会招致欧盟方面更大的压力。"契克斯计划"不符合英国"脱欧"之本意，英国在

---

① 特蕾莎·梅邀请内阁在伦敦以北的乡间首相官邸契克斯举行磋商会议，会议形成的"脱欧"计划。"Statement from HM Government", UK Government, Jul. 6, 2018, https://assets.publishing.service.gov.uk/government/uploads/system/uploads/attachment_data/file/723460/CHEQUERS_STATEMENT_-_FINAL.PDF.

② "List of Resignations from May Ministry Due to Brexit", Resign Letter, https://www.resignletter.org/list-of-resignations-from-may-ministry-due-to-brexit/.

谈判中让步太多，"软脱欧"损害了英国的谈判砝码，使英国处于不利地位。约翰逊对特蕾莎·梅越来越表现出的"半脱欧"立场不满，称英国的"脱欧"梦正在远去，特蕾莎·梅首相的"脱欧"计划正在把英国引向"殖民地状态"，英国将失去政治和经济优势。欧盟还没讨价还价，英国就自折身价，相当于在战斗中，派过去一群扛着白旗的前锋，英国必须控制自己的关税表，与他国自由签订贸易协定，否则只能是名义"脱欧"，那将是对选民的背叛。约翰逊被认为是下一届首相的有力竞争人选之一，他逐渐成为特蕾莎·梅首相"脱欧"路线的坚定反对者，称特蕾莎·梅的"脱欧"方案让英国在欧盟成为一个没有投票权的成员国。内阁大臣的辞职相当于将政府内部的不和公开化，将削弱首相的威信，动摇内阁士气，让反对党有机可乘。

2018年7月12日，英国政府细化了"契克斯计划"并发布了长达120页全名为《英国与欧盟未来关系》白皮书。英国为了从布鲁塞尔拿回对金钱、法律和边界的控制权，决定离开欧盟单一市场和关税同盟，结束自由流动和欧洲法院的司法管辖，结束欧盟共同的农业、渔业政策，每年不再向欧盟支付费用。在经济上，英国希望与欧盟建立自由贸易区，商品零关税，并与欧盟工业战略对接，达成"便利海关安排"避免边检及繁杂的海关手续，利用信息技术代收欧盟出口货物关税，使双方贸易破坏最小化。英国经济以服务业为基础，英国希望在服务业方面达成特殊条款，维护英国金融稳定。① 同时，它希望继续履行国际责任并参加欧盟警务和安全合作，包括加入欧洲犯罪记录信息系统、欧盟逮捕令、申根信息系统、欧洲刑警组织等。欧盟对英国拿出的这份新方案不满意，认为这是一个让英

---

① "The Future Relationship between The United Kingdom and the European Union", UK Government, July, 2018, p. 25, https://assets.publishing.service.gov.uk/government/uploads/system/uploads/attachment_data/file/725288/The_future_relationship_between_the_United_Kingdom_and_the_European_Union.pdf.

国占尽便宜的方案，它允许英国继续享受同欧盟的贸易便利，同时又规避了承担作为欧盟成员国的责任，如果树立起这样的先例，即脱离欧盟不会遭受任何损失，反而占尽好处，那会严重削弱欧盟的内部团结和权威，甚至引来其他成员国效仿。

（二）欧盟与其他国家关系的现有模式

欧盟愿意提供现有模式供英国选择，如欧盟与加拿大、挪威和瑞士的典型关系模式。但是，这些模式都只能部分地满足英国的要求，英国想要的是为它量身制定的英国模式。

第一，加拿大模式。2018年10月的欧盟峰会日期渐进，欧盟提出了以欧盟和加拿大签订的贸易协议为蓝本，与英国以第三国身份达成一份《综合经济贸易协议》。欧盟与加拿大之间的协议自由化水平很高，双方同意将取消99%的商品关税。[①] 欧盟认为，这一模式在权利与义务上体现了公平性。加拿大模式能满足英国大部分经济需求，但还是低于英国期望。英国与欧盟之间的关系远比加拿大与欧盟的关系复杂，英国不想成为普通的第三国，因为它没有体现英国服务业的特殊性，虽然在此模式下，协议也会涵盖一部分服务业，但是，没有金融服务的"通行牌照"，英国当前享受的权益将丧失，其服务业权限受到限制。

第二，欧洲经济区模式。欧盟28国及挪威、冰岛、列支敦士登都是欧洲经济区成员，可享受单一市场的便利。这些国家之间的商品、服务、资本和劳动力可以自由流动，没有关税和配额障碍，劳动者可以自由选择一国就业，银行业、保险业和通信服务业等可以跨境运营，单一许可证原则适用于整个区域的信贷机构。因此，挪威等三国的市场与欧盟市场是一体的，但三国须遵循欧盟大部分法律，分担欧盟部分预算，承担开放

---

① European Commission, "Canada, European Commission > Trade Policy > Countries and regions > Canada", http://ec.europa.eu/trade/policy/countries-and-regions/countries/canada/.

边境和接纳移民的责任，允许劳工跨境自由流动，并且在欧盟一些机构中无发言权。欧洲经济区模式不能解决英国与欧盟之间的核心问题，英国不能接受劳动力自由流动，因为这样英国还是不能掌控对移民的控制权。加拿大模式和欧洲经济区模式都属于自由贸易协定范围，不属于关税同盟，加拿大、挪威、冰岛和列支敦士登都不受关税同盟的约束。这意味着，在这两个模式下，存在边境控制，需要执行原产地规则，而欧盟成员国之间是不需要的。[1] 加拿大模式比欧洲经济区模式有更大的自由空间，可以减轻对欧盟的财政负担及欧洲法院的约束，也能控制移民。英国要寻求的是在加拿大模式和欧洲经济区模式之间找到一种折中的解决办法。加拿大模式可能会增加金融服务类条款，欧洲经济区模式则可能会限制人员自由流动。

第三，瑞士模式也被认为是英国可选择的方式之一。欧洲自由贸易联盟成员包括欧盟成员国、三个欧洲经济区成员及瑞士。瑞士虽然不是欧洲经济区成员，但与欧盟签署了120多项独立双边协议，覆盖部分贸易领域并分担少于挪威的欧盟预算，且无须遵守欧盟法律。但是，瑞士银行业和部分服务行业受市场准入条件限制。瑞士不加入欧元区，但却是申根国家，它1/4的人口都不是瑞士人。近几年，欧盟委员会开始重新审查与瑞士的关系。瑞士2014年与欧盟开始的政治协议谈判陷入僵局：瑞士要求欧盟在国家补贴、工资保护和欧盟公民自由流动权利三个方面做进一步澄清和保证，欧盟同意澄清，但是拒绝再谈判。2017年，为使双方能达成一份共同制度框架，欧盟决定把给予瑞士的"对等准入条件地位"延长一年。[2] 目前，欧盟已经采取施压手段，明令禁止瑞士股票在欧盟交易。英国不太可

---

[1] Maria Demertzis and André Sapir, "Brexit, phase two (and beyond): The future of the EU-UK relationship", Bruegel, Dec. 13, 2017.

[2] Michael Baltensperger, "The consequences of Switzerland's lost equivalence status", Bruegel, Jul. 25, 2019, https://bruegel.org/2019/07/the-consequences-of-switzerlands-lost-equivalence-status/.

能照搬瑞士模式和加拿大模式，因为这两种模式都没有涵盖英国的支柱产业——金融业。现存世界贸易组织规则不利于英国服务业向欧盟出口，因此，英国选择这两种模式的可能性更小。

（三）特蕾莎·梅政府与欧盟达成的协议草案

2018年11月，欧盟和英国政府的谈判代表就"脱欧"协议草案达成一致，包括以下几点重要内容。

2019年3月29日，英国退出欧盟后进入过渡期，2020年12月31日过渡期结束。过渡期内，英国将暂时留在单一市场和关税同盟，可以与他国缔结贸易协定，但贸易协定只能在过渡期结束后生效。英、欧双方都希望在过渡期结束前6个月内签署新的贸易协定，否则，英国将在2020年7月1日之前提出申请，过渡期可延长一次。双方公民的医疗保险、退休金和其他社会福利均有保障。关于财政义务，双方仅确定了"分手费"的计算方式，具体的资金数额尚未确定，据估计，英国政府需要支付给欧盟350亿—390亿英镑（约402亿—448亿欧元）。在2020年之前，英国将继续参加欧盟的财政计划，2020年之后，即便过渡期延长，英国也不再受财政义务束缚。关于最棘手的爱尔兰和北爱尔兰边界问题，为避免出现"硬边界"，双方达成了"保障条款"也称"兜底协议"，即英国与欧盟在过渡期内无法达成贸易协定的情况下，爱尔兰与北爱尔兰之间仍维持无"硬边界"状态，对于北爱尔兰来说，欧盟单一市场的规则将继续有效，北爱尔兰和爱尔兰之间不会设立关卡。"保障条款"让未来英欧关系充满争议，许多"脱欧派"议员担心，如果双方贸易谈判破裂，找不到办法避免"硬边界"，该条款会迫使英国无限期遵守欧盟法律，英国可能会永远与关税同盟绑在一起，或者以英国的分裂为结局。为表示对此份协议的不满，又有多位英国内阁大臣辞职。

第二节 "脱欧"三大"症结"问题及英国的现实选择

"分手费"、双方公民权利及法律管辖、爱尔兰与北爱尔兰边界是"脱欧"谈判的三个主要问题，尤其是边界问题，直接影响着"脱欧"的进展。特蕾莎·梅政府与欧盟达成协议后，现有"脱欧"方案、无协议"脱欧"方案及二次公投是被英国讨论最多的三种方案，三种方案相互制约，基本代表了有协议"脱欧"、无协议"脱欧"和不"脱欧"的观点支持者。

一、"脱欧"谈判的三大"症结"问题

在"脱欧"问题上，英国要掌管自己的钱，掌管自己的法律和边界，反映了英、欧谈判的三大重点问题，每一个问题都是对英欧关系的考验。其中，最敏感和最棘手的就是爱尔兰与北爱尔兰之间的边界问题，该问题导致特蕾莎·梅首相与欧盟达成的"脱欧"协议在下院三次表决都没能通过。

（一）"分手费"问题

谈判开始后，英欧双方曾就"分手费"问题成拉锯战，导致"脱欧"谈判无法向前推进。英国上院发表的一份报告称，在法律上，英国没有付"分手费"的义务。英国可以不付一分钱就走，但是那意味着双方对簿公堂。"分手费"支付与否以及支付多少，关系着英国能否换取优厚的"脱欧"条件，能否进入欧盟单一市场，这笔"脱欧"账单可能涵盖欧盟官员的养老金、坐落于伦敦的欧盟机构重新选址及英国在欧盟的预算分摊。英国退出将会给欧盟留下一个巨大的财政漏洞。英国国际贸易大臣利亚姆·福克斯警告称，在"分手费"问题上，欧盟别指望漫天要价来"敲诈"英国。

"分手费"具体数额是多少,官方一直没有披露。媒体纷纷猜测,数值从500亿—1000亿欧元不等(也有估计为600亿—800亿欧元)。欧盟中的强硬派认为,欧盟应该坚持自己的开价,让英国为"脱欧"付出巨大代价,如果英国支付得过少,它留下的漏洞将由其他成员国来填补。欧盟一些政界领导人坚持索要巨额"分手费",除了弥补财政空缺的原因外,还有一个重要但欧盟没有公开声明的原因,即杀一儆百。2016年,英国"脱欧"公投后,欧盟遭遇到了一场"抵制"之风,丹麦、芬兰、匈牙利等国内相继出现了疑欧势力,欧洲政治家也担心英国"脱欧"公投会产生燕尾蝶效应,因此他们必须做出一些行动来告诫其他出现离心力的成员国,欧盟不是想来就来、想走就走的,为维护单一市场的完整性,欧盟需摆出立场。巨额"分手费"将是英国选民不得不承担的代价,而这一成本是其他具有离心力的小国不能承受的。

戴维·戴维斯回应称,英国不会支付1000亿欧元。2017年9月,特蕾莎·梅在佛罗伦萨演讲后,英国只松口愿意支付200亿欧元,双方预期差距太大。① 原因在于双方对承诺期限的认识存在差异,英国认为它应该负的责任到"脱欧"为止,不应该让英国为它要撤出的那些计划支付过多。但欧盟认为,它的很多项目是长期计划,不会随着"脱欧"而结束,英国"脱欧"会给这些长期计划带来损失,而其加入欧盟时,是认可这些计划和项目费用的。2017年11月底,英、欧双方才就"分手费"达成初步一致,最终数额将在450亿—550亿欧元,这一数字是双方相互妥协的结果,约是英国愿意支付的200亿欧元的2倍,约是欧盟要价上限的一半。与其他问题相比,钱能解决的问题还是相对容易的。

---

① "Britain may offer 20 billion euros for Brexit bill", Ecns, Sep. 21, 2017, http://www.ecns.cn/business/2017/09-21/274482.shtml.

（二）双方公民权利及法律管辖问题

约有 350 万欧盟公民在英国生活和工作，约 100 万英国公民在欧盟成员国生活和工作。在英国正式"脱欧"前，英国将继续履行欧盟成员的责任，在英国的欧洲公民地位和权利不变，在欧盟任何一国旅行，有接受国家提供医疗服务的权利。第一阶段谈判后，英国给在英的欧洲公民的权利中指出，居住 5 年以上的人才能获得定居身份和获得公共服务的权利；截至"脱欧"日期，在英国不满 5 年的，到 5 年这一门槛时，便可申请居住身份；"脱欧"后来到英国的欧盟成员国公民，可根据英国未来针对欧盟的移民计划申请留英；英国称，将会制定时间表以便于申请者提前准备，要求欧洲民众向英国内政部提出证明文件以确认新身份。一旦英国离开欧盟，这部分人将受英国法律管辖，英国将依据申请者何时来英国以及在英国居住的时间给予相应的批准。① 英国计划在法律中为欧盟公民写入新的权利，并在英国的法律体系中执行。欧盟"脱欧"谈判代表盖伊·费尔霍夫施塔特回应称，英国的立场越来越现实主义了，英国针对今后生活和工作在英国的欧洲公民制定新制度是不可能的。②

公民的管辖权问题是双方争论焦点。特蕾莎·梅认为，英国"脱欧"后将不受欧洲法院管辖，英国希望法律自治，本国法律体系应该得到尊重。欧洲法院对在英国的欧洲公民没有司法管辖权，他们应该只受英国法律管辖，这是英国实现拿回法律控制权的一部分措施。没有一个欧盟以外的国家屈从于欧洲法院的直接管辖，英国当然也不会。③ 英国要制定自己的法律，

---

① "Information for European Union citizens living in the UK", Home Office, Jun. 30, 2017, https：//www. gov. uk/guidance/status-of-eu-nationals-in-the-uk-what-you-need-to-know.

② Carlo Motta, "UK's PM Theresa May asks for a two-year Brexit transition plan as negotiations round kicks off", The European Sting, Sep. 26, 2017.

③ "The Secretary of State for Exiting the European Union opened the debate in the House of Commons", UK Government, Jun. 26, 2017, https：//www. gov. uk/government/news/david-davis-opening-statement-from-the-queens-speech-debate-brexit-and-foreign-affairs.

而不是和欧洲法院共同决定，但是，英国不排除在过渡期内接受管辖。英国政府可以为"脱欧"之后来到英国的欧洲游客免签，但是如果欧洲国家的人想要工作、学习或定居在英国，他们必须向政府部门申请许可，同样的限制也适用于去欧洲大陆旅行的英国人。但欧盟坚持上述权力，欧洲法院应是在英的欧盟公民权利的最终仲裁者，即居住在英国的欧盟公民可以请求欧洲法院的司法管辖。位于卢森堡的欧洲法院解释和执行单一市场的规则、解决成员国之间诸如自由流动和贸易分歧等问题，它是处理欧盟一切琐碎细小的事情的中心。

（三）爱尔兰和北爱尔兰边界问题

边界问题是"脱欧"谈判最复杂的问题，英国政府在2017年2月的"脱欧"白皮书中，爱尔兰和北爱尔兰边界问题占据大量篇幅，它不仅事关英、欧未来经济，而且具有一定政治敏感性。"软脱欧"和"硬脱欧"被越来越多地频繁使用，但二者并没有明确的界限，只是被用来描述"脱欧"后的英欧关系密切程度。一个极端是"硬脱欧"，即英国拒绝在人员自由流动问题上妥协，同时离开单一市场；另一个极端是"软脱欧"，与挪威的方式相似，单一市场的成员必须接受人员自由流动。英国想要超越"软脱欧"和"硬脱欧"的思维模式，按英国的特殊利益建立关系，[1] 其根本是要留在单一市场中享受经济利益，同时不接受人员自由流动。

英国声称，与爱尔兰的关系不会受"脱欧"的影响，要竭尽全力维持两国的友好历史关系。[2] 爱尔兰与北爱尔兰之间有长达约483公里的边界，英国"脱欧"后，爱尔兰与北爱尔兰

---

[1] "David Davis' opening statement from the Queen's Speech Debate 'Brexit and Foreign Affairs'", UK Government, Jun. 26, 2017, https://www.gov.uk/government/news/david-davis-opening-statement-from-the-queens-speech-debate-brexit-and-foreign-affairs.

[2] "The United Kingdom's exit from, and new partnership with the European Union", UK Government, Feb. 2, 2017, https://www.gov.uk/government/publications/the-united-kingdoms-exit-from-and-new-partnership-with-the-european-union-white-paper.

之间的边界就是英国与欧盟之间唯一的陆上边界，同时也会是欧盟单一市场对外的一条新边界。双方都不希望在爱尔兰和北爱尔兰之间设立任何"硬边界"。爱尔兰被认为是欧盟其余成员国中最容易受到英国"脱欧"冲击的国家。如果英国无协议"脱欧"，爱尔兰将有多达8万个工作岗位面临风险，"硬边界"会使爱尔兰与北爱尔兰之间的经济受到冲击，边界交通运输受到阻塞，也会对接受欧盟大量补贴的北爱尔兰地区造成冲击，还可能激发北爱尔兰民族主义势力要求与爱尔兰统一的情绪。如果重设边检并征收关税，任何边境检查设施都可能遭到破坏，任何检查人员都可能遭到袭击，中断1998年以来北爱尔兰和平进程的风险将会增加。欧盟的立场非常明确，英、欧必须在"脱欧"协议中明确列出保障北爱尔兰与爱尔兰之间不出现"硬边界"的应急条款，以应对未来英、欧无法达成任何协议的极端情况。

但是，如果英国离开了欧盟共同关税区，一些边检措施就是有必要的。单一市场被看作欧盟最大的成就，欧盟单一市场建成花了40多年时间，它需要保护自己的经济不因为一个要离去的成员破坏规则而受损，避免英国通过爱尔兰边界开展进口贸易，把北爱尔兰当作进入欧盟单一市场和关税同盟的豁口，欧盟有漫长的陆地边境线，它不允许出现故意造成边境松懈的先例。欧盟谈判代表表示，英国想拿爱尔兰作为未来英欧关系测试的案例是不可能的，英欧关系的创造性和灵活性不能在牺牲单一市场和关税同盟完整性的基础上实现，这对爱尔兰不公平，对欧盟也不公平。[①] 如果英国想要阻止欧盟移民把都柏林机场作为进入英国的后门，英国也同样需要设防。因此，如何达成"软边界"考验着双方的智慧。

---

① 《英国"脱欧谈判"：英国与爱尔兰边界问题成焦点》，央视新闻，2017年9月8日，http://m.news.cctv.com/2017/09/08/ARTIZubkAgwPxk8Lwqth512m170908.shtmll。

二、英国的现实选择及利弊分析

特蕾莎·梅政府的"脱欧"方案每次在下院遭到拒绝,举行第二次公投的呼声就会出现高涨,"留欧派"希望用这种方式寻求情况发生逆转。强硬派则抓住无协议"脱欧"这一选项不放,想要达成一份好的"脱欧"协议就得为无协议"脱欧"做准备,因为无协议"脱欧"的风险会使欧盟调整立场,即使不能达成协议,无协议总比一项坏的协议要好。还有一些议员认为,特蕾莎·梅首相的方案不是当前最好的选择,其他替代方案也无望通过,他们希望通过延期另寻出路。

(一)政府"脱欧"协议

承诺执行"脱欧"和真正的"脱欧"之间存在巨大差异。从倾向于"硬脱欧"到提出"软脱欧"方案,再到为无协议"脱欧"做准备,特蕾莎·梅政府始终在欧盟和国内各派之间艰难生存。[①] 三年来,英国一直未能在"脱欧"问题上达成共识。特蕾莎·梅首相想要把"脱欧"对英国的损害降到最低的愿望,注定她会拿出一个"软脱欧"方案,而最小限度的"脱欧"政策被认为没有让英国恢复多少主权,但她却执着地与反对派抗争。特蕾莎·梅的矛盾之处就在于,她明明投的是"留欧"票,但在成为首相后,她必须在执行"脱欧"的过程中看起来强硬,后果之一就是,她在启动"脱欧"程序时显得承诺过度,给人过高的预期。随着国内分歧不断加深,她不得不左右兼顾。她无法同时满足国内"脱欧"和"留欧"支持者的要求。于"留欧派"而言,该协议成果太少;于"脱欧派"而言,该协议让步太多。谈判前特蕾莎·梅认为,"脱欧"公投曾

[①] Ben Judah, "The 'Ins' and 'Outs' of Britain's Referendum", Poltico, May 26, 2015.

在某些时候造成了分裂,但这些分裂正在逐渐弥合。[1] 纵然内阁有矛盾,"脱欧派"和"留欧派"都有相对充足的理由,但把这个国家结合到一起的东西比分化它的东西要多。[2] 谈判之初,在"分手费"问题上,英国政府放话,不会为"脱欧"多付一分钱。然而,从政府"脱欧"白皮书到"契克斯计划"、从"脱欧"协议草案到特蕾莎·梅公开以辞职换"脱欧"协议通过,再到不得不请求欧盟延长"脱欧"期限,特蕾莎·梅的立场在逐渐软化。

特蕾莎·梅极力避免边检出现在爱尔兰海,因为那将使英国面临分裂的危险。政府协议中的"保障条款"最具争议,也是"脱欧"协议难以被下院接受的关键所在。"保障条款"主要就是为了避免"硬边界",保护1998年的《贝尔法斯特协议》,在确保欧盟法律完整性的同时解决了爱尔兰和北爱尔兰边界问题,继续与欧盟维持紧密的关系。双方同意,如果在过渡期内没有达成协议,"保障条款"将于2020年底过渡期结束后生效。届时,英国将继续留在关税同盟中,并接受反不正当竞争、环保、劳工保护等一系列来自欧盟的限制,北爱尔兰则需要额外执行增值税、检疫、货品标准等方面的欧盟法规。除非有其他办法防止"硬边界"的出现,否则,如没有替代性方案,它可能一直有效,替代性方案可以全部也可以部分替代"保障条款",因此,"保障条款"也具有临时性性质。但是,

---

[1] "The United Kingdom's exit from, and new partnership with the European Union", UK government, Department for Exiting the European Union, Jan. 17, 2017, p. 3, https://www.gov.uk/government/publications/the-united-kingdoms-exit-from-and-new-partnership-with-the-european-union-white-paper/the-united-kingdoms-exit-from-and-new-partnership-with-the-european-union-2.

[2] "The Future Relationship between The United Kingdom and the European Union", Department for Exiting the European Union, UK Government, Jul. 17, 2018, p. 1, https://assets.publishing.service.gov.uk/government/uploads/system/uploads/attachment_data/file/725288/The_future_relationship_between_the_United_Kingdom_and_the_European_Union.pdf.

英国不得单方面终止"保障条款"。它让未来英欧关系充满争议，北爱尔兰将在欧盟的监管体制之下，只接受欧洲法院的司法管辖，允许单一市场商品在该地区流通。更为重要的一点，关税问题，北爱尔兰留在欧盟的关税同盟中以享受其贸易利益，英国也就留在了关税同盟内，这使得特蕾莎·梅承诺确保与爱尔兰之间边界开放与她寻求独立的贸易政策、结束布鲁塞尔规则制定权的红线之间存在矛盾。特蕾莎·梅无法统一保守党议员的意见，也无法争取到其他党派议员的支持。与保守党联合执政的北爱尔兰民主统一党，是特蕾莎·梅在议会中的关键少数派，他们担忧"保障条款"会让北爱尔兰与不列颠岛渐渐疏离，该党表示，北爱尔兰必须和英国共进退，和英国其他地区以完全相同的条件离开欧盟，无论在经济上还是政治上，北爱尔兰都不接受任何形式的特殊条款。他们始终不支持特蕾莎·梅的协议，但是在倒阁案中却投下反对票，不希望内阁重组。工党基本一致反对该协议，"亲欧"的苏格兰民族主义党和自由民主党人多持"留欧"立场。

民众和一些议员的心态也在发生微妙变化，一些人原来有明确的"脱欧"或"留欧"立场，现在却只想"脱欧"进程尽早结束。"脱欧派"担心"脱欧"不了了之或者二次公投，特蕾莎·梅的方案可能是他们实现"脱欧"的唯一方式了，"留欧派"担心什么都达不成，最后无协议"脱欧"，转而接受政府的"脱欧"协议。不是因为协议有多好，而是怕情况走向更差。政府"脱欧"协议的支持票一次比一次增加。[①] 也有一些议员始终不接受政府的"脱欧"协议，他们认为应该有协议"脱欧"，但不是目前的这份协议。特蕾莎·梅首相毫无顾忌地拖延时间，为的是迫使议员们最后在她拼凑和修补出来的协议和无协议"脱欧"之间被迫做出选择，她的协议自相矛盾，却

---

① 下院第一次对"脱欧"协议草案投票：432票否决，202票同意，230票之差；第二次：242票支持，391票反对，149票之差；第三次：344票对286票，58票之差。

表现出这一协议有意义或者是不可避免的。

在无法得到多数支持的情况下，特蕾莎·梅首相只能申请延期，用更多的时间争取支持。特蕾莎·梅首相本不愿意延期，如果延期过长，意味着英国经济的不确定性增加，尤其金融业对稳定性的敏感度很强，不确定性也会消耗人们的预期和耐心。如果在英国经济不利的情况下谈判，会有损英国的谈判立场。[①]如果延期只是想争取更多的时间通过立法，那一旦通过协议便可保证"脱欧"进程实施，这种拖延简单明确。如果说议员需要更多的时间考虑自己究竟要什么，拖延并不能解决英国面临的问题，在对英国经济产生重大打击的情况下也仍然做不出任何决定，还意味着向布鲁塞尔让步更多。因此特蕾莎·梅要求，一旦协议获得通过，便终止延期。延期意味着，在非特殊情况下，英国离无协议"脱欧"的可能越来越远，离有协议"脱欧"和二次公投的可能性越来越大。

（二）举行二次"脱欧"公投

如果政府的方案一直不能通过，其他替代方案又无法赢得多数支持，那么，"脱欧"到底是不是一个不可逆转的决定，又如何逆转？特蕾莎·梅首相坚持，一旦公投举行，所有人都尊重其结果，赢的人有责任尽最大努力执行公投结果，输的人有责任尊重结果的合法性。[②]但支持二次公投的人认为，若一个民主国家不能改变自己的想法，它就不是一个民主国家，政府不应该拒绝再给人民投票的机会。二次公投不过是一种方式，用人民的意愿推翻前一次公投结果，最终的目标是留在欧盟。

[①] "Remainer MPs Are 'Desperate' to Reverse Brexit and Kill off PM's Leverage by Ruling out No Deal, Top Brexiteer Esther McVey Blasts", The Sun, Feb. 25, 2019, https：//www.thesun.co.uk/news/brexit/8507417/remainer-mps-reverse-brexit-esther-mcvey/.

[②] "The United Kingdom's exit from, and new partnership with, the European Union", UK government, Jan. 17, 2017, p. 3, https：//www.gov.uk/government/publications/the-united-kingdoms-exit-from-and-new-partnership-with-the-european-union-white-paper/the-united-kingdoms-exit-from-and-new-partnership-with-the-european-union-2.

支持者认为,"留欧派"会在下一次公投中获胜。三年来,很多民调得出的结论都是支持"留欧"的人数在增加。除了2016年公投的投票率和得票率不足的理由外,"留欧派"称,"我们需要另一次公投来确保每个人在知道结果意味着什么的情况下正确地投票,即使最终仍是多数人投'脱欧'票也无妨"。① 此外,"脱欧"过程如此消耗英国,欧盟开出巨额"分手费",也使当时一些没有慎重思考就投下"脱欧"票和放弃投票的人后悔。然而,不论二次公投结果如何,只会使英国的分裂加剧。如结果是"留欧",布鲁塞尔也允许英国留下,那么,"脱欧派"将会把日后英、欧之间的每个问题都归咎于二次公投"非法""留欧"的决定,他们随时有理由要求第三次、第四次公投。如果二次公投的结果与上一次相同,那便验证了"脱欧派"的决心,"留欧派"会另寻途径声张立场。二次公投意味着推翻了卡梅伦政府留下的公投结果,特蕾莎·梅自任首相以来的工作与抗争付之东流。因此,特蕾莎·梅坚持,政府有责任执行选民的公投结果,不能因为不赞成第一次公投结果,就要求再来一次公投推翻它。

工党的备选"脱欧"协议就是让英国留在关税同盟内,这一动议失败,科尔宾才正式支持二次公投,并称,工党将会对1741万投"脱欧"票的人进行拉票活动。2019年2月25日,主要反对党提出了英国"脱欧"被逆转的可能性,但也有二十几个工党议员投票反对二次公投,占极少数,工党绝大多数议员都支持英国留在欧盟内。科尔宾支持二次公投被视为违背了他当初的竞选宣言。② 对于一个在2017年选举宣言中支持"脱

---

① "Changed Eur Mind? How Would Your Area Vote in a Second Referendum on Brexit?", The Sun, Nov. 7, 2018, https：//www.thesun.co.uk/news/7679361/how-would-your-area-vote-in-a-second-referendum-on-brexit/.

② "Jeremy Corbyn backs second Brexit referendum as Emily Thornberry confirms Labour will campaign to REMAIN in betrayal to 17.4m Leave voters", The Sun, Feb. 25, 2019, https：//www.thesun.co.uk/news/brexit/8508189/jeremy-corbyn-backs-second-referendum-brexit/.

欧"的政党而言,这是一个显著的转变。尽管前工党议员丘卡·乌穆纳、前首相布莱尔、大部分工党以及一些自由民主党都在为二次公投努力,二次公投却很难成行,它需要一部分执政党议员的支持才能成真,但保守党不愿意亲手撕毁卡梅伦留下的公投结果。

政府方案一再被否决,民众二次公投的呼声高涨。2019年3月23日,数十万计民众在首都伦敦街头游行,抗议英国"脱欧",此次游行也是人民对政府和议会无所作为的愤怒表达。讽刺的是,热情高涨的"亲欧"运动出现在一个即将离开欧盟的国家。示威者的标语牌上写着"我热爱欧盟""取消第50条""我们要求人民抉择"等。在此之前,反"脱欧"的一项网上请愿活动已征集到450万人签名,期间因签名踊跃,网络曾一度瘫痪。[①] 2018年10月,英国曾有过一次类似的示威活动,那时,有70万人参加了反"脱欧"大游行。按照英国法律,议会必须对超过10万人签署的请愿书进行辩论。这篇请愿书中写到,政府不断重申,"脱欧"是人民的愿望,现在,公开支持"留欧"的强大力量必须明白无误地表现出来。活动的组织者打出"人民的表决"标语,希望通过声势浩大的示威活动迫使政府和议会同意就英国"脱欧"事宜进行二次公投,阻止英国最终离开欧盟。

支持二次公投的人认为,政府不应该拒绝再给人民投票的机会。公投让决策者更明确民意,但民意是变化的。如果让"脱欧"协议在下院通过,最好的方式就是先让"脱欧"协议获得民众认可。到2019年4月1日,共有600万民众签署请愿书,要求停止英国"脱欧"进程,为英国有史以来最大规模请

[①]《英国百万人大游行要求第二次退欧公投》,《德国之声》,2019年3月24日,https://www.dw.com/zh/%E8%8B%B1%E5%9B%BD%E7%99%BE%E4%B8%87%E4%BA%BA%E5%A4%A7%E6%B8%B8%E8%A1%8C%E8%A6%81%E6%B1%82%E7%AC%AC%E4%BA%8C%E6%AC%A1%E9%80%80%E6%AC%A7%E5%85%AC%E6%8A%95/a-48043341。

愿，英国议会因而决定就"留欧"进行辩论。但这项讨论多为象征性，在辩论结束时甚至没有投票。英国选举委员会认为，举行二次公投至少需要4—6个月时间筹备，才能再次交由全民公投表决。政府回应，不会取消第50条，尊重2016年的公投结果。二次公投对于"留欧派"而言，有些冒险。没有明显的证据表明，反悔的民众人数足够多，结果会与前一次不一样。如果人民不认可全民公投结果，认为公投的政治门槛过低，他们应该在投票前表明态度，而不是在公投结果显示对自己不利后，才表达对制度设计的不满。

（三）无协议"脱欧"

英欧关于"分手费"、过渡期、双方公民权利保护等重要问题的达成曾给有协议"脱欧"带来很大期望，而在爱尔兰与北爱尔兰边界问题上陷入瓶颈又使人们对无协议"脱欧"的担忧增加。世界贸易组织内有一句名言：所有问题达成一致以前意味着什么都没有达成。"脱欧"问题亦是如此。每当政府向"软脱欧"走近一步又未能获议会同意，无协议"脱欧"的风险就增加一些。只有独立党和一些激进的保守党右翼支持无协议"脱欧"，只有少数人认为它是首选。

在未与欧盟达成任何协议的情况下，英国放弃欧盟成员国的各项权利及义务，英、欧之间的交通运输业和金融业会首当其冲地受到影响，市场前景的不确定性会打击投资者信心。据测算，如果每辆从多佛港前往欧洲大陆的货车通过边境的时间增加2分钟，那每天排在多佛港的行车队伍将长达27公里。[①]但是，最重要的影响还是政治风险增加，欧盟和英国都清楚，如果出现"硬边界"，会两败俱伤。同时，双方又都声称，他们在为无协议"脱欧"做准备。无协议"脱欧"是英国的筹码，旨在谈判中向布鲁塞尔施压。英国花尽力气让欧盟相信，

---

① 桂涛：《英国：优雅衰落——"脱欧"时代的权力、荣耀、秩序与现实》，生活书店出版有限公司2019年版，第67页。

如果无法达成一个令人满意的协议，无协议"脱欧"英国是做得出的，也是有所准备的。即使反"脱欧"的游行声势越来越浩大，英国政府却一直坚称，无协议"脱欧"是英国的备选，达成一份好协议的唯一方式就是保持无协议"脱欧"的能力。2018年8月，福克斯强硬表态，欧盟毫不妥协的态度正把英国推向无协议"脱欧"的危险境地，概率高达60%。无协议"脱欧"会使本已虚弱的欧元区雪上加霜，意大利高国债和虚弱的银行部门会使它首当其冲地受到影响。[①] 比起英国，欧盟的块头太大了，欧盟经不起如此严重的冲击。抓住这一筹码的另一作用是，特蕾莎·梅希望议员们看到无协议"脱欧"的风险后，能转而支持她的协议。

然而，特蕾莎·梅在使用无协议"脱欧"这一筹码时小心谨慎。首先，敏感的问题可能被激化。苏格兰不想被英国"脱欧"拉下水，"硬脱欧"可能会引起苏格兰过激反应。其次，边界冲突的可能性增加。汽车行使在爱尔兰岛的主要交通动脉N54/A3公路上要穿越4次边境，该段是英国和爱尔兰最曲折的一段边境线。动荡时期的北爱尔兰新教徒和天主教徒冲突不断，北爱尔兰的情况又因为两派人对英国殖民的不同态度更加特殊。虽然北爱尔兰在政治概念上属于英国，但在地理位置上和名称上则更接近处于同一岛上的爱尔兰，爱尔兰岛南、北两部分作为一个政治实体的时间要比北爱尔兰和不列颠岛的时间长得多。对"硬边界"的恐慌随着时而发生的枪击和爆炸事件而增加，没有人愿意回到30年前的动荡时期。北爱尔兰最终归属问题再次被提上政治议程。最后，内阁对无协议"脱欧"的态度严重分歧。"留欧派"反对让双方复杂的机构、政治和经济联系"一刀两断"，这会破坏日后双边关系谈判基础。安伯·拉德和

[①] "Europe Faces 'Considerable' Economic Hit from No Deal Brexit with Italy's Banks Going Bust First, Dutch Report Warns", The Sun, Mar. 1, 2019, https://www.thesun.co.uk/news/brexit/8536323/europe-faces-considerable-economic-hit-from-no-deal-brexit-with-italys-banks-going-bust-first-dutch-report-warns/.

几位同僚反对特蕾莎·梅用无协议"脱欧"当作谈判筹码,为阻止"脱欧",她一度被推举为跨党派联合活动的领导人物。特蕾莎·梅任首相后,立即任命安伯·拉德担任内政大臣一职,她曾是鲜明的"留欧派",安伯·拉德辞职让特蕾莎·梅又失去一员得力干将。外交大臣杰里米·亨特甚至称,无协议"脱欧"等于"政治自杀"。伦敦市长萨迪克·汗委托进行的一项经济预测显示:无协议"脱欧"可能导致英国经济10年或更长时间的低增长,到2030年,可能减少50万个工作机会和近500亿英镑的投资,伦敦将减少8.7万个工作岗位。[1] 据英国工业联合会评估,长期来看,无协议"脱欧"将会导致英国经济下滑8%,相当于每个家庭损失6000英镑。[2] 据国际货币基金组织预测,若无协议"脱欧",在世界贸易组织的框架下,英国农林渔业贸易成本将增加23.9%,食物、饮品和香烟贸易成本增加24.3%,金融业交易成本增加幅度最大为25.4%。[3] 不论这些预测准确性如何,在"脱欧"前景不明的情况下,单单是这些预测本身就会增加人们的担忧和避险意识。而戴维·戴维斯等坚持,把无协议"脱欧"当作备选方案是必要的。[4] 2019年2月,议会马上要对特蕾莎·梅的三阶段计划表决之际,"脱欧"派艾斯特·麦克维指出,排除无协议"脱欧"会使英国丧失与布鲁塞尔达成一份好协议的机会。而特蕾莎·梅首相明确不会无协议"脱欧",一方面是与工党博弈的结果,另一方面受到了内阁"留欧"的牵制。

---

[1] 《报告称若无脱欧协议 英或将失去50万个就业机会》,《环球网》,2018年1月12日,https://finance.huanqiu.com/article/9CaKrnK6ktM。

[2] "Evidence Over Ideology: A Brexit that Works for All", CBI, https://www.cbi.org.uk/our-campaigns/evidence-over-ideology-a-brexit-that-works-for-all.

[3] Lucyna Górnicka, "Brexit Referendum and Business Investment in the UK", IMF Working Paper 18247, p. 12.

[4] "Brexit: Cabinet Split as Amber Rudd Calls No-deal 'Unthinkable'", The Guardian, Oct. 18, 2017, https://www.theguardian.com/politics/2017/oct/17/david-davis-eu-drag-out-brexit-talks-more-money.

2019年3月27日，下院对8种"脱欧"方案投票，无协议"脱欧"方案获得了160票支持、400票反对，不占下院多数，对于政府而言，它只能作为暂时性的策略手段。

第三节 特蕾莎·梅政府"脱欧"协议遭拒及约翰逊的"最后一搏"

没有可靠的证据表明，2016年支持"脱欧"的选民希望得到何种结果，是"硬脱欧"还是原则上离开欧盟，实质仍保持紧密联系？1741万人分散在不同的细微选项里，许多人没有认识到，投下"脱欧"一票对他们来说意味着什么。英国的困难是执行"脱欧"决定的检验标准不明晰，英国国内无法达成共识，特蕾莎·梅政府的"脱欧"协议三次不通过，约翰逊在其基础上修改"保障条款"，在下院二读通过。

一、特蕾莎·梅政府"脱欧"协议的批准困境

一个支持"留欧"的首相去执行一个微弱多数的"脱欧"决定，"留欧"会损害保守党，"脱欧"会损害国家。下院让特蕾莎·梅在不信任投票中获胜，又三次拒绝特蕾莎·梅政府与欧盟谈判达成的协议成果，特蕾莎·梅两次申请"脱欧"延期，英国对"脱欧"截止日期态度越来越松懈，时间的约束力在减弱。

（一）"脱欧"协议第一次遭拒与不信任投票

2018年11月，"脱欧"协议草案出台后，特蕾莎·梅首相努力营造"脱欧"协议对英国有利的印象。但一些政府官员纷纷辞职表达不满，包括"脱欧"事务多米尼克·拉布、北爱尔兰事务大臣沙利什·瓦拉和工作与养老金大臣埃丝特·麦克维伊在内的二十余位政府官员，特蕾莎·梅对内阁虚弱的控制力

进一步显现，她有可能面临"脱欧"协议表决失败的危险。一些"脱欧派"表示，为了防止无协议"脱欧"而制定出一个很糟的协议给议会，是风险很大的举动，这份政治宣言涵盖范围大到足以将英国视为正式成员国，双方关系的实质变动并不大。反对党领袖科尔宾认为，目前的"脱欧"协议版本是一个由欧盟主导的单向协议。特蕾莎·梅原本于2018年12月11日把协议草案交付下院进行表决，12月10日，她在下院称，要想达成任何协议都得做出妥协，政府的"脱欧"方案是最好的选择，既履行公投结果又把对英国的损失降到最低。此时，如果欧盟允许英国单方撤回"脱欧"声明，可能会给个别英国议员提供反对"脱欧"协议的新论据。同日，欧盟又一次展开"留欧"攻势，欧洲法院加急做出一项裁定，成员国可以单方面撤回递交给欧盟的退出请求，其成员国地位保持不变。① 这意味着，在接受目前的"脱欧"协议和承受无协议"脱欧"带来的风险之外，英国人又多了一种选择。在如此重要的时刻，欧洲法院抢先做出裁定，旨在表决前激起英国国内"留欧派"二次公投的呼声，给议员们施压。

2018年12月，特蕾莎·梅与欧盟的协议草案达成一个月后，"1922委员会"称，提交不信任函的保守党议员有48个，已经达到15%的门槛。为了在不信任投票中获胜，特蕾莎·梅背水一战，宣布自己不打算参加2022年的大选，提前交出保守党领导权，以安抚党内反对者。12月12日，200票赞成、117票反对的结果让特蕾莎·梅保住党魁与首相职位，但是，三票之差让她赢得太惊险了。② 推动不信任投票的是保守党强硬

---

① "Judgment of the Court of Justice in Case C-621/18", Court of Justice of the European Union, Press Release No 191/18, Dec. 10, 2018, https://curia.europa.eu/jcms/upload/docs/application/pdf/2018-12/cp180191en.pdf.

② "UK Prime Minister Theresa May wins confidence vote, but faces uphill battle to pass Brexit deal", CNBC, Dec. 12, 2018, https://www.cnbc.com/2018/12/12/uk-prime-minister-theresa-may-wins-confidence-vote.html.

"脱欧派"里斯·莫格，为保证英国边界管理不出现漏洞，里斯·莫格认为可以恢复与爱尔兰之间的边境检查。

"脱欧"协议表决被特蕾莎·梅首相推迟至2019年1月15日，比预期晚了近一个月，特蕾莎·梅需要时间来争取议员们的支持。表决前，百余名欧盟议员再次呼吁英国放弃"脱欧"，称英方做出"留欧"的任何决定都会受到欢迎，我们将改革、改善欧盟。2019年1月15日，下院以432反对票比202同意票否决了政府的"脱欧"协议。[1] 230票之差的严正否决，超越了1924年工党麦克唐纳政府166票的纪录，成为英国国会史上票数落差最大的一次惨败。次日，科尔宾借助"脱欧"协议被否决的颓势，对特蕾莎·梅发起了不信任投票，特蕾莎·梅以325票比306票险胜。英国两种不信任投票案，一种是党内对党魁提出，一种是反对党提出对政府的不信任投票，特蕾莎·梅首相都经历了，而且都是险胜。不信任投票标志着首相政治生涯的衰落。工党的立场是，与欧盟永久维持关税同盟关系，留在单一市场，以便保护劳工和消费者。"脱欧派"议员认为，特蕾莎·梅和她的财政大臣哈蒙德从来就没想过达成一个一刀两断的协议，她谈成的只是"名义脱欧"。[2] "名义脱欧"是毫无意义的自我伤害，英国继续遵守欧盟规则又没有任何发言权，还要支付一定资金，这是"硬脱欧派"痛恨的局面。但"名义脱欧"能解决很多问题：既尊重了公投结果，避免了北爱尔兰硬边界和断崖式"脱欧"的经济损失，还能让商界满意。从不信任投票和"脱欧"协议投票的结果可以看出，相比特蕾莎·梅首相本人，议员们更反对她的协议。即便是对欧盟立场强硬的保守党人也很清楚，换帅后一切问题就能迎刃而解吗？换首相很可能将谈判的控制权交给反对党，而新任首相没有时间与

---

[1] "Government loses 'meaningful vote' in the Commons", UK Parliament, Jan. 16, 2019, https://www.parliament.uk/business/news/2019/parliamentary-news-2019/meaningful-vote-on-brexit-resumes-in-the-commons/.

[2] Brexit in Name Only.

欧盟重商协议并获通过。

（二）"脱欧"协议第二、三次被否与"脱欧"延期

下院第一次否决协议后，特蕾莎·梅要把"脱欧"修正案带往欧盟，重启"脱欧"谈判。但是，欧盟立即拒绝再次谈判的请求。图斯克称，"保障条款"是"脱欧"协议的一部分，因为"脱欧"协议不容重新谈判，该条款也因此不能重谈，这一立场得到了爱尔兰的支持。2019年2月11日，特蕾莎·梅写信给科尔宾寻求和谈，试图与工党协商寻找替代方案，没过多久，科尔就在2月25日明确支持二次公投，特蕾莎·梅寻求工党支持无望。特蕾莎·梅的协议草案被否决后，工党的"脱欧"方案也在下院遭拒后，9名工党议员脱党，科尔宾面临着以副党魁托马斯·沃森为首的多名工党形成"党中党"的压力。[1] 面对党内压力，科尔宾才公开支持二次公投。2月20日，距离"脱欧"还有一个多月，特蕾莎·梅与容克会面，寻求欧盟对协议的法律及政治保证，双方发表联合声明，同意制定法律措施，确保"保障条款"不会使英国永久地陷入困境，欧盟能够开出的条件充其量只是老调重弹，澄清协议内容及对双方未来关系做一些政治声明。科尔宾宣布支持二次公投当天，特蕾莎·梅向内阁宣布，正式排除3月29日无协议"脱欧"的可能，"脱欧"延期的可能性大大增加。特蕾莎·梅在"脱欧"问题上立场软化，与她在下院遭遇激烈反对不无关联。多名"留欧派"内阁大臣已经表示，如果首相继续以"硬脱欧"威胁而不改变谈判策略的话，他们就会辞职。特蕾莎·梅将下一次"脱欧"协议投票的时间定在3月12日，即"脱欧"日期的17天前，此举被认为是用"拖到最后一刻"的策略向下院施压。

---

[1] "Jeremy Corbyn's own deputy Tom Watson launches scathing attack on leftie leader and threatens to set up 'party within a party'", The Sun, Feb. 24, 2019, https://www.thesun.co.uk/news/8497832/jeremy-corbyn-deputy-tom-watson-attack-threat-party/.

  2019年2月27日，下院以502∶20的绝对优势通过了特蕾莎·梅提出的"脱欧"三阶段计划：A. 3月12日，议会第二次投票表决"脱欧"协议草案；B. 若仍不通过，则3月13日，下院则表决是否无协议"脱欧"；C. 如果无协议"脱欧"也被否决，议会将于3月14日投票决定是否推迟"脱欧"。① 虽然英国政府宣称已经针对"脱欧"协议与欧盟达成具有法律约束力的修正，3月12日，下院以391∶242否决了特蕾莎·梅首相新版本的"脱欧"协议。② 回顾第一次230票之差的否决，这次相差149票算是小有进步。欧盟立即发表声明称，英国议会拒绝特蕾莎·梅的"脱欧"协议，大幅增加了无协议"脱欧"的可能性。欧盟此前早已表示，英国需要为任何延期提供正当理由。协议经历二次表决失败后，特蕾莎·梅公开确认，在保守党这一方，可以根据个人信念而非政党政策自由投票。随后，下院以321∶278，排除无协议"脱欧"选项。③ 3月14日，又以412∶202，压倒性地支持政府延迟"脱欧"三个月，从原定的3月29日延至6月30日。④ 欧盟对"脱欧"延期给出回复是"有条件同意"，即如果英国议会接下来接受"脱欧"协议，将期限延至5月22日；如果协议没通过，只能延至4月12日。欧盟将日期设在5月22日，是因为5月23—26日，五年一次的欧洲议会选举在欧盟28个成员国举行，如果英国还没

---

① Nicola Newson, Clarley Coleman, "Brexit: Recent Developments (Briefing for Lords Debate)", House of Lords Library Briefing, Mar. 7, 2019, p. 5.

② "Government's Brexit deal defeated again in 'meaningful vote'", UK Parliament, Mar. 12, 2019, https：//www.parliament.uk/business/news/2019/march/key-brexit-vote-as-meaningful-vote-returns-to-the-commons/.

③ "House of Commons vote on No-deal Brexit", UK Parliament, Mar. 13, 2019, https：//www.parliament.uk/business/news/2019/march/house-of-commons-to-vote-on-no-deal-brexit/.

④ "House of Commons votes to seek Article 50 extension", UK Parliament, Mar. 13, 2019, https：//www.parliament.uk/business/news/2019/march/house-of-commons-to-vote-on-article-50-extension/.

有"脱欧",会影响欧洲议会选举结果。①

首相往往杜绝那些对自己离职日期的猜测,这会削弱首相的权威。2019年3月27日,特蕾莎·梅在"1922委员会"会议上称,只要她与欧盟谈成的协议获得议会通过,她便辞职,这实际上已经承认她失去了控制权。3月29日,下院以344∶286第三次否决了特蕾莎·梅的"脱欧"协议。② 与前两次比,特蕾莎·梅赢得了多一些支持。英国的最终"脱欧"日期将延长至4月12日,还剩短短14天时间,重新协商修正和批准通过,时间不够。据估计,在其执政党内至少有150名忠诚的党员做后盾,但仍不足以构成多数,特蕾莎·梅后来不过是试图修补这项不受欢迎的协议,要求议员们在明知道法案将被否的情况下投票是毫无意义的。

"脱欧"协议第三次被否,各种可行选项也全遭否决。特蕾莎·梅很难争取到党内反对派,不得不再次向科尔宾抛出橄榄枝,邀请他联手制订"脱欧"计划打破僵局,科尔宾根本无意联手,此举却进一步激怒了保守党强硬派。容克称,除非英国能在2019年4月12日前批准协议,否则欧盟不会再同意让英国继续推迟"脱欧"期限。在特蕾莎·梅的协议无望通过的情况下,欧盟在截止日期的前一天不得不将期限延长至10月底,这是第二次"脱欧"延期。"脱欧"让英国陷入了怪圈,无论结果是什么,斗争都会继续。"脱欧派"指责,多数人支持"脱欧"的公投结果被极端"留欧派"搞得什么都不是。"留欧派"对当前的结果也不满,同样把责任归咎于"脱欧派"。马克龙责难英国,未能就结束僵局提供可信的方案。一些

---

① 英国欧洲议会选举的结果显示,"脱欧"党大获全胜,获得了约32%的选票(29个席位),自民党位居第二,工党位居第三。执政的保守党位居第五,获得了9.1%的选票。

② "Commons votes to reject Government's EU Withdrawal Agreement", UK Parliament, Mar. 13, 2019, https://www.parliament.uk/business/news/2019/march/mps-debate-and-vote-on-the-withdrawal-agreement-with-the-european-union/.

议员指责政府，我们希望给那些正在考虑"脱欧"的国家展示英国人谈判的实力，但政府并没有把权力交至英国人手中，却交给了欧盟。欧盟希望展示团结力量，不让一个要离开的成员国"钻空子"。欧盟担心，如延期过长，在欧盟成员需要针对一些重要内部计划表决时，会增加英国干预欧盟事务的机会。欧盟不止一次表明，已经关闭谈判大门，换首相并不能改变谈判桌上的任何参量。不管下一任首相是谁，关于"保障条款"欧盟不会再谈，协议内容不会再修改，不会再有更好的方案了。同时，欧盟也紧张地关注着英国国内情势，欧盟领导人担心约翰逊上台，会撕毁欧盟与特蕾莎·梅政府达成的协议。

　　原定不久后进行第四次"脱欧"协议表决，但通过的希望很渺茫，特蕾莎·梅终于向这一结果屈服。2019年5月24日，特蕾莎·梅宣布，由另一位首相率领英国退出欧盟是符合国家利益的选择，她将于6月7日卸任英国保守党党魁一职，但继续担任首相，直到确定继任人。① 随着任期接近尾声，特蕾莎·梅处于一种脆弱的状态，在约6周的时间里，她将担任"看守首相"。自希思1973年让英国加入欧共体后，有4位继任的保守党首相——撒切尔夫人、梅杰、卡梅伦和特蕾莎·梅，都被欧洲问题钉在了十字架上。② 特蕾莎·梅是继撒切尔夫人之后英国第二位女首相，敏锐、慎重、独裁、坚持己见、信守诺言、高效的沟通者、"撒切尔第二"、虽败犹荣等是舆论对其从政多年的评价。也有人认为她虽然是个短命的首相，却是个优秀的政治家。或许经历一段时间沉淀，英国人才能对她给出客观公正的评价。现在的保守党需要一个强势领导人来掌控局势，带领英国离开欧盟，同时有能力应对各种挑战。

---

① 《谁可能接替梅？》，《德国之声》，2019年5月24日，https://www.dw.com/zh/%E8%B0%81%E5%8F%AF%E8%83%BD%E6%8E%A5%E6%9B%BF%E6%A2%85/g-48861879。

② ［英］戴维·雷诺兹著，廖平译：《英国故事：从11世纪到脱欧动荡，千年历史的四重变奏》，中信出版社2021年版，第243页。

二、约翰逊政府的施压策略及其效果

国家在重大困境时经常想变换掌舵人，用驾驭风浪的领航人替代风平浪静的领航人，让一个强势的首相带领英国走出"脱欧"困局。约翰逊"誓死一搏"的策略一箭双雕，逼欧盟让步，逼议会投降。对"紧张方有戏"策略的运用，约翰逊把它发挥到了极致。对于退出欧盟，他表现出无所顾忌的样子，他让人无法确定，英国政府究竟是要耗尽时间，坐等无协议"脱欧"，还是真的在设计妥协方案。与特蕾莎·梅相比，约翰逊让思路变得更窄，选择范围缩小，增加他的协议通过的可能性。他用极端手段消除阻碍就是要证明，如果不是他这份协议，就是无协议，拒绝申请延期。直到特蕾莎·梅卸任，欧盟没有给特蕾莎·梅对协议做实质性修改的机会，但是却把机会给了约翰逊，同意删除"保障条款"。约翰逊让人们看到，没有什么协议是不能更改的，没有什么截止期限是不能推迟的，欧盟一次次的警告和申明立场是无效的，它的博弈立场被削弱。

（一）"紧张方有戏"策略

"紧张方有戏"意味着在关键问题上，各方到最后一刻才摊牌，无论如何也要比对方更有承受能力。只有在压力大到无法忍受时，才可能达成共识，协议所需的批准程序才能快速完成，这是英国向欧盟施压的手腕。欧盟已经深陷多重危机，最后摊牌可以利用欧盟急于结束"脱欧"不确定性的心理，在最后为自己创造有利条件。反之，如果过早提出要求，欧盟很难让步，在谈判后期便没有多少条件可以争取了。此外，这一策略能够让英国政府保持"脱欧"路线的模糊性，在不违反承诺的情况下根据情势进退自如，保持灵活性和回旋的余地。约翰逊敢于冒险，刚入主唐宁街10号便采取威胁措施，要求欧盟重新考虑拒绝重谈"脱欧"协议的立场，重开谈判大门，称如果欧盟不同意取消"保障条款"，就不去与欧盟谈，当时距2019

年10月31日仅剩三个月时间。此前,英国政府愿意支付390亿英镑的"分手费",约翰逊在竞选首相期间及执政后都表示,如果双方谈判无果而终,这一账单的大部分款项英国都没有义务支付。①

2019年七国集团峰会前,唐宁街10号官员称,无论有协议还是无协议"脱欧",英国10月31日都将离开欧盟,议会阻止不了。就在峰会的前两天,默克尔终于松口,若想将引起争议的"保障条款"从协议中删除,英国人必须拿出替代性方案,虽然马克龙不愿意支持这一立场,但总体上没有否定默克尔。随后在巴黎与约翰逊的会面中,马克龙用"希望看到英国替代方案的更多细节"来委婉降低门槛。而约翰逊还是不断重申,仍有充足的空间达成"脱欧"协议,爱尔兰与北爱尔兰边界问题也有其他替代办法。峰会期间,约翰逊及其团队对外界表态积极,认为新的"脱欧"协议近在咫尺。反观欧盟的表态,则消极谨慎,称"英国方面并未提出任何建议来取代备受争议的'保障条款'"。欧洲人不信任约翰逊。他们多次敦促英国拿出新方案,但约翰逊则稳稳地抓住拖延战术,支持者认为,首相采取了必要的策略。贾伟德鼎力维护首相的立场,称最糟糕的谈判策略是公开谈判。10月初,在保守党年会上,约翰逊终于公开了他的"脱欧"协议草案的一些细节。② 欧盟必须在短时间内集体审视约翰逊的方案。10月10日,他又与爱尔兰总理瓦拉德卡单独会面,会面后,瓦拉德卡"有望达成一项协

---

① 《谁将是特蕾莎·梅的继任?》,《德国之声》,2019年6月11日,https://www.dw.com/zh/%E8%B0%81%E5%B0%86%E6%98%AF%E7%89%B9%E4%B8%BD%E8%8E%8E%E6%A2%85%E7%9A%84%E7%BB%A7%E4%BB%BB/a-49134750。

② 根据约翰逊的方案,欧盟规则将适用于北爱尔兰流通的所有商品,爱尔兰岛上不会出现"硬边界"。北爱尔兰将留在英国海关辖区,享受英国贸易政策,但也将保留欧盟单一市场入口的地位,北爱尔兰的增值税设置将与欧盟一致。相关安排启动四年后,北爱尔兰议会将通过简单多数来决定是否继续实施。

议"的表态标志着基调向积极转变。① 此前，爱尔兰从未就按时达成协议表示过乐观态度。消息一出，英镑迅速回升。

（二）"好协议"要以"无协议"为前提

欧盟要尽力避免无协议"脱欧"的情况发生，保护爱尔兰的利益，约翰逊抓住这一点，他的策略是"要么是我的方案，要么无协议"，欧盟只能两害取其轻。"硬边界"使爱尔兰岛的和平很可能被破坏，爱尔兰对这一问题极为担忧，并不断地对欧盟表达这一担忧。如果欧盟在这场博弈中开了牺牲小国利益的先例，那会招来不满，影响内部团结。欧盟主要由希望团结起来形成力量的小国组成，在欧盟其余27国中，有2/3国家的人口不超过1000万。与大国相比，小国最担忧的就是两件事：一是大国对它采取行动，二是大国采取行动时忽略它。欧盟要避免无协议"脱欧"，如果不抱团的话，欧盟可能会失去信誉资本。此外，欧盟担心英国在无协议"脱欧"的情况下钻空子，变成一个低薪、宽松监管的司法管辖区，以此在与欧盟的竞争中获得优势。若最终无协议"脱欧"，英国大幅削减企业税和个人所得税，对海外投资者来说，会极具吸引力。布鲁塞尔最担心的就是在它西海岸的英国成了一个避税地。无协议"脱欧"会使已达成妥协中的积极部分一笔勾销，3年多为谈判付出的努力前功尽弃。

2019年10月17日，欧盟峰会上，英、欧再一次达成"脱欧"协议，迎来"脱欧"破局时刻，但"脱欧"远未结束。欧盟紧张地关注着与约翰逊达成的协议在英国下院的反应。9月3日，下院阻止无协议"脱欧"，约翰逊随后两次提出提前大选，工党不支持。10月19日，莱特温修正案通过。② 10月22日，

---

① Tara John and James Frater, "British and Irish leaders see 'pathway to a deal' after weeks of Brexit deadlock", CNN, Oct. 11, 2019, https://edition.cnn.com/2019/10/10/uk/brexit-pathway-deal-varadkar-boris-johnson-gbr-intl/index.html.

② 即 Letwin Amendment，由奥利弗·莱特温提出，确保英国10月31日不会无协议"脱欧"，2019年9月初，被约翰逊开除党籍。

下院二读投票原则上通过了"脱欧"协议法案，随后又否决了他3天内完成协议法案审议的动议。与特蕾莎·梅一样，约翰逊不得不申请延期，10月31日实现"脱欧"的承诺被打破。欧盟被迫同意第三次给予英国延期至2020年1月31日。

综观整个过程，每次"脱欧"协议在英国不通过，欧盟都发出信号，谈判的大门已关闭，拒绝修改"脱欧"协议。英国提出申请后，欧盟又信誓旦旦地表示，它需要一个正当的延期理由，并且批准延期并不是板上钉钉的事。批准延期后欧盟还要补充到，这是最后一次，希望英国好好利用时间。马克龙等对延期持谨慎态度的领导人担心，如果延期过长，英国可以有时间与27个国家分别谈判，对各国做出不同承诺，欧盟的立场便被软化。正式退出之前，英国代表除不得参加"脱欧"事项的讨论和决策外，仍可参加欧盟机构的正常活动。[①] 英国可以利用这漫长的谈判窗口期影响欧盟决策。然而，为避免无协议"脱欧"，图斯克和默克尔还是同意给英国留出更长的时间。欧盟的无奈在于，如果不同意延期，英国就只能无协议"脱欧"，这样代价太高了，欧盟将不得不为这一结果的破坏性影响背负责任。延期至少可以维持现状，更或者，英国的"留欧派"最终能找到一种方式取得胜利。英国已经对截止期限持松懈态度，每一次延期，时间对它的约束力都在递减。"脱欧"逐渐成为欧盟无法掌控的议程，欧盟正在被英国的决策障碍消耗耐心。

第四节 两位"脱欧"首相的差异比较

特蕾莎·梅和约翰逊都是因"脱欧"而上任的首相，两人的"脱欧"立场、用人策略和行事风格完全不同，特蕾莎·梅

[①] 张华：《论英国"退欧"进程中的条约法问题》，《欧洲研究》2017年第4期，第62页。

坚韧，做事方式更为保守和传统，约翰逊对待欧盟更显强硬，他行事方式反常，让人难以预测，这反倒可以让他进退自如，有更大的行动空间。

一、对去留问题的立场不同

特蕾莎·梅称不上是一个彻底的"留欧派"，但是她在2016年公投时选择了"留欧"。特蕾莎·梅后来执政的困境也正在于此，一个选择"留欧"的首相去执行"脱欧"的决定，这是特蕾莎·梅的一大弱点。相反，约翰逊是2016年"脱欧"造势的关键人物，为了结束英国在"脱欧"问题上的犹豫不决，约翰逊竞选首相时态度很明确：完成"脱欧"，结束混乱。

（一）特蕾莎·梅的留欧、疑欧主义

"脱欧"公投体现了英国长期以来"留欧"与"疑欧"两种政治倾向的再碰撞。但是，两种态度不能直接反映个人立场，人们做决策时会受多种因素影响，"疑欧"并不等于支持"脱欧"。持疑欧主义态度的人很可能不愿放弃单一市场和欧盟补贴带来的利益，并且能预见到"脱欧"给英国带来的损失，他们仍会选择留在欧盟，希望保留对英国有益规则，回避不利规则。特蕾莎·梅虽然选择了"留欧"，但她不是一个彻底的"留欧"支持者。

"脱欧"的主因是移民问题，仅从移民这一点来看，特蕾莎·梅是反欧的。特蕾莎·梅在担任首相以前，在主要负责移民、安全、法治的内政大臣这一职位上工作6年多。① 内政部是整个政府中最具挑战的部门之一，特蕾莎·梅成为现代以来在位时间最长的内政大臣。此前，如果说特蕾莎·梅属于保守党内的现代派和开明派，但2010年担任内政大臣后，她对移民、

---

① "The Rt Hon Theresa May MP", UK Government, https://www.gov.uk/government/people/theresa-may.

安全和公民自由的态度开始变得强硬。① 英国海岸线的长度以及进入英国的客运和货运交通数量之多，使得识别非法移民成为一个重大挑战。在2010年前后，英国内政部工作有所增加，国际恐怖主义威胁抬头，对移民问题的关切开始主宰政治议程。特蕾莎·梅发现自己被纳入了欧盟的控制范围，逮捕令问题需要联合立法、难民危机时需要相互合作、欧洲人权立法都影响了英国法律，特别是欧洲自由流动原则导致她无法实现预期的净移民目标。控制移民成为她最大的挑战，也成为她与政府中诸多同僚之间矛盾的起因，如司法大臣肯尼斯·克拉克、财政大臣奥斯本、副首相尼克·克莱格、商务大臣凯布尔、文化大臣亨特，他们认为，在移民问题上严格的措施会伤害经济。作为内阁大臣的特蕾莎·梅为了实现削减移民的目标，也鲜明地代表了自己部门的立场。凯布尔说，"她（特蕾莎·梅）的工作是让人们离开，而我的工作是让他们进来"。② 特蕾莎·梅坚持己见，试图大量削减移民入境人数，包括留学生和商人，而这类人群正是奥斯本、凯布尔、亨特等部门需要争取的对象。特蕾莎·梅想要废除《人权法案》，因为它妨碍了英国驱逐外国犯罪和恐怖分子。特蕾莎·梅坚持认为，没有工作的公民禁止入境，自由流动并不意味着自由越境要求福利自由。2016年10月，她作为首相重申了10万的移民目标，但没有给出目标期限，对这一政策的定位模糊不清。

对移民问题态度强硬，并不能说明特蕾莎·梅是"脱欧派"，但她也不是一个坚定不移、全心全意的"留欧派"。事实上，她是一个持疑欧主义的保守党"留欧"支持者。她认为，如果跨边界恐怖主义和有组织犯罪能够得到控制的话，英国的国家安全将得到改善。同时，她也认识到，"脱欧"的经济成本

---

① ［英］罗莎·普林斯著，周旭、张广海译：《特蕾莎·梅：谜一般的首相》，文化发展出版社2017年版，第240页。

② ［英］罗莎·普林斯著，周旭、张广海译：《特蕾莎·梅：谜一般的首相》，文化发展出版社2017年版，第249页。

是巨大的。

2016年1月，卡梅伦宣布暂停内阁集体负责制，允许在公投中自由投票。特蕾莎·梅决定在选择立场前等待时机。邓肯·史密斯、利亚姆·福克斯和戈夫等都被认为会站到"脱欧"阵营。如果特蕾莎·梅能够表态，任何一方都会视内政大臣为一个有力支持者。包括特蕾莎·梅和约翰逊在内的人，在该问题上骑墙，迫于压力，不得不表明立场。2月底，她最终小心翼翼地选择了"留欧"，但是热情不足，她对奥斯本等"留欧派"采取的一些策略持保留态度。在卡梅伦看来，作为内政大臣，她并没有为"留欧"做出应有的努力，仅是投票确认支持而已。特蕾莎·梅"留欧"的决定是出于内政大臣对首相的忠诚，还是想确保自己站在胜利的一方（毕竟公投前，大部分人都认为"留欧派"会胜利），无法确定。选择"留欧"，不论对她个人实现政治抱负还是国家整体利益而言，在当时都是一种务实和理性的选择。谁曾想到，1741万人还是投票决定离开欧盟。

（二）约翰逊坚定的"脱欧"态度

特蕾莎·梅辞职后，英国需要选出一个有能力实现"脱欧"的领导者，约翰逊被认为是有能力击败法拉奇和科尔宾的唯一人选。2019年6月10日，特蕾莎·梅继任人选的角逐开始，10名保守党人竞争党魁一职，议员们先进行多轮投票，逐步将候选人淘汰至两人，在第二阶段，保守党超过16万名的党员对最后两名候选人进行二选一的投票。在几位竞争者中，约翰逊的支持率大幅领先。2016年，约翰逊与戈夫一起为"脱欧"公投拉票，他们力挺"脱欧"，很大程度上改变了卡梅伦内阁中"脱欧派"和"留欧派"的力量对比，给"留欧"势力带来很大压力。

特蕾莎·梅在竞选首相前未明确表态对"脱欧"问题的立场，执政后也没有及早阐明态度，目的是在获得稳定多数支持前内阁团结，显得缺乏方向和明确路线，但不至于因过早站队而失去中间派的支持。相反，约翰逊在竞选前的立场就很明确，10月31日前完成"脱欧"，如果他入主唐宁街10号，将为无协议"脱欧"做准备，与二次公投对抗到底，不再延期。约翰逊同时强调，他本不想追求无协议"脱欧"，但无协议"脱欧"的风险会使欧盟调整立场。英国为无协议"脱欧"做准备的决心越坚定，最后执行无协议"脱欧"的风险就越小。[①] 里斯·莫格、史蒂夫·贝克、斯蒂芬·巴克利、马克·弗朗索瓦等"脱欧派"支持约翰逊。在首轮选举中，约翰逊赢得保守党议员的票数超过后三个挑战者的总和，不修边幅的他2008年竞选伦敦市长，拿下了工党长期把持的伦敦。第五轮投票后，戈夫（75票）与亨特（77票）仅2票之差，而约翰逊有160位支持者，达到了保守党议员的一半以上。[②] 至此，未来首相将会在先后担任外交大臣的二人中产生。一些议员认为，如果戈夫留下，就是在两个"脱欧"者之间选择，保守党应该避免戈夫和约翰逊因为个人恩怨相互缠斗。亨特有企业家的经历，如果亨特留下，人们对于如何"脱欧"会有不同的选择。在约翰逊和亨特之间二选一，就如"脱欧派"和"留欧派"之间未了的内战。此时，哈蒙德周围凝聚了少数顽强的"留欧派"，威胁要阻止无协议"脱欧"，他们有和工党人联手的可能。一些"留欧派"大臣也警告称，若发生无协议"脱欧"，将可能损害国家的完整。亨特得到了保守党内主要"留欧派"格雷格·克拉克和安伯·拉德等人的支持。

约翰逊在他的胜选演讲中誓言要重新团结分裂的保守党，执行"脱欧"、团结国家、击败科尔宾。在竞选党魁过程中，

[①] "Boris Johnson warns Tories will be wiped out if they don't take Britain out of EU on time", The Sun, Jun. 4, 2019, https://www.thesun.co.uk/news/brexit/9223895/boris-johnson-brexit-existential-crisis-tory-leadership/.

[②] "Boris Johnson accused of rigging vote after 'fans vote for Jeremy Hunt' to exact revenge on nemesis Michael Gove", The Sun, Jun. 21, 2019, https://www.thesun.co.uk/news/9341907/boris-johnson-vote-rigging-accusations-michael-gove-jeremy-hunt/.

把自己塑造成一个雄心勃勃的领导者,以超凡的人格特质驾驭乐观情绪,一直大幅度领先其他挑战者。亨特在辩论中表现并不输约翰逊,务实、稳健,但他不是一个让人充满期待的改革者,他被"脱欧派"认为毫无新意,无非是在特蕾莎·梅的方案基础上缝缝补补,而英国要的是全新的"脱欧"方式。2019年7月22日,约翰逊和亨特分别得到了92153张(66.4%)和46656张(34.6%)票,约翰逊得票几乎是亨特的2倍。① 英国选出了"脱欧"以来的第三位保守党首相,新首相仅剩100天来兑现他的承诺。②

约翰逊是充满争议的人,与唐纳德·特朗普一样,能够同时采取互相矛盾的立场。他在"脱欧"公投前曾写下"脱欧"和"留欧"两个立场的文章,③ 但最终选择"脱欧"立场。人们无法确定,他"反水"是为仕途考虑,以削弱卡梅伦,还是真的支持"脱欧"。在国家面临困境的关键时刻,有人质疑他的严肃性,认为他不太可能解决,反而会使国家更分裂。但是,很多保守党人确实认为,3年来,特蕾莎·梅领导的保守党政府一事无成,却沉浸在一种悲观的情绪里,换个首相就能谈出一个不同的"脱欧"协议。特殊时期需要杰出的人物来结束拖延和混乱,约翰逊展现的形象是:我将会是一个不一样的首相。约翰逊把英国描绘成了一个受害者的角色,来否定特蕾莎·梅的"脱欧"立场。英国议会议事录学会最近的一项调查显示,54%的人同意"英国需要一位愿意打破规则的强势领导人",

---

① "Boris anoints himself 'The Dude' to 'deliver Brexit, unite the country, defeat Corbyn and energise' as he thumps Hunt to be new Prime Minister", The Sun, Jul. 23, 2019, https://www.thesun.co.uk/news/9563529/boris-johnson-new-uk-prime-minister-jeremy-hunt/.

② "不成功便成仁"或"誓死一搏"[do-or-die,即不惜以无协议的方式,一定要在2019年10月31日(截至日期)前把英国带出欧盟]。

③ Tim Shipman, "All Out War: The Full Story of How Brexit Sank Britain's Political Class", London: William Collins, 2016, pp. 613-620.

只有23%的人不同意。① 亨特失败的原因之一是，人们不想要一个"留欧派"通过继续改革特蕾莎·梅的方案完成"脱欧"，而是要一个坚定的"脱欧派"来完成这一任务，几位具有"留欧"倾向的候选人都没有拿出新方案赶超约翰逊。特蕾莎·梅失败了，现实需要一个强势的"脱欧"首相在与布鲁塞尔谈判时据理力争。亨特虽然也转变立场，但他们没能提出约翰逊那样彻底、振奋人心的愿景。接下来，欧盟面对的是更难以对付的谈判对手，约翰逊一上台，他剑走偏锋的行事风格让欧盟坐立难安。他威胁，除非欧盟准许英国以更好的条件"脱欧"，否则他不会结清"脱欧"账单，这番表态自然会招来欧盟的反击。欧盟方面称，不履行支付义务和不偿还国债后果是显而易见的，会有损英国的信用。法、德回应称，约翰逊是在敲诈，欧盟会为英国无协议"脱欧"做准备。②

二、组阁策略不同

两位首相的"脱欧"立场直接体现在他们的用人策略上，特蕾莎·梅想左右兼顾，约翰逊则重用"脱欧派"，协助他尽快实现"脱欧"目标。

（一）特蕾莎·梅的"中间路线"

如果卡梅伦政府的内阁成员在"脱欧"问题上存在分歧，特蕾莎·梅政府的内阁大臣们更是加深了这种分歧。与大部分新首相想要尽量与上一届政府划清界限一样，特蕾莎·梅上任之初就利用首相的委任权对内阁大换血，以增强对内阁的控制力。但是，随着"脱欧"谈判进程的推进，特蕾莎·梅对内阁

---

① 《呼之欲出的英国"强人首相"？》，《金融时报》，2019年9月12日，http://www.ftchinese.com/story/001084398? archive。

② "Brussels rules out changing Irish backstop as Britain is warned that failing to pay £39bn Brexit bill could 'break law'", The Sun, Jun. 12, 2019, https://www.thesun.co.uk/news/brexit/9274494/brussels-rules-out-changes-to-irish-backstop/.

虚弱的控制力逐渐体现出来。正如在公投中特蕾莎·梅所表现的那样，既不支持"脱欧"，也不全心全意"留欧"，在内阁成员任命上，她也采取了一种"中间路线"。哈蒙德、约翰逊和安伯·拉德包揽了财政大臣、外交大臣和内政大臣这3个最重要的职位。哈蒙德与特蕾莎·梅同是1997年进入议会的资深议员，也被外界称为特蕾莎·梅的坚定盟友，持"留欧"立场。同为"留欧派"的安伯·拉德接替了特蕾莎·梅本人的内政大臣一职，重要的移民问题落在了安伯·拉德肩上。与哈蒙德一样，被任命为商务大臣的格雷格·克拉克认为，在"脱欧"问题上，自己有责任保护经济，避免"硬边界"和无协议"脱欧"。

特蕾莎·梅出人意料地任命自己的竞争对手约翰逊为外交大臣。同时，她还新增了两个重要内阁职位，任命"脱欧派"人物戴维·戴维斯为"脱欧"事务大臣，任命持强烈疑欧主义的利亚姆·福克斯为国际贸易大臣，作为新独立出来的部门处理对外贸易，以凸显"脱欧"后与非欧盟国家增强贸易往来的重要性。特蕾莎·梅任命几位重要"脱欧派"内阁可以避免攻击，毕竟她在公投中选择了"留欧"。"留欧"选择难免让人怀疑，她是否全心全意地执行"脱欧"决定，强大的"脱欧派"阵容有利于日后"脱欧"步骤的实施。投下"脱欧"一票的选民需要一位主张"脱欧"的政治家，能拿出可行方案，同时据理力争，带领英国离开欧盟。

特蕾莎·梅首相这种左右均衡的用人策略正如她后来的"脱欧"方案，都试图左右兼顾，却让任何一方都不满意。她既想方设法保护经济，又想拿回对边界、法律和金钱的控制权。特蕾莎·梅领导政府艰难地执行公投决定，最终，为减少越来越多内阁因对"脱欧"方案不满而辞职。她在下院宣布，可以根据个人信念而非政党政策对"脱欧"方案自由投票，内阁集体负责制又一次在欧洲问题上暂时中断。

（二）约翰逊任命"脱欧派"稳固地位

约翰逊执政之初，为和上一届政府撇清关系，稳固根基，大范围改组内阁，此举被媒体称为"长刀之夜"。① 2016 年，特蕾莎·梅上台一个星期后卡梅伦的内阁仍有 13 人在位，9 人被解雇或者辞职，大部分人都会在遭到降职处理前选择主动离开。② 与特蕾莎·梅组建内阁时的"中间路线"不同，约翰逊的目标很明确，就是新内阁能帮助他兑现诺言，树立自己的权威。约翰逊在对内阁大换血中，有 18 位阁员辞职或被解雇，包括国际贸易大臣福克斯和商务大臣格雷格·克拉克，他们在竞选中支持亨特。他组建的内阁成员中，"脱欧派"明显占上风，从特蕾莎·梅时期的 6 人增加到 12 人。③

首相得到内阁大臣在政策上的大力支持极其重要，约翰逊任命了 47 岁的"脱欧派"女将，前国际发展大臣普丽蒂·帕特尔。她成为第一任印度裔内政大臣，也是内阁 8 位女性中地位最高的。普丽蒂·帕特尔每次都对特蕾莎·梅的"脱欧"协议投下反对票，在党魁竞选中，她是支持约翰逊的干将。外交大臣由拉布出任，拉布在特蕾莎·梅执政时担任了 4 个月的"脱欧"大臣后辞职，他认为特蕾莎·梅与欧盟达成的协议让步太多，由于在"脱欧"问题上立场强硬，约翰逊重用了他。拉布也是特蕾莎·梅继任者的竞选人之一，与约翰逊的立场一样，他表示，不应该排除绕过议会强行通过"脱欧"协议的可能。出任财政大臣的贾维德是巴基斯坦裔，2018 年 4 月，特蕾莎·梅任命他为内政大臣，贾维德的经济政策主张受到约翰逊的认

---

① 该词原本用于形容 1934 年发生于德国的清算行动，被处决死亡者多为纳粹冲锋队成员。

② ［英］罗莎·普林斯著，周旭、张广海译：《特蕾莎·梅：谜一般的首相》，文化发展出版社 2017 年版，第 354 页。

③ "Full list of new ministerial and government appointments：July 2019", UK Government, Jul. 30, 2019, https：//www.gov.uk/government/news/full-list-of-new-ministerial-and-government-appointments-july-2019.

可，约翰逊任命他为财政大臣的目的是想在英国经济受"脱欧"冲击时，能稳住阵脚。贾维德最初属于"留欧派"，他参与竞选时的立场是不排除无协议"脱欧"，但是有协议"脱欧"是负责任的选择。利德索姆出任商务大臣，莫格接任下院领袖。卡明斯出任首相高级顾问，他曾在2016年主导了"脱欧"运动，被视为约翰逊的"军师"。

"脱欧"事务大臣斯蒂芬·巴克莱没有变动，约翰逊也任命了一些昔日的对手，如汉考克留任了卫生和社会工作大臣，安伯·拉德留任了就业及退休保障大臣。

三、两次大选引发的结果不同

英国宪法并没有对首相职责做过明确规定，也没有任何成文的法律对此加以说明。一般情况下，首相通过领导一个纪律严明的多数党实现控制下院的目的。面对内阁中有意对抗的同僚，首相往往以提前大选来胁迫他们顺从。首相可以根据民意测验，选择最有利的时机解散议会并重新选举下院。但这是一步险棋，因为一旦暴露分裂状态，便很容易在大选中失利，民意测验结果也未必完全可靠。如在1950年和1974年的两次大选中，虽然当时在位的首相获得连任，却没有赢得议会的多数。希思首相在1974年2月大选败北，卡拉汉在1979年大选失败，两人都选择了错误的解散议会的时机。[①] 为了使保守党在下院的席位更多，"脱欧"协议顺利通过，特蕾莎·梅和约翰逊执政时期内都提前举行了大选，两次大选相隔两年半，对于两届保守党政府来说，他们得到的是完全相反的结果。2019年12月大选后，保守党超出80席的明显优势使政府对"脱欧"事务的控制能力明显增强，而特蕾莎·梅首相发动的大选却使她的权

---

① ［英］丹尼斯·卡瓦纳著，刘凤霞、张正国译：《英国政治：延续与变革》（第4版），世界知识出版社2014年版，第330—331页。

力走向滑坡。

(一)"悬浮议会"使"脱欧"进程阻力增加

由于特蕾莎·梅首相错误地发动了大选,因此保守党无法单独执政,受到了联合执政的北爱尔兰民主统一党的牵制,使"脱欧"充满不确定性。2017年的大选没有达到特蕾莎·梅想要重新洗牌、巩固保守党地位的目的,反而为"脱欧"进程带来阻力。

在英国,由下院多数席位的政党领袖充任首相。单名选区相对多数选举制支撑了保守党和工党的主导地位,而保守党一直享有政府第一大党的称号。1997年,布莱尔领导的新工党胜选,到2010年,工党政府三届任期结束,卡梅伦以领先工党约50个席位的优势与自由民主党联合执政。2015年5月,卡梅伦以331席组建了1992年以来的第一个保守党多数政府,苏格兰民族党占据了一部分工党票仓,使工党仅获232席。一般来说,首相在赢得选举之后的数月内,在本党拥有最强的权力。

2017年4月,特蕾莎·梅首相宣布提前举行大选。舆观、益普索·莫里、观察家报、瑟韦申等几大民调机构显示,2015年保守党单独执政以后,它的支持率上升,基本在40%以上,而工党的支持率在35%左右,上下波动1—2个百分点。[①] 2017年6月8日,英国举行大选,特蕾莎·梅的初衷是趁着民望颇高,工党相对弱势,乘胜直追,借用大选让保守党获得更多下院席位,为"脱欧"谈判打好基础。结果保守党失去了此前议会中的绝对多数地位,它选择了与排在第五位的北爱尔兰民主统一党联合执政,该党10个席位与保守党的318席勉强超过所需绝对多数(326席)。"悬浮议会"的出现会在政府决策过程中增加诸多掣肘,令决策难度加大,将对政府执政能力产生消极影响。[②] 因此,特蕾莎·梅在保守党的声誉遭到了重创。大

---

① "YouGov's Record of Accuracy", YouGov, Jun. 18, 2019, https://d25d2506sfb94s.cloudfront.net/cumulus_uploads/document/2uo7zs3zo8/Record_of_Accuracy_YG_w.pdf.

② "悬浮议会"即没有任何一个政党取得下院绝对多数席位,一般指650个席位的一半以上。

选举行10天后,英国与欧盟的第一轮"脱欧"谈判便开始了。联合执政的北爱尔兰民主统一党传统上与爱尔兰关系不佳,特蕾莎·梅首相"脱欧"协议中的"保障条款"使北爱尔兰边界开放,并将其置于欧盟的监管体制下,此举让北爱尔兰民主统一党极为不满。

保守党虽从2010年起地位提高,但优势并不明显。它还没有强大到可以在下院单独掌控局势,况且,保守党内部在"脱欧"问题上矛盾重重。保守党的胜利得益于没有一个真正强大的在野党需要担心。工党的分裂和颓势在一定程度上掩盖了保守党的问题。自民党在2015年和2017年两次选举中大幅度衰落,苏格兰民族党已经成为第三大党但是其票数还达不到工党的1/4。四个最大反对党,即工党、苏格兰国民党、自由民主党和北爱尔兰民主统一党的席位加起来也无法达到超过半数的326席。公投后,英国方面反复强调"'脱欧'就是'脱欧'""达不成协议总比以一项糟糕的协议要好"。但是,从大选后英国政府的表态来看,英国的强硬态度有所缓和。① 大选导致了一个更加不稳定的政府,下院议而不决,在"脱欧"协议上迟迟不能做出决定,使"脱欧"谈判前景不明。

(二)扭转局势的"脱欧"大选

提前大选破僵局。2019年6月18日,在党魁竞选期间,约翰逊称,"脱欧"完成前,再次大选是错误的选择,下院任何一个明智的人都不想让我们再来一次大选。7月15日,约翰逊在《太阳报》最后一次电视辩论中也承诺,不会在"脱欧"前发起一次分裂性的大选。② 因为议会功能失调,"脱欧"陷入僵局,政府"脱欧"协议迟迟不能通过,约翰逊入主唐宁街10号

---

① 张华:《论英国"退欧"进程中的条约法问题》,《欧洲研究》2017年第4期,第67页。

② "What happened in the live TV debates? Tory leader candidates Boris Johnson and Jeremy Hunt went head to head", The Sun, Jul. 15, 2019, https://www.thesun.co.uk/news/9377552/boris-johnson-jeremy-hunt-debate/.

后，3次向下院提出提前大选的要求，期望通过大选来解决困境，夺回主动权。此前，为阻挠大选，工党大部分议员弃权，下院未能通过提前解散议会的动议，约翰逊批评工党"不相信人民为自己发声"。10月29日，下院以438票支持、20票反对的结果终于通过了12月12日提前举行大选的法案。传统上，英国大选通常4—5年举行一次，2015年以来，英国在5年的时间里举行了3次大选，此次是英国2016年"脱欧"公投以来的第二次大选。自1918年英国全民选举投票以来的28次大选中，这是英国第三次在圣诞月大选，前两次是在1918年和1923年，英国已经96年没有在12月大选了。"脱欧"议题主宰了此次大选，此次大选相当于第二次"脱欧"公投。

2019年下半年，一些民调机构显示，保守党的支持率在31%—48%，领先工党10个百分点左右，但这不足以说明保守党会赢得单独执政的多数。虽然约翰逊寄希望于赢得工党的"脱欧派"席位和被独立党分走的选票，但他也面临着"留欧派"席位流失的惩罚。政党分裂会对政党的选举前景带来损害，它在1983年给工党带来灾难，也在1997年和2001年给保守党造成了灾难。[①] 而当前的保守党党内"脱欧派"和"留欧派"也存在严重分裂，约翰逊解散议会是以自己的政治前途和保守党的命运做赌注。正如前首相布莱尔警告的那样，如果新选举在"脱欧"期限前举行，在野党阵营就会分裂，从而使保守党拜英国选举制所赐稳获胜利。在2019年5月欧洲议会选举中，工党大失选票之后，党内不少人士确信，科尔宾难以击败约翰逊。如此一来，约翰逊其实在利用工党的分裂。因此，10月29日前科尔宾领导的工党拒绝参与投票，使得提前大选的动议不能获得2/3以上的议员支持。而科尔宾给出的理由是，除非确保防止无协议"脱欧"，否则不支持大选。

---

① [英]比尔·考克斯等著，孔新峰、蒋鲲译：《当代英国政治》（第4版），北京大学出版社2009年版，第204页。

保守党协议获新授权。在20世纪的100年中，保守党单独或者联合执政了66年，有力证明了其适应能力。它灵活地应对了战争、经济萧条、建立福利国家的呼声以及大英帝国衰退等种种局面。在"脱欧"困境中，保守党的地位仍难被撼动。2019年12月的大选，保守党获得了650个席位中的365席，比2017年大选多48席，丢掉了10席但新增58席。工党从上一次的262席减少到202席，新增1席但失掉61席。苏格兰民族党获得48席，自由民主党11席，北爱尔兰民主统一党8席，其他政党9席，3个最大反对党加起来也没有达到议席半数。这是执政的保守党1987年以来最大的胜利，也是最大的反对党——工党1935年以来最惨重的失败，保守党政府终于可以不再受"悬浮议会"牵制，摆脱下院议而不决的局面。约翰逊承诺，确保在2020年1月31日前"脱欧"，在2020年底过渡期结束前的11个月内，与欧盟达成贸易协定，并使其合法生效。英国"脱欧"的不确定性在减弱，英镑汇率明显回升。同时，二次公投的可能性变小，国内"留欧派"再一次大失所望。欧盟对英国有望结束犹豫和拖延表示欢迎，但双方能否如期达成贸易协定，欧盟态度谨慎，它面对的将是一个更强硬的约翰逊。

一些保守党人之所以选择约翰逊，是因为他被认为是能够同时击败科尔宾和法拉奇的唯一人选。现在看来，约翰逊几乎做到了这点。经过短短5周的竞选拉票，约翰逊为保守党迎来了历史性胜利，政府被赋予了强有力的新授权。他在大选造势期间强调，只有保守党才能在管理好自由市场经济和提供优质的公共服务之间找到平衡。如果选择工党或其他小党派，"脱欧"将再次延期，科尔宾带领下的联合政府将使英国陷入无期限的拖延与混乱，英国将在2020年一整年面临二次"脱欧"公投和一次苏格兰独立公投，不但会造成经济崩盘，还会造成政局不稳定。如果选择保守党，"脱欧"协议已接近完成，2020年英国将释放潜能，重振经济。"脱欧"在消耗人们的耐心，民众渴望结束不确定性，约翰逊"搞定脱欧"的口号正迎合了选民这种心理。

约翰逊执政时，英国已经经历了9年的财政紧缩政策。对于英国国内更加关心的国民医疗服务体系问题，约翰逊承诺胜选后额外聘请5万名护士，建造40家新医院，改善中小学教育，加大警力投入，加强基础设施建设。约翰逊对民生问题下注，以回应民众的不满情绪。长期的财政紧缩已经令英国政治矛盾尖锐，2007年底，英国零售价格指数为210.9，2015年增长到260.6，2018年12月为285.6，2019年11月为291。从金融危机前一年至2015年底，英国人的生活水平下降了23.57%。从2016年底至2019年11月，英国生活水平下降了8.95%，而这一期间，英国净移民数量已经减少。英国政府财政紧缩计划导致公共服务和基础设施支出削减，穷人受影响极为严重。他们将一切不幸都归咎于全球化和外来者，实际上，财政紧缩也是一个重要原因。财政紧缩被认为是政府的政治选择，而不是迫于无奈的经济举措。特蕾莎·梅承诺要结束紧缩，结果却没有实现。

"一国保守主义"从迪斯雷利政府就开始影响保守党，迪斯雷利声称，托利党"要么做一个国家党，要么就什么都不是"，目的就是弱化阶级差别，扩大选民基础，营造所谓的"一个国家"。约翰逊重拾"一个国家"的口号，誓言要整合分裂的保守党。事实上，约翰逊的竞选策略与亨特竞选保守党党魁的策略无本质区别。他多次散布不实之词、虚张声势、食言、强制议会休会，开除党内议员，在卡梅伦引爆分裂的路上越走越远，批评者认为他拉低了英国政治的底线，但很多人仍然相信，他能赢回那些离开了保守党的"脱欧派"选民。

科尔宾的反抗政治难出新策。工党反抗政治难以产生有效的"脱欧"计划。工党似乎有一种循环模式：即党内中右翼占主导地位时上台执政，左翼占据主导权时往往失去执政权力，长期处于反对党地位直到右翼重新夺回党的政策制定权。[①] 虽然很难给工党贴上从前惯用的左翼或右翼标签，但2015年，工党选出了持疑欧主义的激进左翼政治人物科尔宾。"脱欧"公投几天后，科尔宾就经历了本党对其发起的不信任动议，工党议员对他在公投中的领导能力表示质疑。工党称支持人民在公投中的决定，在方案形成前，工党不断指责保守党政府没有形成明确的"脱欧"方案，缺乏细节。"脱欧"协议达成后，工党投票反对，又提出了自己的"软脱欧"方案，在下院也被否定，于是科尔宾在2019年2月公开支持二次公投，此举被认为是违背了2017年工党的竞选纲领。科尔宾在"脱欧"问题上态度摇摆，被认为优先考虑的是进入唐宁街10号而不是制定合理的"脱欧"政策，因而不能赢得"留欧派"的信任。自由民主党分化了一部分"留欧派"选民，工党和自民党没有有效整合，策略性投票失败。在本次选战中，约翰逊恰好抓住了科尔宾对"脱欧"的模糊态度，多次要求其表明立场。科尔宾给出的答案是先谈判，协商出一份新的"脱欧"协议，在新协议与"留欧"两个选项之间，将最终决定权交于全民公投。问题在于，人们是否相信科尔宾有能力与欧盟达成一份比保守党更好的新协议。约翰逊摆出两个鲜明的选择，助力一个保守党占多数的议会，明年就能实现"脱欧"，还是选择一个"悬浮议会"继续拖延。对于一些选民来说，尽早结束"脱欧"的心理已经胜过所谓的决定权了。

反抗政治难以产生真正的政策，工党在建设性上缺少让人信服的实质内容，它只是为了反对而反对。特蕾莎·梅执政时，提出了是否支持"脱欧"协议的6项标准，在人员流动、与欧盟合作关系、国家安全与跨国犯罪、工人权利和就业、各地区利益、享有当前共同大市场内的全部利益方面提出了要求。"脱

[①] [英] 丹尼斯·卡瓦纳著，刘凤霞、张正国译：《英国政治：延续与变革》（第4版），世界知识出版社2014年版，第181页。

欧"协议达成后，科尔宾表示，协议未能达到上述标准，工党将投下反对票。①约翰逊执政时，科尔宾批评约翰逊的"脱欧"协议减少了工人的工作机会，披露约翰逊与美国达成贸易协定是拿国家医疗服务体系做交易。工党给很多选民一种印象：在多数情况下，它在破坏"脱欧"进程，工党只提出意见而非实干，擅长反对而不是建设。科尔宾主张对一些产业进行国有化和增加富人税等被认为是左翼路线的反应。他领导的工党向极端化发展，引起副党魁托马斯·沃森等党内温和派反抗，工党还因反犹主义不断受到指责。保守党也有许多让人不满之处，但是选民还是不愿意选择更为逊色的科尔宾与其他小党联合执政。工党失掉了很多传统安全选区。工党宣称要照顾多数人的利益，增强环保计划，也承诺要增加福利开支，但是这一愿望清单被认为不切实际，且会使英国经济陷入困境。

即使获得联合执政的机会，工党也很难选出一个具有足够多票数的小党联合执政。一贯持"留欧"立场的自民党自2010年开始大幅衰落，它不足以支持工党联合执政。苏格兰民族党"苏独"目的一目了然，工党不可能冒着破坏国家团结的风险携它进入联合政府。为了击败保守党而与苏格兰民族党联手，反而不利于工党争取选民。2015年5月，保守党赢得大选的一个原因也是如此，它攻击的重点在于：如果工党组阁，将不得不与苏格兰民族主义者妥协，这一战略收到奇效。②2019年，工党在大选中惨败让科尔宾进一步受到质疑，工党也亟须一位真正有领导力的党魁带领其走出困境，这构成了基尔·斯塔莫参加竞选并以新的政治理念带领工党走出"科尔宾主义"的客观背景。

---

① 王展鹏、夏添：《"脱欧"僵局、政治博弈与英国政治转型》，《当代世界》2019年第1期，第23页。

② [英]罗莎·普林斯著，周旭、张广海译：《特蕾莎·梅：谜一般的首相》，文化发展出版社2017年版，第310页。

小结

　　整个"脱欧"过程一波三折，英、欧在"分手费"、过渡期、双方公民权利保护等重要问题上达成共识，曾给有协议"脱欧"带来很大期望，而在爱尔兰与北爱尔兰边界问题上陷入瓶颈又使人们对无协议"脱欧"的担忧增加。特蕾莎·梅政府的"脱欧"协议在下院三次表决遭拒，欧盟不同意修改已经与英国达成的"脱欧"协议，特蕾莎·梅以辞职换取协议通过的方式在下院难以奏效，最终不得不辞职。特蕾莎·梅辞职之后，英国需要一个从政经验丰富、理性、稳健的首相来收拾乱局。2017年的大选结果削弱了她对局势的把控能力，特蕾莎·梅无法统一保守党，亦无法让其他党派议员放弃本党利益和个人利益支持政府的"脱欧"协议，英国选择了棱角分明的约翰逊带领英国走出"脱欧"僵局，结束不确定性。

　　执政以后，约翰逊和特蕾莎·梅两位"脱欧"首相的基本立场并没有本质区别，他们都尊重公投结果并坚持执行，拒绝二次公投，反对"脱欧"延期。在未来与欧盟关系问题上，两位首相都称，英国离开欧盟，但是不离开欧洲，哪一届政府都不会放弃欧盟近5亿人口的大市场。二人都试图把选项限制在现有方案和无协议"脱欧"之间，希望反对者看到无协议"脱欧"的风险时，会转而支持政府的"脱欧"协议，特蕾莎·梅的做法是相对保守和求稳的，而约翰逊却恰恰相反，他"誓死一搏"的策略收到了效果，逼欧盟让步，逼议会中的反对派妥协。约翰逊在2019年12月发动的"圣诞大选"增加了他在下院的权力，此次大选成为结束"脱欧"僵局的一个转折点。他赢在善于驾驭权术，对欧盟强硬，在下院不惜开除党内异己，通过大选洗牌，保守党政府得以重新单独执政。在一定程度上，约翰逊的成功是在特蕾莎·梅的失败上实现的，他的"脱欧"计划是对特蕾莎·梅的"脱欧"方案的拾遗补缺，删掉了备受争议的"保障条款"，但却赢在了对保守党权力的掌控能力上。

第四章

欧盟让英国深陷政治困局

英国"脱欧"不止是英国与欧盟的关系问题，它与英国国内移民、医疗服务体系、就业等关键性政策相关，并涉及英国宪法问题。英国人在欧洲问题上是分裂的，历史上，英国曾无数次回答"欧洲问题"，关于"欧洲问题"的辩论超越了政党界限。英国一直在国家主权和联邦主义充满张力的差异和妥协中，寻求利益算计与平衡。此次"脱欧"是英国长期以来"亲欧"与"疑欧"两种政治倾向的又一次碰撞与对抗，是英国在实用主义政策下产生的享受欧洲一体化好处与避免承担一体化义务的体现。"脱欧"不仅考验着英国如何处理对外关系，还考验着英国在离开欧盟的过程中，如何应对内部不同地区的差异诉求。整个"脱欧"过程，英国都没有停止关于以下三个问题的争论。

第一节　国家主权与现实利益之间的平衡问题

欧洲是现代主权国家的发源地，欧洲一体化又是超国家行为体在历史上的一次积极尝试。1960年，在英国讨论"入欧"时，丘吉尔就认识到，英国（"入欧"）必须放弃部分主权。疑虑使英国希望远离欧洲，而现实利益又让英国选择加入，英国时常调整关于获取利益与让渡主权的天平，其实质是英国向欧共体让渡多少主权才能获得相应的利益。英国努力使二者在实践中得到平衡。它特殊的经济政治利益和根深蒂固的国家主权观念以及由此产生的争夺，始终是它参与欧洲联合的障碍。

一、欧盟"主权汇聚"引发的国家主权争议

欧盟的发展与国家主权对内最高、对外独立的本质之间存在难以调和的矛盾。国家主权丧失向来是国内反对派反对本国加入国际组织的重要论据。成员国国家主权向欧盟大范围和深层次转移和让渡，迄今为止，其他区域一体化组织均未达到这种程度。欧盟的行动能力远超过其他国际组织，但也未取代成员国政府。国家主权与超国家主权之争始终伴随着欧洲联合的发展，并直接关系着它的前途。

（一）欧盟是"主权削弱"还是"主权延伸"

英国议会主权的宪政体制不同于欧洲大陆国家，英国议会成为主权专有者，与其他欧盟成员国家主权的行使方式有很大区别，这为一些英国"疑欧派"反对主权让渡提供了依据。特别是关于多塔姆案，争论各方就是英国议会主权至上还是欧共体法优先的问题展开了激烈的争论。[①] 在维持英国的主权独立和支持超国家组织之间，"脱欧派"和"留欧派"之间有着深刻的分歧。保守党在主权问题上大体分成两个阵营，即绝对主权派和主权融合派。绝对主权派强调英国议会立法权至高无上。与大多数国家的议会不同，威斯敏斯特不承担成文法规定的义务，也不与某个行政机构或最高法院分享权力，威斯敏斯特可以随意废除立法。议会最高权力保护了英国的自由，抵御了20世纪共产主义和法西斯主义的挑战，并逐渐具备了现代民主的合法性。[②] 联邦式欧洲不仅对英国的主权构成威胁，还威胁英国在世界上的地位以及英国国家认同感。英国在1961年、1967年和1970年申请加入欧共体时，议员们关于是否加入的讨论也

---

① 洪邮生等：《让渡还是坚守：一体化语境中的欧洲人主权观研究》，南京大学出版社2015年版，第25—30页。

② 赵怀普：《英国与欧洲一体化》，世界知识出版社2004年版，第381页。

多集中在议会主权问题上，缺乏对经济利弊的分析。[1]

大部分欧盟国家并不忌惮"欧罗巴合众国"的说法，甚至主张按照美国模式创建一个联邦体系，德国、比利时和西班牙本身就是联邦制或准联邦制国家，它们只是把欧盟看作是多层治理中的又一层级。主权并未丧失，只是被各国共享而已。但是对于大多数英国民众，欧盟的政治议程对英国独立性的威胁使欧洲怀疑论者和欧元恐惧症患者倍感忧惧。[2] 国家所让渡给国际组织的主权与其失去的主权相等，让渡的主权越多，自主权就越差，在危机面前的自救能力就越低。[3]

欧洲一体化每个进展都伴随着国家职能与职权的转移。[4] 欧盟将权限从国家层面转移到欧洲层面触及了民主合法性的问题。成员国对国家主权的转让虽然是自愿的，并且是国家主权意志的体现，但是，在一体化结构中的国家主权较原来发生了变化，一体化结构所体现的共同利益不能代表成员国个别或特殊利益，对传统国家论提出了挑战。[5] 有关民主赤字的争论、对成员国行使否决权的削弱，以及利用多数表决机制扩大欧盟决策管理范围，都显示出欧盟正逐渐向超国家主义演变，欧盟应如何建立、维持民主和法治问责制成为问题。欧盟委员会是一个掌握大权但非选举产生的委员会，它既提出动议又执行法律和政策，理事会和议会对欧盟委员会的制约是微弱的。[6] 直接选举出来

---

[1] Christopher Lord, "British Entry to the European Community under the Health Government of 1970–1974", Aldershot: Dartmouth, 1993. p. 99.

[2] [英]比尔·考克斯等著，孔新峰、蒋鲲译：《当代英国政治》（第4版），北京大学出版社2009年版，第432页。

[3] 阎学通：《"黑天鹅现象"对国际关系理论研究的警示》，《国际政治科学》2017年第1期，第1页。

[4] 戴炳然：《欧洲一体化中的国家主权问题》，《太平洋学报》2000年第4期，第28页。

[5] 戴炳然：《欧洲一体化中的国家主权问题——对一个特例的思索》，《复旦学报》1998年第1期，第41页。

[6] [美]迈克尔·罗斯金著，夏维勇、杨勇译：《国家的常识：政权·地理·文化》，世界知识出版社2013年版，第252—253页。

的欧洲议会只是一个空谈的场所，既没有立法提议权也没有监督权。许多"脱欧"支持者认为欧盟中央集权，甚至把欧盟比喻为苏联。布鲁塞尔的官僚们闭门磋商做出的很多决策涉及国内议题，英国不能接受在远离本土的地方做出事关国内的重大决定。各国政府忙于缩减国内开支，而它们省下来的一部分钱却要流向欧盟。

北爱尔兰事务大臣沙利什·瓦拉是保守党阵营的政治家，他自称做出辞职决定的理由是，特蕾莎·梅首相的"脱欧"协议未能回答这一问题：联合王国何时才能成为一个主权国家。在"脱欧"争论中，国家主权被大而化之地使用，政治精英随意确定哪些是不可动摇的国家权限，以国家守护者自居。然而，在一个全球相互依赖的世界里，国家主权的边界在哪？欧洲一体化延伸的边界在哪？很早就有学者提出，对欧盟将会变成"类国家"的担心会对人们产生误导，国家结构正常运转所需的社会和文化前提欧盟都不具备，欧盟真正的功能应该是成员国额外的"政府工具"，即通过管理共同市场和保持成员国治理结构一致，进而提高稳定性的"治理工具"。[1]

主权融合派则把主权看成是可以在国际舞台上讨价还价的、可交易的政策资源。如同北约的主权融合促进英国的军事安全一样，在欧盟内分享主权也促进了英国工商业的繁荣。杰弗里·豪是主权融合派的代表人物，主权可以被概括为一个民族国家将其世界影响最大化的一种实际能力。主权不是一个始终如一的、一以贯之的概念，不是预先被定义的、绝对的，而是一个灵活的、可调整的、有机的概念。主权应该是一种可使用的资源。就维护英国国家利益而言，主权应该是一个"好仆人"，而不是制约英欧关系发展的绊脚石。支持欧盟的一派赞同将英国一部分国家主权逐渐"注入"欧盟，无论英国是不是欧

---

[1] 周弘、[德]贝娅特·科勒-科赫：《欧盟治理模式》，社会科学文献出版社2008年版，第49—50页。

盟成员，国际社会对当代民族国家的独立性产生的实质性影响都是非常有限的。在欧盟各国经济相互依存的情况下，谈论国家主权未免过时，把欧盟视为"主权的延伸"才比较明智。①关于条约制定中的国家主权转移以及成员国在欧盟机构中的权利问题，欧盟具有权利返还机制，成员国保留自己的主权还表现在退出条款中，每个成员国都有自由重新获得它在加入前所享有的主权范围。根据欧盟条约第48条关于普通条约修改程序，欧盟条约如果要进行修改必须得到成员国一致同意。成员国并未因为对欧盟主权让渡而遭到削弱，反而在此过程中得到了加强。

欧盟虽然建立了欧洲中央银行和统一货币，但统一财政政策长期未能形成，成员国虽然支持一体化进程，支持建立欧元区，却不愿放弃这一至关重要的国家主权，各国竞相透支作为成员国所拥有的民主权利。如果欧盟的决策要更加贴近百姓事务而不仅是各国政府，那么欧盟需要获得更多的权力。前首相梅杰说到，在一个相互联系的世界里，其他所有国家都在一点点地拿主权做交易。各国独立行动的空间越来越狭窄，国家的命运一定程度上取决于其他主权国家的举动。特蕾莎·梅下台时说过，妥协不是一个肮脏的字眼。妥协才能找出折中方案，才不会被孤立于世界和错失发展机会，然而，它往往被极端的"脱欧派"视为委曲求全、出卖国家利益、失去主动权。

绝对主权派与主权融合派之间并没有清晰的界限。强硬的疑欧主义完全反对欧洲政治和经济一体化，反对加入或者保留欧盟成员国身份，他们认为，欧盟现有的一体化形式背离了英国现有价值目标。强硬的疑欧主义政党往往是单一问题导向的政党，并且这一问题对该党至关重要，因为它对欧盟的反对很少具有连贯性和代表性。但是，一些"入欧"候选成员国在具

---

① ［英］丹尼斯·卡瓦纳著，刘凤霞、张正国译：《英国政治：延续与变革》（第4版），世界知识出版社2014年版，第85页。

体问题上还是会借用疑欧主义政党的一些言论来粉饰门面，而实际上还是寻求加入。对它们来说，欧盟也许并不尽如人意，但是它们别无选择。温和的疑欧主义只是部分地反对欧洲一体化，例如，赞成建立单一市场，却反对货币一体化。① 他们的反对是依情况而定，采取"政策性疑欧主义"或者"国家利益疑欧主义"的形式，二者有时重叠。"政策性疑欧主义"只是在某个阶段或是个别国家出现，他们总体上不反对成员国身份，但是反对条约中的某个条款或个别政策。如在奥地利，疑欧主义表现为反对欧盟的扩大，特别是土耳其加入欧盟。如果欧盟的个别政策妨碍某个具备资格的国家加入，欧盟就可能在特殊问题上给予它"例外"条款（如波兰的农业政策、保加利亚和立陶宛的核电厂）。"国家利益疑欧主义"在原则上支持欧洲一体化，但他们在与欧盟讨价还价的过程中需要用国家利益的大旗来获得国内政治支持，必要时可以牺牲短期国家利益作为妥协。②

（二）英国议会主权与欧盟法最高效力原则之间的冲突

英国退出欧盟，将面临一系列法律变更。英国议会素有"议会之母"之称，下院是英国民主的掌舵室。它是英国最高政治权力机构，有权组成并解散政府，有权处理重大时事政治问题。议会主权是不成文的英国宪法之核心原则，但是，欧盟成员国资格对该原则产生了备受争议的影响。欧盟倡议的立法比重日益提升，英国议会两院均卷入其中，分权化法案的采用和《欧洲人权公约》被纳入英国法律体系。英国政府和威斯敏斯特议会必须接受欧盟法律高于国内法律的原则，凡是涉及欧盟法律的英国法案，或是涉及对欧盟条约及其相关事务产生争

---

① 赵怀普：《英国与欧洲一体化》，世界知识出版社2004年版，第381—382页。

② Paul Taggart, Aleks Szczerbiak, "Contemporary Euroscepticism in the Party Systems of the EU Candidate States of Central and Eastern Europe", European Journal of Political Research, 2004, Vol. 43, No. 1, pp. 3–5.

议的案件，须经由欧洲法院做出最终裁决。当英国国内法律与欧盟法律发生冲突时，英国法官要首先参照欧盟法律。任何成员国公民或者法人都可以根据欧盟条约或者其立法的有关规定，向欧洲法院起诉本国或他国政府、机构或企业的违法行为，且欧洲法院的裁决可在成员国内强制执行。① 这一切均有损于英国议会制宪原则。

欧盟逐步发展为法律共同体，国家法律对个人的约束关系发生转移，超国家共同体的宪法从其成员国中分离开，欧盟条约促成欧盟机构和欧盟公民之间发生直接的法律关系。欧盟不像主权国家那样拥有统一的国家暴力，但是具有实施立法和司法的权限。② 超国家法律优于暴力垄断者的国家法律，欧盟规定成员国有执行义务，但它并没有制裁成员的权限。虽然两个立法主体相互合作，但是它们却时有矛盾。由于越来越多的决策都是由欧盟部长理事会采取多数表决制做出的，所以英国内阁大臣很难就部长理事会的决策对本国的议会负责，因为他们不能行使否决权。多塔姆案是英国议会向欧盟让渡主权的经典案例，欧洲法院判定，英国法院可以中止执行本国议会法案中与欧盟法律相抵触的条款。它通过判例的形式确立了欧盟法律优先于英国国内法律，英国议会的立法可能由于除其自身之外的其他机构的立法而导致无效。③ 人们对英国的立法机构产生质疑，议会并非是绝对至高无上的。欧共体成员国对英国宪法方面的影响有很多，而且还在不断渗透，例如，欧洲法院在判定不得区别对待全职工人和兼职工人之后，英国政府被迫对其社会保障政策做出相应修改。

---

① 戴炳然：《欧洲一体化中的国家主权问题》，《复旦学报（社会科学版）》1998年第1期，第39页。

② [德] 尤尔根·哈贝马斯著，伍慧萍、朱苗苗译：《欧盟的危机：关于欧洲宪法的思考》，上海人民出版社2019年版，第58—61页。

③ 李靖堃：《英国欧洲政策的特殊性：传统、理念与现实利益》，《欧洲研究》2012年第5期，第53页。

此外，欧共体法的直接效力原则也影响英国议会主权原则。英国实行"二元制"立法，只有在议会通过专门的法案将国际条约转化为国内法之后，该国际条约才在英国具备法律效力，这也是议会主权原则的体现。但是欧共体法律的直接效力原则推论是：只要符合条件，欧共体法律的适用范围应被视为等同于成员国的国内法，其法律主体不仅限于成员国，还包括成员国公民和法人。直接效力原则适用于欧共体/欧盟内所有产生法律效力的法令，包括条约和二级立法。当欧共体/欧盟法律成为国内法律的一部分时，个人可以在本国法院直接援引欧共体的法律规则，而成员国法院必须为欧共体法律提供充分的司法补救措施。①

英国是没有将公民的个人权利写入宪法保障的少数民主国家之一。英国早在1951年便认可了《欧洲人权公约》，但是过去一直没有将该公约纳入英国的法律体系，因此，英国法庭并没有被赋予执行该公约的法定权利。但是欧洲人权法庭所做的裁定仍然对英国有很大影响力和道德约束力，欧洲人权法院经常在英国遣返恐怖主义嫌疑人的问题上异常艰难，对英国一些涉及公民自由的案件改判经常使英国陷入难堪的境地。如1995年该法院对英国空军特种部队在直布罗陀击毙爱尔兰共和军成员的裁决。②直到1998年，英国才将该公约纳入本国的《人权法案》，并于2000年10月开始实施，苏格兰和威尔士新议会在1999年就已经开始执行这一法律，该法案是根据《欧洲人权保护协定》制定的。③

---

① 洪邮生等：《让渡还是坚守：一体化语境中的欧洲人主权观研究》，南京大学出版社2015年版，第403页。
② [英] 丹尼斯·卡瓦纳著，刘凤霞、张正国译：《英国政治：延续与变革》（第4版），世界知识出版社2014年版，第440页。
③ [英] 丹尼斯·卡瓦纳著，刘凤霞、张正国译：《英国政治：延续与变革》（第4版），世界知识出版社2014年版，第68页。

（三）"拿回控制权"：口号大于行动

2017年3月29日，特蕾莎·梅致函图斯克开启"脱欧"程序时称，公投是为了恢复民族自决权。①英国"脱欧"反映了国家经常讨论的一个问题：即英国是否该收回让渡到欧盟政策领域的主权。与英国加入时相比，欧盟的变化太大了。1961—1973年，欧盟领导人只举行了6次峰会，2007年，每6个月举行2次峰会。随后，围绕欧元、乌克兰、难民和英国"脱欧"的一系列危机接踵而至。如今，欧洲理事会每年召开6—7次会议，2015年召开了创纪录的10次会议。此外，欧元集团财长一般每月召开一次会议，外长理事会也至少每月召开一次会议，外加召开电话会议。②区域一体化是主权国家间在国家利益基础上的跨国家调节，欧盟的功能已经从制定规则演进为处理各种事件，历史上从来没有国家在如此日常的基础上合作过。

"脱欧派"反对超国家权力，认为欧盟让英国失去控制权，支持与欧盟划清界限。欧盟规范性一体化已经被越来越多地指责为"不民主""不透明""大国专权"。目前为止，英国加入了欧盟立法措施的1/3。③欧盟成功地输出了规范性力量，它冗杂、烦琐的规则妨碍和抑制了英国，给英国企业发展强加了很多限制，例如，《金融工具市场指令》、可再生能源短期目标及劳动力市场的灵活性等规则。没有这些规则的束缚，英国就会释放发展潜力，尤其是在金融科技、机器人、无人驾驶汽车及生物科学等领域。英国不应该再被动地对他者的提案表达反对

---

① "Prime Minister's Letter to Donald Tusk Triggering Article 50", Prime Minister's Office, Mar. 29, 2017, https：//assets. publishing. service. gov. uk/government/uploads/system/uploads/attachment_data/file/604079/Prime_Ministers_letter_to_European_Council_President_Donald_Tusk. pdf.

② ［英］西蒙·库柏：《谁在治理欧盟？》，《金融时报》2019年5月23日。

③ "Asylum and non-EU Migration：Review of the Balance of Competences", UK Government, Feb. 2014, p. 17. https：//www. gov. uk/government/consultations/asylum-and-non-eu-migration-review-of-the-balance-of-competencesv.

意见。一个国家的法律不能完全在该国制定和解释，这种现象应该改变。英国应该终止布鲁塞尔方面的规则制定权，完全掌控自己的法律，而不是和其他欧盟成员国共同决定。

"留欧派"认为，分享主权使英国获益，留在欧盟才能巩固英国的权力。作为欧盟成员国，英国会获得更多的机会和力量。欧盟建立单一市场和关税同盟，使商品在本区域内没有贸易壁垒，但与区域外国家的贸易仍设置了壁垒。独立于欧盟之外，英国的自由也会受欧盟影响，甚至可能会受到欧盟更多规则歧视，无法对欧盟的规则制定施加影响，影响到英国每个人的重大决定将会在缺少英国控制和影响的情况下做出。

"脱欧"的目的是拿回控制权。多数人认为，投下"脱欧"一票就可以把控制权从布鲁塞尔转移到英国人自己手中，结束对欧盟的财政贡献，结束欧洲法院在英国的司法管辖，英国议会有权变更、废除和完善任何它想改变的法律，退出欧盟共同农业和渔业政策，控制自己的补贴政策、国内市场监管，有能力更改自己的关税和配额、采取更高的动物福利标准，防止欧盟的难民涌入英国。[①] "脱欧"造成的负面影响只是阵痛。然而，这种预期的控制权在现实中难以完全拿回。"控制权"是一个必须认真对待的概念。"拿回控制权"的口号确实在英国"脱欧"过程中发挥了作用，但是，它的宣传意义大于实质。主权不等于"控制权"，英国本就有主权，如果英国愿意，那它可以退出欧盟，英国也的确这样做了。英国可以摆脱欧盟的束缚，然而，能不能重塑地位是另外一回事了。"控制权"需要具备实力，需要跨越国家边界增强政治行动能力，英国已经没有那么强大了。在何种程度上进入欧盟单一市场是英国面临的现实选择，退出单一市场意味着付出市场准入的代价，为避

---

① "The Future Relationship between The United Kingdom and the European Union", HM Government, July, 2018, https: //assets. publishing. service. gov. uk/government/uploads/system/uploads/attachment_data/file/725288/ The_future_relationship_between_the_United_Kingdom_and_the_European_Union. pdf.

免交易成本升高就必须保证商品标准和规则的一致性。一些规模较大的制造业行业称，保持监管标准一致，对它们的竞争力至关重要。只要英、欧市场的深度联系不减，英国在规则和监管上就不可能独立控制。

欧盟有针对第三国进入欧盟金融服务市场某些领域的机制，但是这些机制不足以应对像英国这样金融市场与欧盟深度融合的第三国。此外，英国还必须选择性地参加一些欧盟机构，在没有投票权的情况下接受这些机构的某些标准并为这些机构贡献资金。在某些领域，英国能够行使"控制权"，但这些都是它一直可以控制的领域，在英国医疗、教育、住房、养老金、福利、基础设施、国防等方面，欧盟并没有多少影响力。英国虽然为全球第五大经济体、① 联合国安理会常任理事国、七国集团成员国、北约的领导国家，但是单一国家外交政策的影响力，不仅与它参与重大国际谈判的席次多少有关，还与该国是否具备内部组织能力有关，英国现在缺少这种整合能力。"脱欧派"一直仰仗英国的实力资源来勾画一个未来愿景，为与欧盟一刀两断提供依据，认为特蕾莎·梅的方案反而让英国交出了控制权。欧盟不会任由一个要离开的成员国掏空规则而毫无作为，双方在如何尊重英国主权和欧盟的自治权之间寻求平衡成为难题。"脱欧"解决不了全部问题，"留欧"也不是一切问题的根源。

如果说"拿回控制权"有任何实质好处，那必然是增进国家利益的能力，而"脱欧"却在削弱英国这种能力。通过"脱欧"获得独立性不切实际，且忽略了英国作为"正在衰落的二流国家"的事实。② 毕竟，2016年的英国与1860年的英国不可同日而语。"拿回控制权"的过程让国家统一问题变得敏感。

---

① 2016年"脱欧"公投时。
② Martin Wolf, "Six Impossible Notions about 'Global Britain'", Financial Times, Dec. 1, 2017.

英国"脱欧"为苏格兰独立派要求举行第二次独立公投提供了机会,为了不破坏将近20年的北爱尔兰和平进程,北爱尔兰在制度上与其他英国三岛渐行渐远。[①] 直布罗陀地位悬而未决,该地区大部分民众支持"留欧",西班牙坚持对直布罗陀与欧盟未来关系拥有发言权,英、西之间主权之争浮上台面。

二、英国在欧盟中的利益得失

欧盟是英国的绊脚石还是助推器?欧盟成员国身份究竟增加了英国的影响力,还是限制了英国发挥作用?"脱欧"到底是不是正确的选项?特蕾莎·梅首相想要达成一份将英国的损失降到最低的"脱欧"协议,这必定会走向"软脱欧"。一部分人认为,留在欧盟才符合国家利益;亦有人认为,要干净利落地迅速"脱欧"。英国没有就如何"脱欧"才符合国家利益达成共识。

（一）英国与欧盟的相互依赖关系

欧盟成员国越来越紧密的相互依赖关系推动着欧洲一体化深入发展。与其他大国相比,英国与欧盟的相互依赖关系不那么紧密。1993—2008年,欧洲一体化获得实质性推进,各国经济进入了快速调整期,一体化水平稳步提高,2008年金融危机以后,一体化水平总体提高但出现波动。例如,2008年,欧盟整体一体化水平值为0.08,英欧一体化水平为0.05,德欧一体化水平为0.13;2009年,以上三个数值均下降,分别为0.06、0.04和0.11;2015年,受金融危机影响,一体化水平又出现下降。英国与欧盟的一体化水平明显低于欧盟整体的一体化水

[①] 《贝尔法斯特协议》于1998年4月10日达成,这份结束了长达30年流血冲突的历史性协议,确认了北爱尔兰所有人具有与生俱来的永久权利,即可具有英、爱两国公民身份(爱尔兰和英国都承认双重国籍),北爱尔兰人具有爱尔兰公民身份或具有英爱双重国籍的人和爱尔兰本土的公民权利一样。协议由英国和爱尔兰政府签字,并得到多数北爱尔兰政党支持,三方在原则上都陈述了维持协议及和平进程的重要性。

平，而德国明显高于欧盟整体的一体化水平。① 2016年，欧盟向英国出口超过3140亿欧元，比向巴西、俄罗斯、印度、中国之和还要多。② 英国国家统计局数据显示，从英国商品和服务进出口贸易指标看，2008年金融危机后，英国对欧盟的依赖在减弱，而与非欧盟国家的贸易额显著增加。英国对非欧盟国家的出口额在2008年首次超过欧盟国家，并在2011年后二者差距显著扩大。③ 英国对欧盟的出口比例下降明显，从2000年的61%下降到2017年的44.4%。④ 2019年10月，英国向其他欧盟国家出口45.4%，向非欧盟国家出口54.6%。⑤ 欧洲议会选举的投票率一般在50%左右，英国基本是欧盟成员国中投票率低的几个国家之一，1979年以来，一般在35%上下浮动。⑥ 英国只有7%左右的民众认为欧盟政治制度运转正常，这一比例比欧洲其他任何国家都要低。⑦

反对单一市场的评论者认为，英国与新兴经济体间的贸易

---

① 刘军辉：《多米诺效应、空间不平衡性与区域贸易集团稳定性——简析英国脱欧的原因及对中国的启示》，《财经研究》2018年第9期，第130页。

② "Additional data paper: Northern Ireland trade data and statistics", UK Government, Aug. 16, 2017, https://www.gov.uk/government/publications/northern-ireland-and-ireland-a-position-paper.

③ 据 The Pink Book, "Office for National Statistics", October, 2015, Table 9.3统计结果得出，https://www.gov.uk/government/publications/why-the-government-believes-that-voting-to-remain-in-the-european-union-is-the-best-decision-for-the-uk/why-the-government-believes-that-vo-ting-to-remain-in-the-european-union-is-the-best-decision-for-the-uk。

④ Roger Bootle, Julian Jessop, Gerard Lyons, Patrick Minford, "Alternative Brexit Economic Analysis", Economists For Free Trade, Feburary, 2018.

⑤ "UK Overseas Trade in Goods Statistics", HM Revenue & Customs, October, 2019, p. 5, https://assets.publishing.service.gov.uk/government/uploads/system/uploads/attachment_data/file/850912/OTS_Release_102019.pdf.

⑥ Anna Malejčíková, "European Parliament Elections and Political Parties: Challenge for Democracy in the EU", Central European University Department of Political Science, 2012, p. 66.

⑦ 王明进：《英国参加欧洲议会选举及其影响》，《当代世界》2019年第7期，第27页。

活动正在增加，英国与非欧盟国家间的贸易远高于与欧盟国家间的贸易往来，单一市场已经失去重要性，英国需要看到欧洲以外地区的增长，和未来仍会保持良好增长势头的国家加强联系。可是，没有任何证据显示，贸易转移的发生，或者单一市场成员身份会减少与非欧盟国家间的贸易往来。"脱欧派"认为，英国曾经一度担忧如果不加入欧元区，就会受严重打击，就会把伦敦金融城的地位拱手让给阿姆斯特丹、巴黎或者法兰克福。然而，欧元面市以来，英国经济表现良好，阿姆斯特丹、巴黎、法兰克福在基础设施和市场深度上都无法与伦敦相媲美。再看看欧元区虚弱的经济表现和大规模失业状况，当前，"留欧派"的担忧与过去何其相似。① 那些不在单一市场的国家，虽然没有享受自由流动原则，但是它们与欧盟有自由贸易协定，同样可以与欧盟保持密切的经济联系，成功地向欧盟出口，英国没有理由不这样做。但是，有两个理由可以反驳这一观点：第一，与其他国家不同，英国在地理上与欧洲大陆太紧密了。第二，英国出口的重点是服务业，当前英国享有"护照特权"，能够不受限制地进入单一市场。那些与欧盟签订了自由贸易协定的国家虽然也可以在金融服务领域获得欧盟让步，但是它们也都是通过谈判获得的，并且每个国家得到的结果不能一概而论。

当前，英国与欧盟27国及挪威、冰岛、列支敦士登都是欧洲经济区的成员，都享受单一市场的便利，它们之间没有关税和配额障碍，如果离开单一市场，英国届时会与欧洲经济区国家进行边检，以避免货物非法入境。英国等于削弱了与这30个国家的自由贸易关系，而用与其他国家的新贸易协定及安排取代，这是得不偿失的。英国向其余27国出口商品和服务总额约占英国国内生产总值总额的12.9%，平均每个成员国向英国的

---

① Roger Bootle, Julian Jessop, Gerard Lyons, Patrick Minford, "Alternative Brexit Economic Analysis", Economists For Free Trade, Feburary, 2018, p. 7, https: //www. economistsforfreetrade. com/wp-content/uploads/2018/03/Alternative-Brexit-Economic-Analysis-Final-2-Mar-18. pdf.

出口总额仅占其国内生产总值的3.1%，在全世界贸易额不再扩大的前提下，英国退出单一市场一定会让别国受益。①商品贸易易受关税、配额和海关检查的影响，"硬脱欧"后英国对别国的商品出口会增加，但是，制造业仅占英国总增加值的10%左右。而单一市场内的跨境服务业需要营业执照，如果退出单一市场，英国境内的服务业必须重新选址才能使面向单一市场的业务不受损失。"脱欧"对于服务业的损失，是英国靠向世界其他国家出口更多的货物无法弥补的。②英国应该考虑，为了把占人口5%的欧洲移民排除在公共系统之外，而失去12.9%的经济出口是否值得。在英国的欧洲移民主要以年轻劳动力为主。"脱欧"后，英国可能会失去一部分财富创造者，而移居海外的英国老年人可能会返回英国，他们会增加对医疗服务的需求。欧盟比英国更强大之处在于：欧盟可以施加给英国的惩罚，远超过英国可以施加给欧盟的惩罚。英国向欧盟出口47%，而除英国外的欧盟只有15%的出口至英国。对欧盟来说，英国市场比较重要。对英国来说，欧盟市场至关重要。③英国一半以上的数字产品和1/3的数字服务出口到欧盟国家。④英国的捕鱼权受地理条件限制，英国的水域与欧盟8个成员国相接，而它们会继续执行欧盟共同渔业政策。支持"留欧"的并不一定是"亲欧派"。英国与欧盟有深刻的利益关系，英国应该"脱欧"，但"硬脱欧"不是明智之举。

（二）英国对欧盟的贡献与收益

关于英国欧盟成员国身份的成本与收益一直争论不断，"脱欧"

---

① David Kauders, "Understanding Brexit Options: What future for Britain?", Sparkling Books Ltd, Nov. 21, 2016, pp. 80-81.
② David Kauders, "Understanding Brexit Options: What future for Britain?", Sparkling Books Ltd, Nov. 21, 2016, pp. 20-21.
③ 马丁·沃尔夫：《英国将"夺回控制权"纯属幻觉》，《金融时报》，2019年3月29日。
④ "Leaving the Customs Union Must not Leave UK Tech Firms Tied up in Red Tape", Tech UK, Apr. 19, 2017.

很大程度上是对英国在欧盟利益得失的一次清算，在完全主权与进入利润丰厚的欧盟市场之间进行取舍，英国产生了分裂。

欧共体曾被视为经济上的一服"万灵药"，"加入一个大的经济集团，经济就能成功"，这个观点已经不再有那么多的支持者了。"脱欧派"提出，英国与欧盟都开放市场，但英国并没有受益多少。开放与非欧盟国家的自由贸易，英国国内生产总值会增长约2%，这完全可以抵消边界成本（边检、原产地等）增加1%的消极影响。如果继续留在欧盟，那么英国置身于欧元区之外的处境会相当艰难，作为欧盟成员国的成本在与日俱增。如果谈判中断或者无协议"脱欧"，英国至少可以不用付"分手费"及每年对欧盟的财政贡献，这些是欧盟的损失。[1]

据估算，欧洲统一市场的形成平均提升欧盟成国约5%的国内生产总值。按照全球投入产出表测算，成员国身份对英国国内生产总值的影响约为3.7%，英国进出口额提升了约35.5%。[2] 按规定，成员国需要向欧盟缴纳本国1%左右的国内生产总值作为欧盟的预算资金来源，欧债危机以来，部分成员国陷入困境，英国是经济增长较好的国家，承担了高额的预算，作出每年不到100亿欧元的净贡献，却没有得到相应的补贴。原因还是在于，农业在英国经济中所占比例很小，而欧盟大部分补贴都进入了农业部门。2017年，70%的英国农产品进口都来自欧盟，欧盟的共同农业政策让英国在食物和农产品上支付更高的价格。[3] 欧盟自由移民计划要求英国付20%的工资补贴给无技能的欧盟移民，但是英国人却要因为补贴而竞争，承受

---

[1] Roger Bootle, Julian Jessop, Gerard Lyons, Patrick Minford, "Alternative Brexit Economic Analysis", Economists For Free Trade, Feburary, 2018.

[2] 程漫江、叶丙南：《英国脱欧将如何影响世界经济格局》，《金融市场研究》2016年第50卷，第81页。

[3] "The future relationship between the United Kingdom and the European Union", UK Government, Jul. 13, 2018, p. 15, https：//assets.publishing.service.gov.uk/government/uploads/system/uploads/attachment_data/file/725288/The_future_relationship_between_the_United_Kingdom_and_the_European_Union.pdf.

工资水平降低的影响。① 一些经济学家给出支持的结论,"脱欧"让英国短期失利,但长期利好。然而,这些经济模型推导出来的结论与政治精英"黄金未来"的愿景一样,民众短期内见不到"脱欧"实实在在的好处,但是损失却随处可见。

"留欧派"则聚焦于英国退出欧盟对经济增长和就业带来的威胁,并吸引了一大批国内和国际专家支持他们的观点。② 20世纪60年代,撒切尔夫人给英国建议:主权或独立的英国是我们的最终目的,若封闭地保持独立并让经济每况愈下,那根本毫无益处,英国是在任凭其他国家取得超越自身的贸易与国际事务影响力。当前,欧洲的经济实力依旧可靠。全民公投前,欧洲5亿人口创造了14万亿英镑的国内生产总值,成为世界排名第一的单一市场,欧洲城市跟上了经济全球化的脚步。据英国财政部与商业部估计,英国每年在单一市场的获利高达900亿英镑,相当于平均每户获益3300英镑,而每年缴纳给欧盟的预算净金额仅为69亿英镑(扣除返还)。当然,离开欧盟并不意味着英国完全停止与欧洲的贸易活动。③ 自英国成为单一市场成员后,英国与其他欧盟成员国之间的贸易总额增加了55%。1997年,欧盟成员国仅占英国的外国直接投资净流量的33%,而2012年,已经逐渐提升至50%。一旦"脱欧",银行业、保险业和航空业必然受到影响。同时,英国国内建筑业、食品加工业、安保和保洁、医护等严重依赖外籍人员的行业都会受到冲击。

(三)对"脱欧"后发展前景的认识差异

对未来的预期会影响人们当下的决定。英国"留欧派"和

---

① Roger Bootle, Julian Jessop, Gerard Lyons, Patrick Minford, "Alternative Brexit Economic Analysis", Economists For Free Trade, February, 2018, p.15.

② [英]罗伯特·盖耶尔、沈伟:《英国退欧的原因、过程及其对英国—欧盟—中国关系的影响》,《欧洲研究》2016年第4期,第59页。

③ [英]彼得·威尔汀著,李静怡译:《英国下一步:后脱欧之境》,远足文化2017年版,第154页。

"脱欧派"始终对欧洲一体化未来发展方向存在认识分歧,在欧洲金融危机时期尤其如此。"脱欧"的许多成本和收益是主观的或无形的,而且还必须做出假设加以评估,如假设最终与欧盟达成什么样的条款,以及政府如何填补欧盟目前实施的管理权限留下的政策真空。如果英国留在欧盟单一市场,必须假设欧盟的政策会如何发展,人们是否支持"脱欧"协议与这些前景假设是高度相关的。对欧盟前景持乐观态度的英国人比例普遍低于欧盟平均水平。欧盟成员国民众对欧盟前景持"非常乐观"和"较为乐观"态度的比例为 58% (2010 年)、50% (2016 年)、61% (2018 年),英国同时段的比例为:43%、45%、49%,而德国同时时间段的比例为:59%、64%、63%。①

　　"脱欧派"认为,欧盟不是一个静态的实体,作为成员国的代价在与日俱增,它的发展方向已变得不再适合英国。德、法主导的欧盟通过增加布鲁塞尔的决定权实现改革,掩饰了欧盟主导国对权力的欲望。2017 年 11 月,23 个欧盟成员国签署协议,启动了 2007 年《里斯本条约》第 42 条第 6 款规定的防务领域"永久结构性合作",在深化防务合作方面迈出了重要一步。② 马克龙希望加强布鲁塞尔对欧盟成员国的权力,正如容克和马克龙指出的,未来欧盟会向更深的一体化发展,这就意味着,如果英国"留欧",却还置身于欧元区之外,那可能会丧失在"双轨制"欧洲的影响力,从而被丢在"慢车道里",处境会相当艰难。③ "脱欧"能够使英国在参与联合国制定有关人权和核武器政策时采取更为灵活独立的策略,不受欧盟内部其他成员国的束缚并显著降低协调成本。在应对未来的挑战中,

---

① 根据该数据库整理:http://ec.europa.eu/commfrontoffice/publicopinion/index.cfm/Chart/getChart/themeKy/43/groupKy/211。
② 王鸿刚:《欧盟的结构性难题与一体化未来》,《国际展望》2018 年第 2 期,第 30 页。
③ Roger Bootle, Julian Jessop, Dr Gerard Lyons, Patrick Minford, "Alternative Brexit Economic Analysis", Economists For Free Trade, Feburary, 2018, pp. 13 – 14.

应该将国家放到"驾驶员"的位置上。以"脱欧"展现真正的领导力，重新定义自己在欧洲的位置并且开创新道路。

与欧盟内其他具有离心倾向的国家相比，英国的地位使其有选择退出和议价的资本以及单独发展的实力。英国在金融业和军事力量上的优势使它仍然拥有可观的权利资源。在欧盟中，英国的经济实力和人口与法国很接近，"脱欧"进程启动以来，英国明显的经济倒退并没有发生。① 伦敦是首屈一指的金融中心，它涵盖了世界20大国际保险公司和全球最重要的30家银行。② 这一地位并不依赖于英国的欧盟成员国身份，而是与英国的法律制度、自由传统、监管体系、语言优势、专业人才等因素息息相关。国际货币基金组织曾描述：英国金融稳定是全球公共产品。在203个国家和地区中，英国全球化指数已从2011年的第二十一位提升至2020年的第五位，高于德国（第六位）和法国（第十位）。③ 自2010年后，欧洲对外关系委员会针对成员国进行的软实力评估中，把英国列为实力前三的国家。④ 20世纪80年代，整个欧共体占世界经济的34.1%，下降至22.5%（2018年）。一旦英国"脱欧"，剩下的27国占世界经济份额不足1/5。⑤

安全防务是英国手里的一张硬牌。无论现在还是将来，它都

---

① 根据世界银行历年国内生产总值（现价美元）数据，https://data.worldbank.org.cn/indicator/NY.GDP.MKTP.CD?locations=EU-GB&view=chart。

② [英]彼得·威尔汀著，李静怡译：《英国下一步：后脱欧之境》，远足文化2017年版，第18—19页。

③ "2020 KOF Globalisation Index" "KOF Index of Globalization (2011)", KOF Swiss Economic Institute, http://www.globalsherpa.org/wp-content/uploads/2011/06/kof-globalization-index-2011-all.gif, https://kof.ethz.ch/en/forecasts-and-indicators/indicators/kof-globalisation-index.html. KOF全球化指数包含经济、政治和社会三个层级的指标，按不同权重加权平均得出。

④ [英]彼得·威尔汀著，李静怡译：《英国下一步：后脱欧之境》，远足文化2017年版，第108页。

⑤ Roger Bootle, Julian Jessop et al, "Alternative Brexit Economic Analysis", The Economist, Feburary, 2018, p.13.

是英国与欧盟合作可用的资源优势。英国是唯一向北约提供2%国内生产总值的防务费及向联合国提供0.7%的国民收入用于发展支出的国家。英国在不同场合强调它在欧洲防务合作方面的作用,打"防务牌"可以增加英国未来与欧盟谈判的筹码,也是重塑英欧关系的突破口,英国可以利用欧盟的弱项找到参与欧盟事务的抓手。英国在全世界有16个军事基地,数量仅次于美国。在欧盟内,军事实力能与英国一较高低的只有法国,两国都是核大国。英、法是联合国安理会常任理事国,它们也是欧洲仅有的两个有能力在北约之外独立进行陆、海、空以及网络空间进行力量投射的大国。[1] 出于历史和宪政方面的原因,欧盟的领头羊德国以及日本在运用军事力量时都会有所限制。[2] 英国的情报机构世界闻名,英国与美国、澳大利亚、加拿大和新西兰组成了"五眼联盟",5个英语国家进行情报分享,联合拦截情报,但主要由英国政府通讯总部和美国国家安全局联合操作。

反对者则认为,欧盟扩大了英国的政治影响力。"脱欧"后,英国不仅会丧失作为欧盟成员国的影响力,还会丧失作为美国在欧盟内部"棋子"的地位,对美国的重要性下降。一旦英国离开单一市场,英国在经济方面也丧失了议价权。政府坚持尊重公投结果并付诸执行。但是,当英国金融业在衰退中挣扎、医疗系统不能为全民提供健康服务、英国的国际影响力不断下降时,精英与民众之间的鸿沟不会消失,"脱欧"的长期影响可能不止一代人来背。

作为欧盟成员国的英国可以使用欧盟与70多个国家和地区签订的40多份贸易协定,世界领先产品的经营能力依赖于产品无数次跨境流动的能力,"脱欧"以后,英国需与这些国家重新

---

[1] "Military Cooperation United Kingdom and France", Ministry of Defence, Sep. 24, 2018, https://assets.publishing.service.gov.uk/government/uploads/system/uploads/attachment_data/file/742817/UKFR_MilitaryCooperationA5.pdf.

[2] [英]布伦丹·西姆斯著,李天云、窦雪雅译:《千年英欧史》,中信出版社2021年版,第225页。

签署贸易协定,否则将面临关税等贸易壁垒。① 英国在正式"脱欧"前,虽然可先与目标国家着手谈判,但是,谈判新协定的时间成本和不确定性太大了。贸易谈判会受市场波动情况影响,谈成后,协定批准要尊重对方国家的民主程序,有些国家的批准时间甚至比谈判时间还长。英国想要与欧盟达成一个不同于挪威模式和加拿大模式的协定,英国有能力在这场旷日持久的拉锯战中承受不确定性风险及国内政治分歧吗?新加坡与欧盟的贸易谈判从2009年开始,历时8年之久才达成协定,欧盟与加拿大的谈判耗时7年。如果无协议"脱欧",英国的损失可能比收益来得更快,或许英国在尝到"脱欧"好处前,已经承受不住损失了。就算经历数年协商谈判,成功签订协议,其收效可能也远不如欧洲共同市场。② "脱欧"可能导致未来10年英国的外国直接投资下降22%,进而导致居民收入减少1.8%—4.3%。③ "留欧派"抓住了"脱欧"后英国经济衰退的恐惧,对"脱欧"的经济风险提出了严重警告。企业出走潮、药品可能面临短缺、与欧盟的贸易被征关税、空中交通瘫痪、拥堵的边境检查以及可能发生的混乱,"脱欧"会把这个世界第五大经济体推向未知。为了拿回所谓的"控制权"牺牲掉经济发展和人民生活水平得不偿失。特蕾莎·梅领导的保守党政府把大量工作时间和精力放在"脱欧"事务上,未来多年也仍会被"脱欧"谈判缠身,却忽略了最重要的民生问题。"脱欧派"想要"拿回控制权",没有正视欧盟成员国资格的巨大优势。④

---

① 《调查:英国退欧将再次推迟 自由贸易协定将陷入停滞——分析师》,《路透社》,2019年10月16日,https://cn.reuters.com/article/poll-uk-brexit-free-trade-1016-idCNKBS1WV04C。

② Kenneth Clarke, "G7 Summit", House of Commons Hansard, Volume 664, Sep. 3, 2019.

③ Dhingra, S., Ottaviano, G., Sampson, T. and van Reenen, J., "The Impact of Brexit on Foreign Investment in the UK", CEP Brexit Analysis No. 3, 2016, p. 31.

④ 菲利普·斯蒂芬斯:《是时候举行第二次英国退欧公投》,《金融时报》,2018年11月26日,http://www.ftchinese.com/story/001080370? page = rest&archive。

澳大利亚、加拿大、新西兰和新加坡这些英联邦老伙伴，接近7300万人口，在经济上给不了英国太大助力。"脱欧派"期望特朗普政府能用一份优惠的贸易协定来回报英国的忠诚，但是特朗普的贸易保护主义倾向和反复无常的做事风格，会成为英国的可靠抓手吗？英国能否顺利实现目标存在很大变数。

第二节　英国政府和议会相互制衡

国内政治是影响英国对欧政策的一个重要因素。在欧洲国家中，英国最早建立了议会，它是选拔政府要员的地方，政府成员约占执政党议员的1/3。议会本身的作用是监督政府，议会可能无法让英国走得更快，却努力让英国走得更稳。在英国权力架构中，政府拥有优先处置权，议会对政府的决策表示赞成或反对，然而，这一传统似乎正在遭到摒弃。一个是受尊重、有能力和守纪律的立法机构，一个是精选出来的行政机构，这两个机构建立互相合作而不是互相拆台的府院关系，在重大事件来临时显得尤为重要。在"脱欧"问题上，议会迟迟不肯做出决定，府院之争导致英国对外行使国家主权混乱。但是，"脱欧"谈判显示出英国准备不足，政府缺乏规划，却还要忙于两次"脱欧"大选。

一、下院各党团对"脱欧"缺少共识

英国被视为当今最成熟的20个自由民主国家之一。英国政治生活的全部就是内阁与议会之间的行动与反应。[1] 在下院这个选举性机构中，党派是议会的实质。[2] 跨党派联合比例从

---

① ［英］沃尔特·白芝浩著，夏彦才译：《英国宪法》，商务印书馆2016年版，第163页。
② ［英］沃尔特·白芝浩著，夏彦才译：《英国宪法》，商务印书馆2016年版，第171页。

1970年以来一直有增无减，党内纪律松弛，议员服从本党党鞭的意愿下降，后座议员的影响力逐渐扩大，直接后果就是政府在议会及其常设委员会的表决中屡遭失败。① 历届政府对本党反对派的担忧，甚至高于反对党。在过去40多年，欧洲问题是造成保守党和工党内部分裂的主要问题。1981年，社会民主党从工党分裂出去，欧盟问题难辞其咎，这使保守党得以连续执政18年之久。几届政府都经历过，英国同欧盟的斗争与党内派系斗争纠缠在一起。英国下院对"脱欧"问题分歧很大，在"脱欧"过程中，内部缠斗让保守党受损，无法确认反抗的保守党议员的具体数字，据估计有60—80人。保守党党内纪律的约束力在下降。自2017年6月保守党大选至特蕾莎·梅首相下台，内阁中有44名成员相继辞职，其中35人辞职的原因与反对政府的"脱欧"政策有关。② 工党也在该问题上存在严重分歧，还有坚决"脱欧"的独立党（2019年初由法拉奇组成"脱欧"党），"亲欧"的自由民主党，主张独立并坚持"留欧"的苏格兰民族党、地处敏感地区的亲英的北爱尔兰民主统一党以及主张脱离英国的新芬党。

在2017年举行的选举中，保守党获得650个议席中的318席，保守党内部有一部分"硬脱欧派"议员，他们认为，按照特蕾莎·梅首相的"脱欧"协议草案，英国在支付巨额"分手费"后，仍然不能换来欧盟对未来贸易协定的承诺。启动"保障条款"意味着，英国被迫成为关税同盟成员，不能实现与他国缔结贸易协定的自由，只能被动接受欧盟法规，无法实现"拿回控制权"的承诺。甚至，没有欧盟的许可，英国不能单方面终止"保障条款"，英国会长期困在其中，造成"名义脱欧"或"半脱半留"的状态。里斯·莫格任主席的"欧洲研究

---

① ［英］丹尼斯·卡瓦纳著，刘凤霞、张正国译：《英国政治：延续与变革》（第4版），世界知识出版社2014年版，第364页。
② 何韵、史志钦：《欧洲议会选举视阈下的欧盟碎片化及其影响》，《现代国际关系》2019年第4期，第58页。

组织"曾提出，英国应彻底退出关税同盟和单一市场，摆脱欧盟法规束缚，按加拿大模式与欧盟达成进出口零关税、零配额，相互承认监管标准的贸易协定。然而，该模式只能成立一个自由贸易区，无法避免边检，这是英国和欧盟都不能接受的。

许多人都不是始终如一地属于"留欧派"或者"脱欧派"。约翰逊的压力主要来自党内的"亲欧派"议员，"亲欧派"虽然也有人对特蕾莎·梅的协议不满意，但特蕾莎·梅的主要威胁还是党内强硬"脱欧派"。约翰逊上台后，保守党内估计约30个的反抗者，他们为了反对无协议"脱欧"，不惜推翻自己的政府，形成一个支持与布鲁塞尔保持密切关系的跨党派联合，这个联合由哈蒙德和工党基尔·斯塔莫领导，这一压力是约翰逊不得不提前大选的原因之一。哈蒙德和前司法大臣戴维·高克等表示，不会在支持无协议"脱欧"的政府中任职。2019年9月初，保守党内"亲欧派"浮出水面，约翰逊威胁将他们开除出党籍，并阻止他们在下一次选举中竞选，包括担任37年议员的索梅思爵士，他是丘吉尔的外孙。约翰逊的这一举动不惜使他领导的保守党在下院失去多数优势。这种排除异己的方式激起了不满，首相把党内议员驱逐，又怎么能把这个国家团结在一起呢？卡梅伦公开站出来反对这种做法。即使保守党自身存在问题，它也仍能保住地位。因为，其他三个党派本身在除了反对保守党之外鲜有交集，苏格兰民族党的独立诉求会破坏英国的完整性，工党和自由民主党不可能支持。科尔宾在"脱欧"问题上前后不一致，使他很难统一"留欧"党派。

一定程度上，伯考是议会斗争的一个牺牲品。2019年9月9日，伯考宣布辞职，他从政22年，担任议长10年，工党林赛·霍伊尔接替了伯考。议长的职责不是为了帮助反对党，而是为了对操控政治力量的掌权者进行监督，给议员们机会提出主张，允许紧急质询和紧急辩论，倾听各方态度。议长有权选择让哪些议案进入下院辩论，决定发言顺序和把控发言时间，这一职位最大的难题在于如何保持政治中立。2016年的"脱欧"公投，伯考投票支持"留欧"。一些保守党人对他不信任，认为他吃里扒外（主要靠工党的支持当选），在主持议会辩论时，偏袒"留欧派"后座议员，站在反对特蕾莎·梅首相的一边，试图颠覆"脱欧"计划。也有些人认为，他阻止了英国走向无协议"脱欧"。卸任后不久，在接受采访时伯考称，"脱欧"是（英国）二战后最大的政策失误。伯考被认为是被本党赶下台的议长，由于约翰逊的反对，伯考可能成为英国230年来首位辞职后没有获得授勋的下院议长。

反对党的作用是得到议会承认的，反对党领袖的工资一直由国家财政作为行政经费支出，这一点使英国有别于其他欧洲国家。反对党的存在提醒公众，在他们选择的政府之外，还有一个可供选择的影子内阁及一套政策。作为一个国际主义的政党和英国下院最大的反对党，工党认为，英国不应该试图独自解决全球挑战、背向欧洲、闭关自守，英国可以改革欧盟而不是与它分手，可以通过其他方式应对危机，而不是把英国带出欧洲，工党中的多数议员支持英国留在欧盟内。一些保守党反驳到，工党就是要把一些重要的权力交给布鲁塞尔。但是，工党也有自己的盘算，他们希望政府的协议草案被否决，这样就可以立即发起对政府的不信任投票。特蕾莎·梅的协议达成以前，工党指责保守党政府拖延时间、"脱欧"路线不明、缺乏细节，政府与欧盟敲定协议以后，工党指出，这份协议是由欧盟主导的。工党希望，英国既要留在关税同盟中，又要保留与他国缔结贸易协定的权利，既要享受单一市场带来的无摩擦贸易，又不接受人员自由流动，拒绝参照挪威模式被动接受欧盟法规，要在欧盟的政策制定中享有一定的发言权。人们对工党方案的可行性提出质疑，欧盟反复强调，不接受这种"好处全部归我占，义务统统不承担"的选项，欧盟不能接受英国同时享受留下和离开的好处。工党一直没有排除二次公投的选项，后来明确支持与欧盟达成的协议要交予人民进行公投，这也是2019年12月大选中，工党的一部分"脱欧"计划。但是，这一计划不可能获得绝对多数的支持，因为这意味着保守党失信于民，亲自推翻卡梅伦政府的公投结果。工党指责约翰逊前后不一致，约翰逊辞去外交大臣一职后，成了特蕾莎·梅"脱欧"路线的强力反对者，但特蕾莎·梅的协议在下院第三次表决时，他投了赞成票，而他一上台之后，就要求取消"保障措施"。

工党也存在分歧，科尔宾对"脱欧"态度含糊不清，他的政纲不切实际，没有说明如何刺激经济增长，却高谈要保证就业率、增加福利、增收富人税等以换取选民的选票。科尔宾称，约翰逊的"脱欧"协议比特蕾莎·梅的还要糟糕。约翰逊因为反犹主义受到党内外的指责，当然，保守党也没能有力回应仇视伊斯兰问题。托马斯·沃特森与影子"脱欧"大臣斯塔莫都被认为是科尔宾的有力竞争对手，他们都不支持保守党政府的政策。另有一小部分工党反对派议员明确支持"脱欧"，据粗略估计有20人左右，这些人对约翰逊的协议获批至关重要。

坚定不移地支持"留欧"的是自由民主党和苏格兰民族党，特蕾莎·梅的协议未获得两党的支持，它们更不支持约翰逊的协议。前自民党党魁凯布尔退出政坛后，新任党魁乔·斯温森资历尚浅。自民党2010年获57席后走向衰落，在2017年和2019年两次选举中分别获得了12席和11席。[①] 部分原因是它与保守党组阁后，未能履行大学生学费问题的承诺。自民党是二次公投的有力支持者，但无论是特蕾莎·梅还是约翰逊的保守党政府，从未把它认真当作备选，这样会加剧英国的分裂和混乱。在2016年的"脱欧"公投中，62%的苏格兰选民选择"留欧"，即便英国离开，他们也会支持苏格兰单独留在关税同盟和单一市场内的方案。苏格兰民族党由2017年的35席升至2019年的48席（苏格兰地区共59席），该党领袖尼古

---

① "General Election 2019: full results and analysis", House of Commons Library, Jan. 28, 2020, https://researchbriefings.parliament.uk/ResearchBriefing/Summary/CBP-8749.

拉·斯特金成了此次大选另一大赢家,而这里原来是工党的传统票仓,苏格兰选民在用选票表达反"脱欧"的立场。尼古拉·斯特金认为,这一结果无疑是对他继续推动苏格兰独立公投的授权,苏格兰人有权决定自己的未来,苏格兰只有作为独立的国家才能在欧盟中保留一席之地。约翰逊也许得到了率领英格兰、威尔士和北爱尔兰"脱欧"的授权,但他没有得到苏格兰的授权。2019年1月,83%的苏格兰议员投票反对特蕾莎·梅首相的"脱欧"协议。苏格兰民族党认为,约翰逊的"脱欧"协议更糟糕,这份协议没有考虑苏格兰应该与北爱尔兰有平等的地位。约翰逊上任的几周后,苏格兰民众对独立的支持率提升了。2019年的大选,保守党在下院取得了多数,但下院的分歧却加深了,一个支持"脱欧"的保守党和一个"亲欧"的苏格兰民族党之间的矛盾升级,二者背后都有一定的民众基础。保守党两届政府一直拒绝苏格兰地区政府在"脱欧"协议上有否决权,作为一个完整的联合王国加入,也要作为一个整体脱离,2014年苏格兰独立公投的结果必须得到尊重。[①]包括约翰逊在内,没有哪个首相愿意以苏格兰独立为代价来为执行"脱欧"决定买单。

针对充满争议的"保障条款",北爱尔兰民主统一党反应激烈。作为"统派",他们认为这种区别对待北爱尔兰的方案会引发北爱尔兰特殊化并导致分离主义势力抬头。该党没有支持特蕾莎·梅的"脱欧"协议,该党的决定也会影响到一部分保守党"脱欧派"议员的投票。约翰逊经与欧盟协商后删除"保障条款",形成了新的方案,即爱尔兰岛内将不会出现海关或陆地边界监管,法律上的海关边界将设在英国本土和爱尔兰岛之间。该党也没有支持约翰逊的"脱欧"方案,认为约翰逊的方案不利于联合王国的完整性。虽然"脱欧"协议反对者各有各的理由,但他们都没有对北爱尔兰问题提

---

① 2014年9月19日,苏格兰独立公投结果显示,55%选民对独立投下反对票。

出可行的解决办法。

议会和内阁形成许多小团体,本来相对立,却在"脱欧"这单一议题上出现混乱的联合,在其他政策上却差异很大。阵营思维使英国陷入决策障碍,派系斗争更擅长破坏而不是建设,利用别人的缺陷和弱点抢占优势。特蕾莎·梅在无法争取到北爱尔兰民主统一党的支持后,两次公开向科尔宾抛出橄榄枝,希望共同协商打破"脱欧"僵局,但科尔宾的立场注定了他根本就是特蕾莎·梅争取不到的对象。开除了21位"叛变"的保守党后,约翰逊领导的保守党已是少数政府,"脱欧"无法解局,显示出了提前大选的迹象。约翰逊争取的是自由派人士及工党的"叛变者"。当然,后人都是吸取前人的经验,特蕾莎·梅的错误约翰逊不会再犯。

通常人们认为,社会中各种不公正现象来源于权力集中,掌握权力的人对不公正现象熟视无睹。殊不知,许多不公正的现象恰恰是由于相反的原因,因为权力分散在一大批小规模团体之中,要统一意见来采取积极行动异常艰难。每个小集团都专注于自身利益而忽视整体利益,由于权力分散,谁都希望施加自己的影响。几个联合体就能阻挠一个对大多数人有利的计划,以致不能采取果断的行动,不能及时纠正不公平现象,效率低下。权力过度分散与权力过度集中一样都会产生不良后果。①

二、政府和议会争夺主导权的方式

很多政治家认为,赢得大众和权力的最佳途径就是制造一个外敌。但随着情势的发展,欧盟这一"外敌"已经逐渐被国

---

① [美] 罗杰·希尔斯曼、劳拉·高克伦、帕特里夏·A. 韦茨曼著,曹大鹏译,《防务与外交决策中的政治——概念模式与官僚政治》,商务印书馆2000年版,第483—484页。

内政治斗争掩盖，由于议会还是政府主导，以及它们在多大程度上真正代表民意，在"脱欧"过程中存在争议。英国首相变了，但是政府和议会的斗争并没有停止，约翰逊对议会更加抗拒。

（一）议会要求加强监督权

"脱欧"导致了英国内部关系紧张。"脱欧"协议草案将要达成前，议会对政府步步紧逼，要求政府为议会留出足够的时间审查。2018年7月13日，政府未在会前向议员分发白皮书引起议员议论纷纷。特蕾莎·梅首相2018年10月22日在下院声明，"脱欧"协议的95%得到了认可。10月底，上院给时任"脱欧"大臣拉布的催促信中表达了不满，"在如此紧要关头，政府阻碍议会对'脱欧'谈判进程进行有效监督，为协助议会对政府'脱欧'协议及相关政治声明有效监督，我们要求政府与我们分享最新的协议草案，以确认草案文本是否得到了认可"。① 英、欧谈判达成协议后，仅有几天时间留给上、下两院进行讨论和投票表决。有学者分析发现，政府在这一过程中表现出强烈的集权倾向，在谈判过程中不向议会征询意见，试图绕过议会单独主导。② 2018年11月，"脱欧"协议草案出台一周前，支持"脱欧"的保守党议员戴维·戴维斯、约翰逊、戈夫、莫格、反"脱欧"的工党议员以及北爱尔兰民主统一党都多次要求，与欧盟达成协议前，政府有责任公开全部"脱欧"细节，而不是只给出概括内容，内阁和议员对协议有知情权。如此重要的决定，政府不该遮遮掩掩。全民公投时，选民已经

---

① "Letter to Rt Hon Dominic Raab MP ref Scrutiny of Withdrawal Agreement and political statement on the future UKEU relationship", European Union Committees in the House of Lords, Oct. 23, 2018, https://www.parliament.uk/documents/lords-committees/eu-select/scrutiny-brexit-negotiations/scrutiny-withdrawal-agreement-raab.pdf.

② Gianfranco Baldini, Edoardo Bressanelli, Emanuele Massetti, "Who is in Control? Brexit and the Westminster Model", The Political Quarterly, Vol. 89, No. 4, 2018, pp. 537–544.

被骗了，政府现在有责任确保"脱欧"过程透明。① 议员们此举是为了防止首相独揽"脱欧"大权。2018年12月4日，下院以311∶293票通过了一项"蔑视"动议，要求政府立即公布"脱欧"协议的完整法律建议，并称任何妨碍下院履行职责的行为或不作为都可被视为对议会的藐视。② "脱欧"协议公布后，政府受到了更多压力，被指责没有把权力交至下院手中，却交给了欧盟。

约翰逊上任后，一直用无协议"脱欧"施压议会。科尔宾在下院辩论时，敦促首相公开"黄鹂行动"文件，这是英国内阁办公室对"脱欧"的预测性文件，根据文件内容，若英国无协议"脱欧"，可能会面临食品、燃料和药品短缺等一系列窘境。2019年9月9日，下院以311票对302票通过动议，要求政府公开该文件，9月11日，政府公开了该文件，报告列出可能会出现的状况包括：英国严重退化，与欧盟关系遇冷；跨隧道车流量一天内减少40%—60%，可能会有长达三个月的车流中断；爆发抗议，警力不足，金融服务、法律服务、客户数据中止共享等。③ 文件中还显示，英国还没有准备好无协议"脱欧"。过早公布这一机密文件会让反对无协议"脱欧"的呼声高涨，甚至引起社会恐慌。政府随后强调，这份报告不是影响评估，也不是对未来最可能发生的情况的预测，而是对最坏状

---

① "Theresa May accused of misleading the public over Brexit plan which could break up the UK", The Sun, Nov. 7, 2018, https：//www.thesun.co.uk/news/7682393/theresa-may-release-legal-advice-brexit/.

② "'Contempt Motion' on Publishing of Legal Advice", House of Commons, Dec. 4, 2018, https://www.parliament.uk/business/news/2018/december/contempt-motion-on-publishing-of-legal-advice/.

③ 英国内阁办公室针对无协议"脱欧"做出的预测性文件，内容涵盖了12个"风险领域"，包括交通运输系统、人员跨境流动、货物跨境流动、医疗、能源、食品和水供应、在欧盟英国公民、法律、金融、北爱尔兰问题、境外领土和国家安全问题。

况的预测。① 但是,政府还是受到指责,它没有如实告诉普通民众无协议"脱欧"可能会有怎样的结果。

(二) 以规则施压

2017年9月,英国通过的《大废除法案》为了使欧盟法转化成国内法,以完成法律上的过渡,但是,政府在该法案内加入了拥有500多年历史的"亨利八世条款",允许政府无须议会批准便可修法,这意味着政府与欧盟达成的"脱欧"协议可以不经过议会表决即可生效。这一做法遭到了议会不同党派的谴责。②

议会不断设置规则向政府施压,阻止无协议"脱欧"。2019年1月8日,议会通过税法修正案,禁止政府未经议会授权修改税法,让政府难以加税应对无协议"脱欧"衍生的财政困难,该议案削弱了首相权力。随后,议会又通过修正案,若"脱欧"协议不通过,政府向议会汇报替代方案的时间由21个工作日缩短至3个工作日。3月18日,议会对本质上换汤不换药的协议再次付诸表决设下障碍,依据2018年《退出欧盟法案》的法定框架,另有厄斯金·梅编著的《英国议会惯例》第24版第397条,如果政府"脱欧"协议与先前否决的版本相同或大致相同,不得再次表决,因为要确保合理利用下院的时间,并尊重下院的决定,衡量是否大致相同的最终裁决定论权交由本席。③ 这项传统规定确凿有力且由来已久,历史可追溯至1604年。④ 伯考引用古法为自己辩护,与之相矛盾的是,伯考

---

① "Brexit Readiness: Operation Yellowhammer", House of Commons Hansard, Sep. 25, 2019, https://hansard.parliament.uk/commons/2019-09-25/debates/B2B-CE472-527C-4549-B23F-A34C4D8F4160/BrexitReadinessOperationYellowhammer.

② 何韵、史志钦:《欧洲议会选举视阈下的欧盟碎片化及其影响》,《现代国际关系》2019年第4期,第54—55页。

③ "PM statement on Brexit", Prime Minister's Office, Mar. 20, 2019, https://www.gov.uk/government/speeches/pm-statement-on-brexit-20-march-2019.

④ "Theresa May attacks warring MPs over Brexit stalemate and tells voters 'I'm on your side'", The Sun, Mar. 20, 2019, https://www.thesun.co.uk/news/brexit/8684882/theresa-may-promises-to-sort-brexit/.

不久前曾说过，议会不能依赖古老守旧的先例。伯考把这一规则同样用到了约翰逊政府。2019年10月22日，约翰逊希望议会再次开会，投票表决他的新版"脱欧"协议，被伯考阻止了，原因是目前这份议案没有任何进展，这个议题下院48小时前已经讨论过了，如果议题没有改变，没有必要对同一个议题做重复讨论和投票。伯考因此被保守党议员指责。

（三）诉诸法院判决

"脱欧"始于英国与欧盟之间的分歧，而政府与议会之间的权力斗争导致了在3年时间里，政府两次被告至最高法院。司法独立是自由民主的一个基本要素，为反对专制政府提供了安全保障。英国宪法的一个重要原则就是司法独立于政治的控制和影响。一般来讲，法官对有争议的政治问题不予发表评论。法官必须是无党派人士，议员要担任法官必须辞去其议员职位，他们的收入是从国家财政中固定列支的，不受政府财政年度预算变化的影响，也不在议会的议题之列。但是，法律和政治也不是完全分离的，大法官位于国家三大部门相互交叉的核心位置，既是政府成员，也是内阁成员，同时还是上院成员。在下院，律师通常是最具代表性的职业。英国没有成文宪法可以作为法庭审查行政行为的法律基础，法官在判案中可以发挥创造性的作用，尤其是在处理那些与过去的做法相冲突或者缺乏明确法律导向的案件时，政治与法律的界限正在变得模糊。《里斯本条约》第50条从没有在实际中被应用过，具体执行框架不明晰，在执行过程中政府和议会出现了争权，英国陷入了第50条僵局。

2016年公投结果公布后，吉娜·米勒独自向高等法院挑战英国政府，要求议会而非政府作为"脱欧"事宜的最终权力机关。2017年1月24日，英国最高法院裁决，首相在依据1972年欧共体法案提交给欧盟"脱欧"通知前，事先应获得议会授权。① 此案件改变了"脱欧"前进方向,"脱欧"方案必须获得议会通过。宣判时,媒体称此案件是"英国历史上非常重要的法律案件之一",影响了英国历史进程与政治发展,为英国府院之争留下了历史的"脚注"。吉娜·米勒的挑战成功,一定程度上促发了特蕾莎·梅首相在2017年推出大选的决定,米勒案仅仅是府院之争的开始。

在与议会反对派的斗争中,特蕾莎·梅首相不越传统之轨,但约翰逊多次试图突破惯例。关于政府、议会、法院与王室之间的权利界限与职责,英国没有成文规定。在美国,宪法地位是牢固的,任何修改都要经过特定的宪法修改程序。在英国,没有成文宪法约束的灵活性被引以为豪。英国为什么没有一部成文宪法?有一种解释,即英国政治体制经过几百年演进,已经建立起一整套用以指导英国政治的方法。西欧国家多以罗马法为背景制定成文宪法,其政治文化是以正式法律为基础的,较墨守成规。多数文字宪法最初都是被那些新独立的国家或是经过内部动荡或外部侵略而遭受分裂的国家所采用。英国宪法大部分是由惯例构成的,一个惯例如果持续被违背就会削弱其权威。惯例的法律效力取决于政治家对它的坚持程度。每当发生政治变化或政治分歧明显时,或许就有人对何为惯例产生质疑。由于惯例没有法律地位,所以违反惯例只有政治惩罚。

2019年8月28日,约翰逊请求女王9月9日关闭议会,直到10月14日再重启议会,以使议会无法通过法律来阻止英国10月31日前无协议"脱欧",严重挑战了议会权威。根据传统,女王一般都会接受首相的建议。约翰逊让女王暂停议会,女王批准。同一天,女皇伊丽莎白二世也签字批准了另一法案,其中列明,如政府无法在10月17—18日的欧盟峰会上和欧盟

---

① "Judgment: R (on the application of Miller and another) (Respondents) v Secretary of State for Exiting the European Union (Appellant)", The Supreme Court, Jan. 24, 2017, p. 34.

达成"脱欧"协议,或是无法让无协议"脱欧"获得议会支持,则英国首相必须将"脱欧"期限延后至 2020 年 1 月 31 日。

即使没有成文立法的规制,政府官员每一次行使王室特权都必须符合普通法。伯考称,此次议会休会并非常规,不常见,也不普通,这是数十年来休会时间最长的一次,(这一看法)不仅反映出诸多同僚的态度,也反映了无数人民群众的心声,此次休会被视为行政命令行为。① 许多地区发生抗议,批评者指控保守党政府有意架空议会,掏空民主制度。英格兰和威尔士高等法院认为,首相休止议会本质上是政治性的,法院并无可依赖的法律标准对其评判,法院对该案无权管辖,故驳回原告的诉讼请求。苏格兰最高法庭则持不同意见,认为政府休止议会的行为阻挠了议会对政府行为的审查,显然违法。英国宪制的核心基石即是议会对政府行为的监督,做出这一裁决的三位法官援引的是苏格兰法,苏格兰法与英格兰法的内容存在差异。英国最高法院合并审理两案上诉,经过 3 天庭审,9 月 24 日,英国最高法院的 11 位法官做出终审裁决,认定英国首相约翰逊通过王室特权休止英国议会的行为是非法的、不具约束力的和无效的。② 理由是在英国脱离欧盟前这段关键时期,政府在没有合理理由的情况下采取极端措施,强制性休假,阻止议会履行职责。这种极端措施使议会错失关键的讨论和决策时间。最高法院因而将权责交由下院议长,伯考召集下院复会,苏格兰民族党、自民党及工党的很多议员们敦促首相道歉并辞职。如此一来,约翰逊更加坚定了要提前大选,让选民来做决定。反对党认为,约翰逊背后的目的是让议员为了选战而各回选区。

---

① Fergal Davis, "Decision of the Supreme Court on the Prorogation of Parliament", House of Commons Library, Sep. 24, 2019.

② "R (on the application of Miller) (Appellant) v The Prime Minister (Respondent) Cherry and others (Respondents) v Advocate General for Scotland (Appellant) (Scotland)", The Supreme Court, [2019] EWHC 2381 (QB) and [2019] CSIH 49, Sep. 24, 2019, p. 3, https://www.supremecourt.uk/cases/docs/uksc-2019-0192-summary.pdf.

这一裁决无疑将成为近年英国行政法领域的重要里程碑，法官被迫干预政治事务。英国政府认为，首相只对议会负责，法院不应干涉行政，苏格兰法院对于该案的裁决存在政治上的偏见；对于一个新政府而言，休止议会是很正常的行为，认为首相破坏民主的说法毫无根据。对此，最高法院回应，法院对于王室特权的行使边界具有审查权，休会使得退出欧盟前8周中的5周时间里无法履行宪法赋予的职能，违背了议会主权和民主问责制。支持者认为，此次裁决是最高法院做出的让人敬畏的决定，无论最高法院，还是任何法院都无权决定英国是否"脱欧"，该决定应是人民做出的，应该交由下院，作为唯一由人民选举产生的民选代表，来决定"脱欧"应采取什么形式。

（四）限制"脱欧"选项与增加"脱欧"选项

在整个"脱欧"过程的方案选择上，政府基本遵循的是缩小选项的原则，即要么是政府的"脱欧"方案，要么是无协议"脱欧"，以增加政府协议草案在议会通过的可能性，避免在其他选项浪费时间。议会本身并不制定政策，但议会要商讨政策，对政府制定的各项政策和立法提案进行辩论和审议，并可以提出批评和建议。在"脱欧"问题上，下院试图剥夺政府对"脱欧"进程的控制权。下院在重要表决前，总会在政府协议草案之外提供其他选项，以影响情势，掌握议程设置权。

特蕾莎·梅首相希望仍能与欧盟维持无摩擦的贸易，但是她仍然在2019年2月25日以前的很长一段时间里没有放弃无协议"脱欧"。这一方面可以在谈判中向布鲁塞尔施压，另一方面政府希望反对者看到无协议"脱欧"的风险时，会两害相较取其轻，转而支持政府立场，毕竟真正支持无协议"脱欧"的议员只占少数。原定于2018年12月对"脱欧"协议草案表决，随后政府推迟到2019年1月15日，第二次表决又被推迟到3月12日。因为特蕾莎·梅需要时间争取足够多数的支持，但议员们认为：她仍坚持3月29日为"脱欧"日期，却步步推迟表决时间，议会不会因此有足够的时间对协议进行充分讨论，这种"拖延到最后"的策略就是迫使议员在政府现有方案和无协议"脱欧"之间二择其一。但是特蕾莎·梅政府这一策略面临着阻力，几十个"亲欧派"保守党议员可能支持由工党库珀倡导的跨党派动议，科尔宾也可能支持这一计划。保守党重要人物奥利弗·莱特温为了防止无协议"脱欧"，可能会推动延迟"脱欧"。3月27日，即特蕾莎·梅首相的"脱欧"协议在下院进行第三次表决的两天前，议长从议员们提出的16种方案中挑选出8种进行指示性投票，如果此举成功，意味着下院将自行为"脱欧"困局寻找出路。8种方案包括无协议"脱欧"、关税同盟、共同市场2.0、欧洲经济区模式、工党的替代方案、公众确认性公投等，却没有一项获得通过。① 这种提供多种选项的做法，在对每个方案单独进行投票获得严重意见分歧的情况下，意味着所有选项都通不过。对8种方案投票后，特蕾莎·梅抨击议会，很明显下院不支持政府的"脱欧"协议，但是议员们也没能说清楚，下院到底支持什么？"脱欧"陷入僵局都是议会的责任。② 2019年4月3日，下院以313∶312票通过一项动议，排除英国无协议"脱欧"的可能性。③ 它由工党议员库珀提出，延期成为特蕾莎·梅不得已的选择。议会一方

---

① "What's Next for Brexit? No Commons Majority in Indicative Votes", UK Parliament, Mar. 27, 2019, https://www.parliament.uk/business/news/2019/march/whats-next-for-brexit-house-of-commons-holds-indicative-votes/. （M 公众二次确认性公投的支持和反对票分别是 268∶295，J 关税同盟的支持和反对票分别是 264∶272，K 工党"脱欧"计划 237∶307，D 共同市场 2.0 支持和反对票是 188∶283，L 无协议紧急制动方案 184∶293，B 无协议"脱欧" 160∶400，O 临时优先安排 139∶422，H：EFTA 和 EEA 模式 65∶377）

② "PM's Statement at Downing Street", UK Government, Jan. 16, 2019, https://www.gov.uk/government/speeches/pms-statement-at-downing-street-16-january-2019.

③ "Voting Record: European Union (Withdrawal) (No. 5) Bill Third Reading", House of Commons, Apr. 3, 2019, https://votes.parliament.uk/Votes/Commons/Division/678.

面不愿看到无协议"脱欧",另一方面也不接受现有的任何"脱欧"方案。

约翰逊对议会的态度更为强硬,称运转不灵的议会要对"脱欧"僵局负责,英国正在被议会绑架,困在"脱欧"旋涡中。他誓言要在10月31日带领英国脱离欧盟,拒绝延期,延期意味着失败。2019年9月3日,工党联合反抗的保守党控制下院议事日程,以328∶301的投票通过一项跨党派的延迟"脱欧"法案。[1] 约翰逊称,这意味着下院将会破坏政府与欧盟可能达成的所有协议,把谈判控制权移交给欧盟,欧盟将有权决定,英国还要在欧盟留多长时间,同时意味着更多的犹疑、拖延与混乱,科尔宾则用"议会式民主"称赞这一结果。10月19日,莱特温修正案作为一项保险政策,确保英国10月31日不会"硬脱欧",以322∶306票在下院通过,约翰逊不得不申请延期。反对党议员大部分都支持该修正案,其中,工党231名、自民党10名、苏格兰民族党35名、民主统一党10名,以及大部分被约翰逊开除的前保守党议员作为无党派人士也都支持,包括格雷格·克拉克、戴维·大卫·高克、哈蒙德以及退党的安伯·拉德。[2]

奥利弗·莱特温认为,约翰逊以"要么就是我的协议,要么就是无协议"的方式,硬生生把协议塞给议会,这种做法是在危害国家,科尔宾则称,约翰逊这是在敲诈议会。奥利弗·莱特温这一提案主要是为了争取一个尽可能广泛的联盟来反对政府,否则,可能会有很多议员在没有其他选择的情况下,无

---

[1] "Voting Record: European Union (Withdrawal): Sir Oliver Letwin's motion submitted under Standing Order No. 24", House of Commons, Sep. 3, 2019, https://votes.parliament.uk/Votes/Commons/Division/711.

[2] "Voting Record: Mr Letwin's Amendment (a) to the Government's motion on section 1 (1) (a) of the European Union (Withdrawal) (No. 2) Act 2019 and section 13 (1) (b) of the European Union (Withdrawal) Act 2018", House of Commons, Oct. 19, 2019, https://votes.parliament.uk/Votes/Commons/Division/721.

法公开否决这份协议。莱特温修正案通过并不意味着政府协议彻底失败了。但是，约翰逊信誓旦旦表示10月底前完成"脱欧"，如果他做不到，保守党可能会在下次大选中失去选民，这是反对党乐见的。9月初，约翰逊两次发起了10月15日提前大选的动议，科尔宾呼吁所有工党议员不要参加投票，提前大选没有获得下院2/3的支持票。直至2019年10月29日，下院才表决同意12月12日大选，"脱欧"延期至2020年1月31日。仅从这一点上来看，反对党的阻挠获得了一些成功，约翰逊"誓死一搏"的承诺食言了，政府限制选项、强行推行协议的做法受到阻挠。

第三节 "脱欧"中的地方差异诉求

"脱欧"让英国政治变得更加复杂，公投没有考虑好英国国际性和地方性的关系，它不仅是左右翼的问题，英国面临着超国家压力和内部自治分权的压力，同时显示了英国几大部分之间的差异诉求。苏格兰、北爱尔兰及直布罗陀在"脱欧"问题上的立场让国家统一问题变得敏感，它们与英格兰的历史叙事、政治需要、现实利益以及与欧盟的关系纠缠在一起。

一、苏格兰和威尔士：独立还是分权

具备立法权的苏格兰议会、威尔士国民议会以及北爱尔兰议会已经有20余年，这些权力下放机构体现了英国的民主。同时，威斯敏斯特和白厅的权力越来越被布鲁塞尔、特拉斯堡和卢森堡做出的决定制约。英国的分权措施无不与欧盟范围内的分权化运动相呼应，在制定《马斯特里赫特条约》时，欧盟就鼓励了分权化运动。辅助性原则意味着，决策可以交由国家以下的治理层级，如区域政府或地方政府。欧盟的地区政策影响

了英国的团结，很多权力被下放给地方政府，地方政府与布鲁塞尔建立了直接联系，而通常这种权力只有国家政府拥有。一方面，欧盟通过区域发展基金和社会基金，以及针对煤炭产业衰退地区的专项基金，使英国各地方获得资助；另一方面，欧盟还对环境保护、废弃物管理、交通和规划等领域的地方立法施加影响。

（一）苏格兰独特的政治分权历程

大不列颠岛上有两块低地，位于东南部较大的一块低地是英格兰的重要组成部分，位于福斯湾和克莱德湾之间较小的一块低地是苏格兰的重要组成部分，两块低地上都有大片可耕地。苏格兰低地区在很长时间内就有自己的中央政府。1707年，存在了800多年的苏格兰与英格兰合并，二者因利益走到一起。它与英格兰合并后始终保持着包括宗教、教育、法律和地方政府等在内的自治系统，为民族认同的存续提供了基础。

令苏格兰人感到屈辱的一个例子是，保守党政府于1989年决定在苏格兰实行人头税，这项税收政策一年后才在英格兰和威尔士执行，引起了苏格兰中、下层民众不满，加剧了当地独立倾向。苏格兰议会（采用混合选举制）的正式成立是它独立运动的里程碑，也是近些年苏格兰独立浪潮高涨的重要原因。许多涉及英国宪法的改革，包括比例代表制、《人权法案》、下放自治权力、在苏格兰实行联合执政、成立苏格兰独立银行等，都推动苏格兰更加接近西欧国家的模式。1997年，保守党在苏格兰选民中的支持率不足1/5，保守党议员中已经没有苏格兰人。《苏格兰法案》明确规定英国议会保留处理苏格兰所有事物的权力，权力移交仅是从政治的最高层转向下一层。根据西维尔惯例，苏格兰议会要遵从议会主权原则。中央有权收回其各项权力，就像它在1972年和2000年曾经两次中止斯托蒙特议会那样。而现实政治却是，中央政府很难阻止苏格兰议会通过的立法，因为这样往往给苏格兰民族主义者把柄。权力下放究竟是平息了还是助长了苏格兰独立的要求呢？布莱尔当年推行权力下放的目的并非是让苏格兰走向独立，而是通过分权加固联合。然而，苏格兰的民族诉求越来越不满足于权力下放了。2007年，以苏格兰独立为目标的苏格兰民族党第一次在苏格兰议会选举中成为第一大党。[1] 目前，中央除外交、国防、税收、货币等领域依然保留，其他权力都下放给苏格兰议会了。2012年10月，苏格兰首席部长萨蒙德与卡梅伦签署《爱丁堡协定》，苏格兰定于2014年举行独立公投，55%选民支持留在联合王国内。2014年后，前首相卡梅伦向苏格兰下放了更多权力，包括确定所得税税率和税级的权力，但这一安排需要进一步改革。尼古拉·斯特金要求更多的让步，不仅包括控制苏格兰铁路的特许经营权和基础设施，还包括一项英国法律的豁免。另外，尼古拉·斯特金将英国"脱欧"作为在英国内部重新分配权力的契机。

在2016年"脱欧"公投中，苏格兰地区以62%对38%明显支持"留欧"（占英国人口的8.3%），北爱尔兰以55.8%对44.2%的投票支持"留欧"（占英国人口的2.9%）。威尔士以47.5%对52.5%支持"脱欧"（占英国人口的4.8%），英格兰以46.6%对53.4%支持"脱欧"（占英国人口的84%）。[2] 联合王国的人口分布对其政治产生了显著影响，其他几部分地区人口与英格兰人口差距悬殊，它们很难推翻英格兰主导的公投，即使英格兰"留欧"和"脱欧"支持率的差距不明显。苏格兰人认为他们被剥夺了选择的权利，"脱欧"意味着苏格兰被强行拉出欧盟，这违背了多数苏格兰人的意愿。保守党在苏格兰的支持率很低，但保守党在议会仍然占有绝大多数优势，原因在于他们在英格兰地区居主导地位，而英国简单多数选举制有利

---

[1] 桂涛：《英国：优雅衰落——"脱欧"时代的权力、荣耀、秩序与现实》，生活书店出版有限公司2019年版，第241页。

[2] "Analysis of the EU Referendum results 2016", Jun. 29, 2016, House of Commons Library, https://researchbriefings.parliament.uk/ResearchBriefing/Summary/CBP-7639#fullreport.

于大党，不利于小党，保守党中央政府在苏格兰人眼里被视为英格兰人的政府。2019年1月，83%的苏格兰议员投票反对特蕾莎·梅首相的"脱欧"协议。①"脱欧"给苏格兰民族主义注入了活力，给那些对现状不满的人们以改变的希望。苏格兰人认为，他们的声音长期以来被英国政府忽视了，威斯敏斯特只考虑英格兰人，甚至只考虑伦敦人。苏格兰需要真正适合自己的经济与社会政策，它对无法平等地分享英国的政治权力感到不满。如果苏格兰民族党带领苏格兰独立，苏格兰会从英国吸走一部分企业，核基地会被迫从苏格兰搬出。

2014—2019年，舆观对苏格兰民众的独立倾向调查发现，支持和反对独立的民众比例未发生明显变化，二者差距在3—11个百分点，留在联合王国内的比例始终高于支持独立的比例。瑟韦申、益普索·莫里、面板座（Panelbase）等几家民调机构的观测结果与舆观相差不大。但是，当英国即将"脱欧"的前几日，苏格兰民众态度出现明显变化，2020年1月27日，舆观调查显示，支持独立的民众比例超过了反对独立的比例，两种比例分别为43%和42%。同样，瑟韦申1月22日的调查结果首次出现持平，即45%和45%。1月31日，面板座调查的结果为，支持独立的占49%，不支持独立的占46%。②当"脱欧"要实现时，苏格兰反倒想以独立换取"留欧"，但支持独立的人数所占比例仍没能过半，而且，双方差距不明显，如考

---

① "Engagements", House of Commons Hansard, Vol. 655, Mar. 6, 2019, https://hansard.parliament.uk/Commons/2019-03-06/debates/F1381E13-33A6-4A4F-9F12-D383B0F1F6D8/Engagements.

② "如果举行苏格兰独立公投，你将如何投票？"支持和不支持者在以下几个时间段的比例如下：2014年10月：49%∶45%；2015年10月：45%∶49%；2016年7月：40%∶45%；2017年10月：39%∶50%；2018年6月：41%∶50%；2019年12月：38%∶48%。"How would you vote in a Scottish independence referendum if held now? (asked after the EU referendum)", What Scotland Thinks, 24 June 2016-31 January 2020, https://whatscotlandthinks.org/questions/how-would-you-vote-in-the-in-a-scottish-independence-referendum-if-held-now-ask/#line。

虑到民调中"不知如何选择"和"拒绝回答"的情况，如果苏格兰再来一次独立公投，结果很难预测。苏格兰民族党已经跃身成为下院第三大党，由于其独立倾向，即使在两大主流政党无法单独执政的情况下，选择其联合执政的可能性也很小。依以往经验看，工党更善于处理权力下放，但权力下放的结果有待商榷。在有争议的民族问题上，地区性公投作为进一步下放权力的决策工具越来越成为常态。

（二）苏格兰特殊的经济利益及其与欧盟的紧密关系

苏格兰对中央政府的反应除了政治理念方面的原因外，还有特殊的经济利益原因。

北海油田引发的独立问题。一些民族的、种族的、文化的或宗教的认同差异反映了经济差异和物质剥夺。苏格兰地处北海，北海是俄罗斯和德国的出海口，20世纪70年代，刺激苏格兰独立诉求的原因之一是位于苏格兰与北欧之间的北海油田被发现，其储存量约240亿桶。一些人认为，"掌握自己的资源就能掌握自己的命运"。然而，大量石油被运往英格兰，英格兰每年约3/4的石油收入来自北海，苏格兰人觉得英格兰占了巨大的便宜。2016年，苏格兰油气产量增加了2.9%，销售额增长了15.2%，产量占英国总产量的82%。[1] 苏格兰人口和石油储量与北欧国家相似，如果它凭借油气资源和小国寡民的优势分离出去，就会与挪威一样，靠石油过上富裕的生活。苏格兰民族党人认为，像比利时或荷兰那样的小国都是在欧盟的支持下发展起来的。而英国政府认为，北海油田收入并没有如此乐观，并且收益会锐减。即使苏格兰拿到了北海油田的收益，也无法负担苏格兰目前的福利支出。留在英国，每个苏格兰人每年都可以享受到1400英镑的福利。[2] 一旦失去从联合王国得到

---

[1] "Oil and Gas Production Rises", Scottish Government, Sep. 13, 2017, https://www.gov.scot/news/oil-and-gas-production-rises/.

[2] 赖亚枫、张利华：《苏格兰独立公投失败的主要影响因素——基于民调的分析》，《国际政治科学》2016年第4期，第121页。

的大笔补助金，苏格兰财政将更加难以为继，它不得不依靠英国。地方政府自己仅仅能够筹措到20%左右的地方资金，其余全都要依赖中央政府的财政拨款。国际油价下滑也使苏格兰独立主张的底气不足。苏格兰独立公投前一年，布伦特原油每桶平均价格为109美元，2019年每桶大概为65美元。苏格兰愿意暂时留在联合王国内的民众的考量是，布鲁塞尔确实在提供一些资金，但如果从更大的图景来看，从英国中央政府得到的更多。萨蒙德鼓动选民时有两大主张：经济增长与公平。只要苏格兰人认为，未来获得以上两点的信心大于独立的不确定性，独立就不是必然的路径选择。① 如果英国政府削减苏格兰的补助金，会面临来自地方的巨大政治压力，甚至会导致"斯洛伐克模式"的分裂。因此，苏格兰的独立在一定程度上与联合王国给予其公共支出的补助金有很大关系。

欧盟地区政策使苏格兰受益。欧洲一体化已经深入英国内部政治，它弱化了英国中央权威，影响了英国地方治理模式。1997年后，英国加速了权力下放进程。次级区域与欧盟机构频繁交往，缺乏清晰边界、被弱化的国家结构受到挑战。2003年，欧盟自主定义地区，欧洲议会和理事会关于地区统计单位命名法的规定被采用，欧盟统一划分为97个一级地区，271个二级地区和1303个三级地区。通过结构基金和统一的经济政策等措施建立欧盟、成员国、地区等层面的多层治理格局。根据这一命名法，英国可分为12个一级地区、37个二级地区和133个三级地区，433个一级地方行政单位和10664个二级地方行政单位。② 自英国加入欧共体开始，希思追求的第一个目标就是欧洲地区发展基金，以弥补英国在共同预算摊款上的不利地位，但欧盟的地区政策却影响了英国的团结。英国"脱欧"使

---

① 陈海燕：《能源博弈下的苏格兰公投及英国相关政策走向》，《西南民族大学学报（人文社科版）》2015年第10期，第205页。
② 李冠杰：《危险的分权：新工党治下英国的权力下放进程（1997—2001）》，上海人民出版社2014年版，第69页。

苏格兰的民族主义再次发酵,成为苏独呼声高涨的导火索。苏格兰着重发展对欧关系,它不想失去来自欧盟的地区资金援助,失去单一市场的利益及欧盟对其农业和大学的资助,继续使用欧盟的法律保护工人和人权。以农业为主的苏格兰和以商业为主的英格兰,欧盟农业政策对二者来说重要性不同。地方政府可以绕过本国政府,借助欧盟地区委员会这一平台,影响欧盟决策。公投结果带有民主的不可接受性,苏格兰必须面临脱离欧洲,而苏格兰多数民众明明投的是"留欧"。在公投前的三个月里,苏格兰国内生产总值季度增长0.4%,全年增长0.7%。直到2016年上半年,苏格兰就业率和失业率基本平稳,但在公投后三个月时间里,失业率降至4.6%,为2008年以来的最低水平。[1]

以"留欧"为筹码换取自治权。苏格兰希望独立后,要以独立国家身份加入欧盟,单一市场不仅可以减少分离的经济成本,而且可以减少中央政府对苏格兰地区事务的干预。[2] 在2019年9月初的下院辩论中,苏格兰民族党道格拉斯·查普曼称,约翰逊上台仅几周内,苏格兰民众对独立的支持率就提升了。苏格兰地方政府公布的《苏格兰在欧洲的地位》中阐述了苏格兰能接受的"脱欧"方式,即通过二次公投"留欧""软脱欧"或者给予苏格兰特殊地位单独留在欧盟。[3] 英国2/3的渔业、1/2的畜牧业、1/2的光电、生命科学产业和威士忌产业都是属于苏格兰的。而苏格兰仅占英国8.5%的人口,人均资源丰富。苏格兰与英格兰主导的中央政府之间缺乏信任。苏格兰民族党担心中央政府对从布鲁塞尔收回的权力进行截留。政

---

[1] "State of the Economy: October 2016", Scottish Government, Oct. 28, 2016, https://www.gov.scot/publications/state-of-the-economy-october-2016/.

[2] 许川:《试析分离主义视角下的苏格兰公投——兼论台湾地区"独立公投"的非法性》,《台湾研究》2019年第2期,第52页。

[3] "Scotland's Place in Europe", Scottish Government, Dec. 20, 2016, https://www.gov.scot/news/scotlands-place-in-europe-4/.

府未能明确将从欧盟收回各项权力下放给苏格兰政府，特别是在涉及农业、渔业等与苏格兰利益切身相关的领域，这是苏格兰民族党要求苏格兰独立的根源。①

英国贸易政策观察团研究显示，无协议"脱欧"会导致整个苏格兰6.3万人失去工作，每个家庭都要面对物价提高，他们要为"脱欧"付出沉重代价，这是苏格兰在公投中根本不支持的决定。② 作为一个有独立诉求的政党，苏格兰民族党在英国下院一直拿苏格兰较高的"留欧"支持率当作筹码，试图提升苏格兰与英国谈判的地位。③ 寻求从伦敦的中央政府那里获得某种自治，包括征税和在欧盟机构里的独立代表的权利。许多保守党认为，地方自治使英国面临滑向分裂主义的危险，而欧盟成员国地位又加大了这种分裂的可能性。英国放松了地区控制，并不是为了让一个欧洲超级国家从布鲁塞尔发挥新的支配作用。

（三）效仿分权的威尔士

威尔士是除了英格兰外，对国家统一认同最强的地区，但是对于其特有的语言和文化，威尔士有更强的自我认知。威尔士认为，联合王国未支持其关键产业，还导致了威尔士文化特别是威尔士语的衰落。为保持其民族文化纯洁性，文化民族主义一直是其民族运动的主流，对政治自主权的诉求并不强烈。④

20多年前，威尔士的分权化还未被提上日程。威尔士与英

---

① 桂涛：《"脱欧"关键法案撕裂英国社会》，《经济参考报》2018年6月15日。
② "Engagements", House of Commons Hansard, Vol. 664, Sep. 4, 2019, https://hansard.parliament.uk/Commons/2019-09-04/debates/A7A1E43B-AD26-4F52-BB21-E7715164C5B4/Engagements. 也有研究显示，"硬脱欧"会导致8万苏格兰人失去工作，见"Scotland's Place in Europe", https://www.gov.scot/news/scotlands-place-in-europe-4/。
③ 李冠杰：《危险的分权：新工党治下英国的权力下放进程（1997—2001）》，上海人民出版社2014年版，第156页。
④ 王展鹏、张茜：《脱欧背景下英国权力下放的演变及其影响》，《欧洲研究》2019年第4期，第4页。

格兰的法律与行政机构紧密融合在一起，分权化并不像在苏格兰那样紧迫，要求权力移交的一揽子方案与苏格兰相比，更为温和。1998年以后，英国的一些权力已经从白厅和威斯敏斯特转移到爱丁堡、加的夫（明显在更小的程度上）和斯托蒙特。① 尽管威尔士、苏格兰和北爱尔兰的分权化过程基本同步，平行展开，在几个月内都建立了新议会和行政机构，但是三地议会的规模和组成、行政机构机制和权力运行各不相同，英国是根据各地实际情况进行的分权运动。② 一段时间以后，拥有较少权力的地区会要求得到与分权化更为深入的地区一样的权力与资源。新威尔士议会只拥有二级立法权力，没有调节税收的权力。威尔士事务大臣为政府内阁成员，其权限范围与其同僚苏格兰事务大臣大体相同，但重要性略为逊色。中央政府给予苏格兰地方议会相对优待的政策之后，会引发更多地区对苏格兰的愤恨情绪。同时，基于苏格兰的示范作用，威尔士紧跟苏格兰分权化模式。威尔士民族党提出，在税收调节和制定地方法律等方面，威尔士议会应当享有与苏格兰议会同等权力。与苏格兰的民意状况不同，仅有10%的选民支持威尔士独立，脱离英国对于威尔士来说是不现实的目标，其经济实力和前景也不足以支撑这一要求。

威尔士虽然在"脱欧"公投中支持"脱欧"，但威尔士党不支持政府强硬的"脱欧"立场，努力争取"脱欧"逆转，在多数情况下站在苏格兰一边，要求中央政府充分考虑各地的差异诉求，维持与欧盟的紧密关系。这一立场既是出于获得欧洲一体化经济利益的目的，也有与苏格兰合作维护权力下放成果

---

① ［英］比尔·考克斯等著，孔新峰、蒋鲲译：《当代英国政治》（第4版），北京大学出版社2009年版，第654页。
② 李冠杰：《危险的分权：新工党治下英国的权力下放进程（1997—2001）》，上海人民出版社2014年版，第113页。

的考量。① 威尔士严重依赖欧盟的地区资金的支持，2014—2020年，威尔士获得欧盟2亿英镑的结构性基金，以支持其经济增长和增加就业。② 农业、渔业和环境产业是威尔士农村经济的基础，与苏格兰一样，它也担忧从欧盟手中拿回的权力未来如何使用的问题。2018年6月，特蕾莎·梅政府解释了其地区政策，概括了他们为保护威尔士农业、渔业和环境产业所做的努力，并声明政府的所有政策都应支持权力下放。但是，她还是未能得到威尔士的支持。2018年12月，威尔士和苏格兰两大议会几乎同时否决了她的"脱欧"协议。

（四）对少数人的偏袒引发的公平问题

"不独立将获得更多的权力"，但如果中央政府在政策上对民族主义诉求强烈的地区过分照顾，这种对少数人过度偏袒同样会引发问题。

中央与地方的利害关系主要集中在怎样处理国家议会与苏格兰等地方议会之间的矛盾。在下院表决时会遇到自行矛盾的现象，被称为"西洛锡安问题"，即苏格兰议员在非苏格兰事务上有投票权，非苏格兰议员在苏格兰事务上却没有投票权，因此受到了英格兰等地的批评。根据"巴奈特公式"，苏格兰人均政府公共开支比英格兰人要高出20%—25%，英国纳税人给予苏格兰的实惠明显过多。③ 同时，其人均收入现在已经接近联合王国的平均水平，苏格兰已经不再显著落后。苏格兰、

---

① 王展鹏、张茜：《脱欧背景下英国权力下放的演变及其影响》，《欧洲研究》2019年第4期，第11页。

② "2010 to 2015 government policy: European funds", UK government, May 8, 2015, https://www.gov.uk/government/publications/2010-to-2015-government-policy-european-funds/2010-to-2015-government-policy-european-funds # appendix-1-european-structural-and-investment-funds-united-kingdom.

③ ［英］丹尼斯·卡瓦纳著，刘凤霞、张正国译：《英国政治：延续与变革》（第4版），世界知识出版社2014年版，第30页。以20世纪70年代末英国国库财务秘书巴奈特名字命名，巴奈特认为这是一个权宜之计，作为苏格兰获得财政拨款的依据，并不是一个严格的公式。

威尔士和北爱尔兰在政府内阁中都有各自的大臣，苏格兰和威尔士在英国议会中议员的最低人数始终是得到保证的，与这两个地区人口的多少并无联系。苏格兰与英格兰选区相比，每个选区合格选民人数平均少约1万人。

英格兰并未设立地区层面的自治政府，除伦敦外，英格兰地区由中央政府直接管辖，这引起许多英格兰人不满。中央政府对北爱尔兰的"偏袒"同样引起苏格兰不满。2017年，英国政府决定将10亿英镑专款单独拨给北爱尔兰，随后又宣布，在现有的10亿英镑预算基础上，再向北爱尔兰拨款1.4亿英镑用于2019—2020年预算。英国政府没有采用"巴奈特公式"，继续为北爱尔兰提供额外资金，让苏格兰觉得再一次受到了不公正的待遇。① 受到财政紧缩政策影响的不只是北爱尔兰，在过去的10年里，英国政府持续的财政紧缩已经使苏格兰的资源拨款减少了近20亿英镑。为了防止北爱尔兰与爱尔兰形成"硬边界"，约翰逊的"脱欧"计划赋予北爱尔兰与欧盟紧密的经济同盟关系，而苏格兰认为，它留在欧盟单一市场和关税同盟的建议却被忽视了。

二、北爱尔兰和直布罗陀：留在联合王国还是投向他国

在"脱欧"问题上，北爱尔兰和直布罗陀与苏格兰、威尔士的区别在于，北爱尔兰和直布罗陀直接关系着英国与爱尔兰和西班牙的未来关系，这两国又都是欧盟成员国。北爱尔兰与爱尔兰共处一岛，而西班牙一直没有放弃对直布罗陀的主权要求。

（一）族群政治使北爱尔兰未来问题难解

100年前，北爱尔兰和南部的边界正式确立，即今天爱尔

---

① "Scotland being 'short changed'", Scottish Government, Mar. 1, 2019, https://www.gov.scot/news/scotland-being-short-changed/.

兰与英国的边界。因为南方信奉天主教的26个郡组成了新的独立国家——爱尔兰自由邦（即爱尔兰），北方信奉新教的6个郡则成为联合王国的一部分。自此以后，北爱尔兰的天主教徒和新教徒在"效忠于爱尔兰共和国还是效忠于英国王室"的问题上冲突不断。有人称北爱尔兰为省，它的地理范围大致是爱尔兰历史上的四个省份之一，名为厄尔斯特。所以北爱尔兰问题实际上就是厄尔斯特问题。对北爱尔兰最恰当的称呼是"地区"，它被国际社会正式认可的身份是大不列颠及北爱尔兰联合王国的一部分，与联合王国其他三个部分——英格兰、苏格兰和威尔士不同的是，北爱尔兰是以地区而非国家的身份加入。人民如何被吸收到他们国家的政治生活中，决定了他们将生发出何种民族意识，以及会引起何种程度的民族冲突。① 苏格兰是经协议加入联合王国的，苏格兰独立的支持者们并不将英国视为殖民者，他们选择用法律而非炸弹来寻求独立。北爱尔兰和苏格兰的基本政治框架与英格兰有些区别，法律制度更有差异。北爱尔兰有自己的地方议会和政府，有自己独立的法律体系，可以自己发行邮票。北爱尔兰大约60%的立法来自欧盟或与欧盟法协调。②

迄今为止，英国在处理北爱尔兰宗教冲突中并没有比其他国家更成功。一个政府使得公民服从其管理部分依靠军队、警察和法庭等强制性权力，强制性权力在英国政治体制下很少被运用，只有在对待北爱尔兰问题上是一个非常特殊的例外。英国虽然管辖着北爱尔兰六郡，但对多数信奉天主教的爱尔兰人而言，这是一种缺少共识的执政。③ 暴力事件让北爱尔兰问题

---

① ［美］捷克·斯奈著，吴强译：《从投票到暴力：民主化和民族主义冲突》，中央编译出版社2017年版，第26页。
② 王展鹏、张茜：《脱欧背景下英国权力下放的演变及其影响》，《欧洲研究》2019年第4期，第19页。
③ ［英］丹尼斯·卡瓦纳著，刘凤霞、张正国译：《英国政治：延续与变革》（第4版），世界知识出版社2014年版，第10页。

成为英国政治体制最突出的挑战。北爱尔兰天主教徒与新教徒的冲突被看作是全欧教派冲突的一例,但北爱尔兰的情况又因为英国的殖民历史更加特殊,教派冲突的背后是对英国殖民北爱尔兰的不同态度。在北爱尔兰,两党的支持者占选民总数的70%,它们几乎就是北爱尔兰的全部政治。北爱尔兰社群间的冲突与仇恨、英爱关系及爱尔兰分裂的整个历史,使北爱尔兰问题与总体上较为和平的苏格兰和威尔士的民族主义政治区别开来。大部分天主教徒认为自己是爱尔兰人,支持以爱尔兰统一为诉求的新芬党。新教徒则认为自己是英国人,支持与威斯敏斯特有密切联系的北爱尔兰民主统一党。英国在北爱尔兰的驻军未能阻止两大教派之间的暴力冲突,也没能防止恐怖主义活动在英国大陆的蔓延。

1968—1998年这30年是北爱尔兰动荡时期。自1995年第一个和平计划后,共有4个和平计划资助北爱尔兰和爱尔兰边界几个郡,欧盟、北爱尔兰行政院和爱尔兰政府都提供资助。[①] 1998年4月达成的《贝尔法斯特协议》谈了近两年,成为布莱尔为工党赢得的政绩,它缓解了必须在忠于两个国家中选择一个的潜在难题。协议各方都同意,如果将来绝大多数北爱尔兰人都愿意并入爱尔兰,英、爱两国政府都将予以支持并采取立法措施促其实现。爱尔兰政府为此修改了其在1937年制定的宪法,将其中的第2条、第3条等条款予以删除,这些条款涉及爱尔兰最终统一的目标。英、爱两国的欧盟成员国身份是该协议取得成功的基础。根据《贝尔法斯特协议》,新的北爱尔兰议会于1999年获准成立。但是,2000年,英国政府以北爱尔兰没有如期履行解除武装为由中止了权力移交,恢复对北爱尔兰的直接管制。英国政府已经宣布称,任何有关北爱尔兰宪法地位的改动,包括与爱尔兰的合作方式,只要经过绝大多数北

---

① [英]丹尼斯·卡瓦纳著,刘凤霞、张正国译:《英国政治:延续与变革》(第4版),世界知识出版社2014年版,第216页。

爱尔兰人民的同意，都可以接受。但在苏格兰和威尔士问题上，分离主义的观点遭到了拒绝。① 至今，天主教徒和新教徒社群之间的隔离墙仍然存在，两边民众仍然选择各自聚居而不是融合。北爱尔兰新教徒比天主教人数只多了3个百分点。但在爱尔兰，新教徒明显是少数。新教徒人口高于天主教徒是造成两大族群政治地位长期不平等的重要根源，也是最初北爱尔兰通过公投继续留在英国的主要原因。对于北爱尔兰新教徒不利的一点是，北爱尔兰天主教徒人口逐渐增长。随着北爱尔兰宗教人口结构的变化，北爱尔兰的政治未来存在越来越大的变数。

21世纪以后，英、爱两国的对抗减弱了。欧元危机迫使两国重新联合，欧元区指责爱尔兰税收过低，要求爱尔兰提高企业税率，而英国则毫不犹豫向爱尔兰提供金融援助。②"脱欧"触动了英、爱边界敏感问题。对于爱尔兰来说，"脱欧"使它夹在中间，被欧盟和英国这两个国际上重量级的行为体撕扯着。英国则不得不应对"脱欧"对北爱尔兰和平进程以及英国统一的重大影响。北爱尔兰问题一直是"脱欧"谈判的焦点问题，亲英的民主统一党和民族主义派的新芬党分歧很大，北爱尔兰未来地位的不确定性增加。20世纪80年代以来，爱尔兰完成了由农牧经济向知识经济的跨越，从"欧洲农村"变成了"欧洲小虎"与"凯尔特之虎"。2014年以来，爱尔兰每年的经济增速都快于其他欧盟成员国。人均国内生产总值已经超过英国。北爱尔兰在产业链分工与经济收入上均不如爱尔兰，与爱尔兰的经贸关系大大增强，而北爱尔兰与英格兰的关系则提升空间有限。2015年，5000多家北爱尔兰企业向爱尔兰出口，占北爱尔兰总出口量的33%，是向英国出口的1.5倍。其中，53%的

---

① [英]丹尼斯·卡瓦纳著，刘凤霞、张正国译：《英国政治：延续与变革》（第4版），世界知识出版社2014年版，第25页。

② [英]丹尼尔·汉南著，徐爽译：《发明自由》，九州出版社2020年版，第306页。

农产品出口爱尔兰，30%的牛奶需要在爱尔兰加工。① 北爱尔兰地区从爱尔兰进口占27%，爱尔兰是北爱尔兰最大的贸易合作伙伴。

爱尔兰作为欧盟内的非申根国家，难民的自由流动相对较少，作为欧盟成员国，爱尔兰公民具有欧盟公民身份。爱尔兰政界与欧盟走得太近，部分原因是基于对大不列颠的疏远，另外爱尔兰寄希望从欧盟体制中捞一票。英国"脱欧"对于新芬党来说是一个机会，支持北爱尔兰通过边境投票，离开英国加入爱尔兰的呼声，较"脱欧"公投前有所增强。苏格兰议会拥有基本的立法权和对所得税一定的控制权，威尔士议会则没有这两项权力，北爱尔兰议会虽然拥有基本的立法权力，但在边界问题上仍要获得联合王国的授权，也须同爱尔兰政府协商。② 欧盟谈判团队、爱尔兰政府及北爱尔兰新芬党都认为，"脱欧"后给与北爱尔兰在欧盟中特殊体位符合这一地区的利益。自英国加入欧洲一体化进程以来，北爱尔兰就享受着英国与欧盟的双重补贴。而民主统一党则要求，要与英国一起"脱欧"，反对区别对待。③ 2017年英国大选后，民主统一党是特蕾莎·梅领导的保守党政府希望争取的关键少数派，同年，民主统一党和新芬党发生分歧，分权机制陷入瘫痪，北爱尔兰地区政府停摆。

爱尔兰政府对统一南北爱尔兰态度谨慎，统一需要付出很大代价，它不能为了统一而把一些信仰极端新教者迎进门，这会增加爱尔兰不稳定。另外，北爱尔兰的人均收入大约是爱尔兰水平的一半，目前，英国每年约支付10亿欧元的补助金给北

---

① "Additional data paper: Northern Ireland trade data and statistics", Northern Ireland Office and Department for Exiting the European Union, Aug. 16, 2017, https://www.gov.uk/government/publications/northern-ireland-and-ireland-a-position-paper.

② ［英］丹尼斯·卡瓦纳著，刘凤霞、张正国译：《英国政治：延续与变革》（第4版），世界知识出版社2014年版，第30页。

③ 曲兵：《北爱尔兰民主统一党对英国脱欧谈判的影响》，《国际研究参考》2019年第2期，第12页。

爱尔兰，爱尔兰难以接手这一负担。2019年大选后，保守党大获全胜，在下院不用再受民主统一党的掣肘。虽然约翰逊与欧盟达成的"四年双边界"①"脱欧"协议避免了爱尔兰岛上出现"硬边界"，但实际上相当于在爱尔兰海上设立一条新边界，让北爱尔兰继续留在欧盟的监管轨道上，联合派极度不满。为消除不满，英国政府未来在资金上可能更多地向北爱尔兰倾斜。2025年起，北爱尔兰议会有权每4年进行一次表决，选择继续遵守单一市场规则还是遵守英国贸易规则。即使达成"脱欧"协议，北爱尔兰问题依旧没有结束。

（二）直布罗陀主权争端使英西关系存在变数

100多年前英国海军元帅约翰·费希尔将多佛、新加坡、好望角、埃及亚历山大及直布罗陀并称为"锁住世界的5把钥匙"。② 位于西班牙南端的英国海外属地直布罗陀，于1703年被英国占领，后于1713年由西班牙正式割让给英国，这块咽喉要地被西班牙视为"耻辱"之地，它一直声称对直布罗陀拥有主权，想取得至少与英国共管的地位，但却遭到了英国政府以及直布罗陀当地民众的强力反对，直布罗陀最终地位悬而未决。在直布罗陀2002年的公投中，当地公民以98.97%的压倒性票数赞同继续由英国管辖。这一状况得到了欧盟的承认和默许。③ 在联合国调停下，当地1967年也举行过一次公投，以99.64%以上的比例要求维持英国主权。每天有近1.2万名西班牙人越

---

① 英国"脱欧"过渡期终止后，北爱尔兰将与欧盟维持4年的特殊关系，北爱尔兰在2025年之前留在单一市场内，但将与英国一起离开欧盟关税联盟。4年后，北爱尔兰议会可选择未来是否继续遵守欧盟的法规，或遵守英国法规。"双边界"是指在爱尔兰海上有一条英国与北爱之间的监管检查边界，另一条边界是在北爱尔兰和爱尔兰之间设置海关检查。

② 桂涛:《英国：优雅衰落——"脱欧"时代的权力、荣耀、秩序与现实》，生活书店出版有限公司2019年版，第53页。

③ "Brexit: Gibraltar: Question for Short Debate", House of Lords Hansard, Mar. 21, 2017, https://hansard.parliament.uk/Lords/2017 - 03 - 21/debates/ED51F73C-D70F-4D5E-86DA-115779383895/BrexitGibraltar.

过边境，进入直布罗陀工作，占直布罗陀40%的劳动力。

欧盟曾支持直布罗陀人拥有欧洲议会选举权。欧盟给予直布罗陀重要的资金支撑，约70%的直布罗陀法令源于欧盟。欧盟长期以来在英西之间起到了很大的调停作用。由于欧盟的原因，西班牙在与直布罗陀发生边境摩擦时保持了克制。在英国"脱欧"公投中，直布罗陀的投票率达到83.64%，"留欧"支持率高达95.9%。① 直布罗陀外向型经济极易受外部环境影响，金融和旅游业是它的两大支柱产业，欧盟单一市场对这两大产业尤为重要。此外，选择"留欧"，直布罗陀还可以利用欧盟遏制西班牙的主权要求，从而维持直布罗陀的现状。②

英国"脱欧"后，直布罗陀还是希望保留英国的属地身份，它90%的金融服务业依赖英国，在直布罗陀有英国重要军事基地。英国"脱欧"给了西班牙申张主权的机会，希望对直布罗陀与欧盟的未来关系拥有发言权。当前，西班牙人过境只需5分钟，英国"脱欧"后，可能要3—4小时。如果直布罗陀与英国一起"脱欧"，西班牙关注它未来如何自由进出直布罗陀的问题。西班牙向英国施压，表示不再反对苏格兰脱离英国而独立。西班牙希望借英国"脱欧"，开启英、西共有直布罗陀主权。2017年4月2日，特蕾莎·梅与直布罗陀首席部长会谈，"我们将会一如既往地支持直布罗陀人民及其经济发展，不会允许直布罗陀人民在其他主权国家控制下，违背人民自由、民主地表达他们的愿望，（英国）不会在直布罗陀不满意的情况下进入一项主权谈判进程"③。特蕾莎·梅首相一方面表达了

---

① "Analysis of the EU Referendum results 2016", House of Commons Library, Jun. 29, 2016, https://researchbriefings.parliament.uk/ResearchBriefing/Summary/CBP-7639#fullreport.

② 郝金霞：《英国脱欧视域下的直布罗陀问题》，硕士学位论文，山西大学2019年，第20页。

③ "PM call with Chief Minister of Gibraltar", Prime Minister's Office, Apr. 2, 2017, https://www.gov.uk/government/news/pm-call-with-chief-minister-of-gibraltar-2-april-2017.

对直布罗陀的关切，另一方面以强硬立场回应西班牙。西班牙希望成为直布罗陀与欧盟之间的关系维系的纽带。它要求，"脱欧"协议中应该明确，除非西班牙同意，否则"脱欧"协议不能适用于直布罗陀，英国和欧盟将来的贸易或安全协定也不适用于直布罗陀，否则，西班牙会抵制欧盟与英国达成的协议。西班牙的要求并不意味着它具有"脱欧"否决权，根据《欧盟运行条约》，"脱欧"协议需要获得"绝对多数"同意，即决策的成员国中至少有72%的国家（20个成员国）和欧盟65%的人口通过。① 但是，它会给欧盟的决策造成压力，阻碍"脱欧"进程。西班牙的要求无异于英国放弃对直布罗陀的管辖权，英国坚持，英、欧之间的任何协议都将适用于直布罗陀。西班牙首相与特蕾莎·梅首相都面临着国内压力，过多让步很容易遭到攻击。

2018年11月29日，英国与西班牙达成谅解备忘录。最终英、欧达成的"脱欧"协议适用于直布罗陀，英、西之间建立协调委员会以保证"脱欧"协议的实施。② "脱欧"协议中关于直布罗陀的条款，在过渡期截止后便停止执行。③ 过渡期内，直布罗陀将继续留在欧洲单一市场和关税同盟中。但过渡期后，直布罗陀的地位仍然未定，英、西两国仍需继续谈判。谅解备

① 张华：《论英国"退欧"进程中的条约法问题》，《欧洲研究》2017年第4期，第68页。

② "Agreement on the withdrawal of the United Kingdom of Great Britain and Northern Ireland from the European Union and the European Atomic Energy Community", HM Government, Oct. 19, 2019, pp. 444 – 446, https://www.gov.uk/government/publications/agreement-on-the-withdrawal-of-the-united-kingdom-of-great-britain-and-northern-ireland-from-the-european-union-and-the-european-atomic-energy-communi.

③ "With the exception of Article 1: Citizens' rights. Agreement on the withdrawal of the United Kingdom of Great Britain and Northern Ireland from the European Union and the European Atomic Energy Community", UK Government, Oct. 19, 2019, p. 290, https://www.gov.uk/government/publications/agreement-on-the-withdrawal-of-the-united-kingdom-of-great-britain-and-northern-ireland-from-the-european-union-and-the-european-atomic-energy-communi.

忘录并不在法律意义上改变英、西两国的主权立场，西班牙可以继续声索对直布罗陀的主权。"脱欧"协议生效后，直布罗陀立即表示，它可能在英国"脱欧"后加入申根区，但是英国不会同意这块飞地自主进行与欧盟的谈判。直布罗陀的未来，会在英欧未来谈判中横生枝节。

小结

英、欧双方如何在尊重国家主权和欧盟的自治权之间寻求平衡成为难题，"脱欧"公投很大程度上因为英、欧分歧而起，但是"脱欧"过程如此艰难和耗时，更多的是因为英国国内政治分歧。"脱欧"公投暴露了英国社会成员之间的年龄差异、经济收入差异以及不同地区之间的差异，关于如何"脱欧"达到利益最大化，英国没有达成共识。"脱欧派"认为，欧盟对英国国家主权构成了威胁，欧盟法律的优先性和直接效力原则影响到了英国议会主权原则，主权国家在保护本国经济和抵御危机方面的作用应该得到强化。"留欧派"认为，在全球相互依赖的背景下，保持国家绝对主权是不可能的，也是不现实的，因此牺牲欧盟单一市场给英国带来的利益是不必要的自我伤害。

英国"脱欧"的目标是从布鲁塞尔"拿回控制权"，结束对欧盟的财政贡献，结束欧洲法院的司法管辖，防止欧洲难民大批涌入英国。如果说"拿回控制权"有任何实质影响，那必然是增进国家利益的能力，而英国却在削弱这种能力，使政府和议会之间的矛盾加剧，权力分散，无法形成统一方案。为了加强监督权，议会要求政府及时公布"脱欧"方案细节，不断通过新规则向政府施压，政府为了有效行使执行权，试图绕过议会单独主导"脱欧"议程。

英国"脱欧"给欧洲一体化发展制造变数，同时，英国也面临着国家统一问题。除英格兰外，苏格兰、威尔士和北爱尔兰三个地区议会都反对政府的"脱欧"方案，"脱欧"协议虽然达成了，但是各地区与英格兰之间的分歧并没有弥合，将成为英国长期面临的挑战。各地区自主意识逐渐增强。苏格兰将走向独立还是要更多的分权？北爱尔兰的未来地位如何？它们在一定程度上取决于英国未来权力下放政策、地区优惠政策及"脱欧"的后续影响，这些影响可能在短期内无法完全显现。苏格兰独立打开了"魔盒"，引发其他地区效仿，这是英国两大政党都不愿看到的。

第五章

英国"脱欧"对未来世界政治的影响

英国"脱欧"是在这些背景下发生的：美国仍旧是世界唯一超级大国，却开始相对衰落；中国改革开放后迅速发展，又一再展示其和平发展、合作共赢的意向；俄罗斯在苏联解体后逐步重振国威；欧盟发展60年，从6国扩大为28国，却一再出现"成长的烦恼"；日本在美国保护伞下成长为经济强国，力争军事强国和"正常国家"地位。英国再次面临"向何处去"的历史抉择，2020年1月31日，英国结束了长达47年的欧盟成员国身份。在过去3年零7个月的"脱欧"长跑中，英国政府几乎把工作重心都放到了"脱欧"问题上。"离开"自然会引出"去哪"的问题，21世纪的第二个十年，一向以务实、稳健著称的英国如何调适和定位自身？我们又该怎么看待英国？英国"脱欧"将对英国自身、欧洲一体化进程及世界政治和经济格局产生深远影响，大国关系将会调整。"脱欧"的一些影响已经逐步显现，但还没有展示出全部。

第一节 "脱欧"对英国的影响

欧洲深刻地塑造了英国国内政治。英国与欧盟关系是过去半个多世纪里主导英国政治、引起争议的问题之一。"脱欧"公投结果公布后，英国民众有人满怀憧憬，有人话语带有责难。"脱欧"一局，英国到底是输还是赢？英国人对"脱欧"的利弊比公投时有了更清晰的认识，但仍难以达成共识。英国在"脱欧"当天发行了"脱欧"纪念币，欧洲议会大厦外的英国国旗被降下，在这历史性的一天，英国有人欢呼，有人流泪。

一些人将这一天视为英国"拿回控制权"的"独立日";也有许多人惋惜,将其视为一个重大损失,甚至认为,"脱欧"是英国自1956年苏伊士运河事件以来的最大失误,而整个欧洲将受到牵连。

一、对英国经济的影响

从短期影响来看,英国经济好于公投结果公布后出现的那些悲观预测,国内生产总值并没有出现严重缩水,但是经济仍面临下行压力,伦敦金融中心地位受到削弱,受市场不确定性影响,投资者多持观望态度。从积极的方面看,英国将会省下向欧盟贡献的大量资金,将其用于国内发展,签订广泛的贸易协定,拥抱更多的发展机会。

(一)对整体经济和社会生活的影响

"脱欧"虽能使英国在移民和财政两方面获得明显收益,但不确定性对英国经济的影响很大,且短期内难以估计,它不但影响英镑和欧元的稳定性,还对外国投资产生直接影响。2016年,"脱欧"公投消息传出后,金价飙升,英镑跌至1985年以来的最低水平。[①] 同年6月23日,"脱欧"公投后,英镑跌了近30%。截至2019年10月初,英镑贬值接近20%。国际货币基金组织几次下调了对英国经济的展望,受贸易成本增加预期和不确定性影响,商业投资额低于预期水平。2016年,普华永道预测,英国"脱欧"短期内受到的冲击较大。与不"脱欧"相比,如果与欧盟达成自由贸易协定,英国的实际国内生产总值在2020年、2025年和2030年将分别减少3.1%、1.1%和1.2%,如果双方不能达成协议,将意味着不得不恢复关税和配额,以及对企业设置壁垒,英国在以上三个年份实际国内

---

① "Brexit bullion: Fear of no-deal triggers Irish gold rush", Arab News, Jan. 19, 2019, https://www.arabnews.com/node/1438331/business-economy.

生产总值将分别减少5.5%、4.1%和3.5%。①

英国国家经济与社会研究所2018年的研究显示，如果当前政府与欧盟的"脱欧"协议得以实施，到2030年，英国国内生产总值将会下滑3.9%。② 英国"脱欧"除了带来高关税外，还带来高交易成本，如书面工作增加、港口装卸时间变长、相关服务的无形成本提升，这些成本基本占英国国内生产总值的2%左右。③ 2018年10月，英国工业联合会研究发现，80%的企业认为未来充满不确定性，不确定性对企业投资决策产生了消极影响。④ 净流入英国的外国直接投资从2016年的3248.1亿美元（按现价美元计算）减少至2019年的270.3亿美元（按现价美元计算）。⑤ 一般情况下，大企业比小企业更能经受得住"脱欧"带来的混乱。公投后，英国居民实际收入增长缓慢，英镑下跌导致了商品进口价格上涨，民众生活成本提高，个人消费受到严重影响，通货膨胀水平大幅增加，制造业和建筑业下滑。英国的劳动力成本增加，服务于英国医疗服务体系的欧盟医护人员的辞职率升高，公共基础设施建设的人员流失数量可能继续增加。⑥

整体来看，英国经济避免了很多人预测的那种急转直下的

---

① Martin Armstrong, "The economic impact of Brexit", Statista, Mar. 22, 2016, https://www.statista.com/chart/4533/the-economic-impact-of-brexit/.

② "GDP to be 4% lower in the longer term than it would have been had the UK stayed in the EU, NIESR report reveals", National Institute of Economic and Social Research, Nov. 26, 2018, https://www.niesr.ac.uk/media/gdp-be-4-lower-longer-term-it-would-have-been-had-uk-stayed-eu-new-niesr-report-reveals-13565.

③ ［美］保罗·克鲁格曼：《英国脱欧与特朗普贸易战》，《中国经济报告》2018年第7期，第93页。

④ "UK's Economic Outlook in Six Charts", IMF Country Focus, Nov. 14, 2018, https://www.imf.org/en/News/Articles/2018/11/13/na111418-uk-economic-outlook-in-six-charts.

⑤ 世界银行专项指标（经济与增长），https://data.worldbank.org.cn/indicator/BX.KLT.DINV.CD.WD?locations=GB&view=chart。

⑥ "A Year of Impact (2018)", CBI：https://cbicdnend.azureedge.net/media/1838/2019-03-cbi-a-year-of-impact.pdf?v=20190401.3.

下滑，"脱欧"期间步入稳定但乏力增长的阶段，但在2020年新冠疫情期间出现了大幅衰退，欧盟和欧元区情况也都如此，2021年和2022年是缓慢复苏之年，2023年仍然没有实质性起色。2014—2023年10年间，英国实际国内生产总值增长依次为3.2%、2.4%、2.2%、2.4%、1.7%、1.6%、-11%、7.6%、4%、-0.3%，在相同时间段内，欧盟整体经济增长情况依次为1.7%、2.5%、2%、3%、2.3%、2%、-5.6%、5.6%、3.7%、0.7%。① 2008年之前，英国是发达国家中经济增长最快、率先走出金融危机阴影的国家，但2018年开始，"脱欧"对英国经济的消极影响明显增加，经济增长放缓。2018年，英国已经与日本和意大利一起，成为七国集团国家中经济增长最缓慢的国家。2022年9月，独立75年的印度已经超过英国，成为世界第五大经济体，并且这种差距可能会进一步拉大。一部分学者认为，英国经济陷入如此窘境倒不是首相不作为，而是因为二战后英国经济的结构性问题难解。② 但是"脱欧"难辞其咎，英国央行前行长马克·卡尼早在2017年12月就发出警告："英格兰银行将其关键利率保持在0.5%，同时密切关注英国'脱欧'引发的通货膨胀。"该行官方数据显示，英国通货膨胀率已达到近6年来的最高水平。2017年，英镑走低，商品进口成本升高，此后，英国各地物价上涨速度加快。③ 当时没有受到太多关注，几年后，这个问题才被重视。政府接连做出重大政策调整也难挽颓势，2022年10月底，英国通货膨胀率为11.1%，达到40年来的最高水平。④ 英国的通货膨胀率在西欧

---

① "World Economic Outlook（July 2023）", IMF Data Mapper, https://www.imf.org/en/Countries/GBR.

② 田德文：《英国首相约翰逊下台又如何》，《世界知识》2022年第15期，第37页。

③ "Bank of England holds interest rate at 0.5%", The Guardian, Dec. 14, 2017, https://guardian.ng/news/bank-of-england-holds-interest-rate-at-0-5/.

④ 田德文：《英国：远大前程还是艰难时世?》，《世界知识》2023年第2期，第42页。

国家中最高。

英国希望在促进自由贸易方面成为全球领导者，它将"脱欧"视为达成更好的自由贸易协定的机会。在过去的 20 多年中，欧盟与 65 个非欧盟国家谈判了 40 项自由贸易协定，还有一些贸易协定正在批准或谈判中。① "脱欧"前，英国对外经贸关系受制于欧盟与他国的贸易协定。"脱欧"后，这些协定不再适用。英国试图以欧盟的自由贸易协定为模板，借用到英国与他国的经贸协定中以稳固对外经贸关系，并寻求达成比前者更有利的条款，在金融服务业上保留自身特色。② 为应对"脱欧"后英国贸易可能遭受的冲击，2020 年 2 月，英国政府经过数周磋商，计划建立多达 10 个自由港，以抓住"脱欧"后的发展机会，释放国家发展潜力。③ 吸引新企业，扩大就业岗位和增加投资机会，这也是英国实施"全球英国"战略的重要步骤。但是，依目前状况来看，当前英国经济进入衰退期的可能性较大，2023 年英国仍将处于低增长、高通胀的发展困境。④ "全球英国"战略的效果远不如预期。

（二）对金融业及伦敦金融中心地位的影响

"脱欧"后，英欧金融关系的紧密度将弱于作为欧盟成员国时的紧密度。金融业对稳定性极为敏感，又是英国经济的支柱产业。2017 年，金融业为英国经济贡献 1190 亿英镑，占英国全部经济产业的 6.5%，英国金融业能直接提供 110 万个岗

---

① 冯维江：《英国"脱欧"对国际贸易的影响》，《中国远洋海运》2020 年第 2 期，第 27 页。

② 张飚：《"全球英国"：脱欧后英国的外交选择》，《现代国际关系》2018 年第 3 期，第 20 页。

③ "Innovative new Freeports across the UK as Government lays out plans to boost economy", UK Government, Feb. 10, 2020, https://www.gov.uk/government/news/innovative-new-freeports-across-the-uk-as-government-lays-out-plans-to-boost-economy.

④ 孔亦舒：《当前英国经济形势及 2023 年展望》，《中国经贸导刊》2023 年第 1 期，第 43 页。

位，是英国最大的出口业。① 英国是全球金融贸易盈余最多的国家，金融业占英国经济产出的7.2%，贡献了本国税收的11%。② 英国金融业高度依赖欧盟市场，2017年，欧盟27国20%的服务业进口来源于英国，21%的服务业出口到英国。英国虽然不是欧元区国家，但却是全球最大的欧元交易中心。凭借欧盟成员国身份，在英国注册的金融机构可以自由进入欧盟统一市场开展业务，无须在欧盟其他地区设立分支机构。没有了"通行牌照"，英国金融机构在欧盟开展金融业务的成本将大大增加。在英国注册的金融机构如果需要在欧盟开展业务，就需要在欧盟设立机构并接受欧盟的监管。③ 公投结果公布以后，伦敦的很多大型金融机构开始着手准备迁出主营业务，为确保进入单一市场，在英国的许多金融机构将迁址到法兰克福、巴黎等金融中心，这将影响超过4.1万个工作岗位。④ 在"脱欧"期间，欧盟曾向在英国的大型企业警告：英国"脱欧"后，它们不会自动继续享有欧盟单一市场的待遇，需要在欧盟地区成立新的机构才有可能获得欧盟的经营执照，否则，这些企业将会面临监管"寒流"。其他国家将不会再将英国作为进入欧洲市场的跳板。英国金融业不断发出不满，认为政府没有给予该行业足够的重视和保护，使金融业正在成为受"脱欧"影响最严重的行业。

伦敦一直是拥有全球最多跨国企业总部和银行总部的国际金融中心，远胜其他世界级大都市，英国"脱欧"公投后不到3年的时间里，伦敦金融中心的地位已经不再是无法撼动的了。

---

① 张健：《英国脱欧的战略影响》，《现代国际关系》2019年第11期，第44页。

② Hubertus Väth：《全球视角下的英国脱欧与金融影响》，《中国银行业》2019年第6期，第58页。

③ 程漫江、叶丙南：《英国脱欧将如何影响世界经济格局》，《金融市场研究》2016年第50期，第81—82页。

④ 任琳、张尊月：《英国脱欧，如何牵动几大国神经》，《世界知识》2019年第2期，第49页。

2019年3月，英国智库集团与中国的综合开发研究院共同编制的《全球金融中心指数报告》，从营商环境、人力资源、基础设施、发展水平、国际声誉等方面进行评价和排名，纽约已经超过了伦敦，法兰克福、巴黎和都柏林等西欧地区金融中心受益于英国"脱欧"，评分有所上升。①

二、对英国国内政治的影响

"脱欧"后，英国可以在立法、经济和移民等方面拥有更多的自主权，但为了与欧盟单一市场保持联系，降低双方交易成本，英国在一些领域的法律和规则仍会与欧盟保持一致。即使需要与欧盟保持部分规则一致，英国也要自己掌握立法权，这样会平息英国国内一部分反欧盟的声音。然而，英国也在为"拿回控制权"付出代价，如需特别注意社会分化、政党分歧以及地区独立意识增强等问题。

英国的分裂并没有因为公投而得到解决，反而在以何种方式"脱欧"问题上进一步分裂，英国政局步入二战结束以来最严重的动荡时期，工党和保守党内讧不已。在"脱欧"问题上，英国各个地区意见不统一，从而削弱英国在国际上的行动能力。② 一方面，脱欧预示着英国直接民主的胜利，在短期内有利于缓解和转移英国的经济社会矛盾，另一方面，"脱欧"也反映了英国国内新的社会分化和政治竞争。③ "脱欧派"更倾向依附美国，"留欧派"有着"布莱尔主义"情结，英国未来在

---

① 《综研院与英国Z/Yen集团联合在迪拜发布第25期全球金融中心指数》，英国智库集团与中国综合开发研究院（Z/Yen&CDI），2019年3月21日。
② 冯仲平：《英国脱欧及其对中国的影响》，《现代国际关系》2016年第7期，第3页。
③ 吴志成：《英国脱欧对欧洲及世界格局的影响》，《中国中小企业》2020年第3期，第75页。

美国与欧盟之间依然会是周旋状态。① 在"脱欧"进程中,"脱欧派"在英欧关系上的影响力增加,使英国在国家自主性和英、欧深度相互依赖之间的平衡取舍上更加偏向回归主权。"脱欧派"认为,这是为捍卫一种优于欧洲大陆的生活方式而战,而没有认真权衡脱离欧盟、"拿回控制权"包括哪些与自己国家利益相关的实质内容。在社会领域,"脱欧"凸显了英国的社会阶层矛盾和代际冲突,年轻人以压倒性投票支持"留欧",老年人多支持"脱欧"。年轻人比老年人更易接受跨境工作带来的职业压力和文化冲击,而外来移民对国家医疗服务资源抢占对老年人影响更严重。"脱欧"会更多地影响年轻人的未来,老年人在为未来一代做决定,"脱欧"的立场差异产生了代际鸿沟。同时,"脱欧"也产生了阶层矛盾。欧洲一体化的发展失衡与分配不公冲击着英国内部社会结构,在其失利阶层特别是中下阶层和农村边缘地区催生反一体化、民粹主义和保护主义浪潮。② 支持"留欧"的人往往是那些从一体化中物质利益获得较多和经常进行跨国交往的人,他们多来自商界、政府、高校和一些高收入职业,而更为庞大的多数中产阶级及底层民众与本地之外的生活少有联系,他们缺乏对超国家组织的认同。③ 三年半的"脱欧"僵局一直无解,"脱欧"的过程造成英国严重内耗。英国需要在今后相当长的时间里增强社会凝聚力,弥补社会创伤和"脱欧"裂痕。约翰逊执政后希望"脱欧"后从英国日常政治生活中去除"脱欧"一词,英国政府会更加关注国内事务,"脱欧"事务部将被关闭。

"脱欧"给英、欧双方各自的内部团结问题留了一道豁口,

---

① 刘煜旻:《"两枝世界政治论"视角下"英国脱欧"的根源、影响与启示》,《领导科学论坛》2019 年第 8 期,第 84 页。
② 吴志成:《英国脱欧对欧洲及世界格局的影响》,《光明日报》2019 年 1 月 17 日,第 12 版,http://epaper.gmw.cn/gmrb/html/2019-01/17/nw.D110000gmrb_20190117_2-12.htm。
③ [英]佩里·安德森著,高福进等译:《新的旧世界》,上海人民出版社 2017 年版,第 107 页。

就像是打开了"潘多拉魔盒",释放出来了强大的民族主义情绪与地方情绪,特别是在北爱尔兰和苏格兰。"脱欧"让英国四个主要地区中的两个地区独立倾向增加。约翰逊"四年双边界"的措施可能有损联合王国的统一。"四年双边界"让北爱尔兰在未来边界问题上有选择的权利,苏格兰则提出质疑,为什么苏格兰不能选择自己的未来?约翰逊已明确拒绝了苏格兰独立公投的请求,苏格兰"脱英入欧"在短期内难以实现,但是苏格兰的独立主张给英国政府的压力在一段时期内不会减弱,尤其是"脱欧"过渡期结束时。约翰逊希望通过大选重新整合保守党,但是,却导致苏格兰与英格兰渐渐疏离。英国"脱欧"当天,苏格兰政府首席部长尼古拉·斯特金就喊话,脱离英国的苏格兰很快会再回来(欧盟)。"脱欧"给苏格兰民族主义注入了活力,苏格兰民族党作为一个有独立诉求的政党,在未来相当长一段时期内,将会挑战中央与地方关系的现有形式。2020年12月中旬,英国选择妥协,放弃此前要求的一部分资源利益,同意给予欧盟渔船5年半的过渡期,允许欧盟渔船继续在距离英国海岸约9.7公里的范围内作业。渔业是苏格兰地区的支柱产业之一,苏格兰认为,英国政府在渔业问题上的让步违背了其当初对苏格兰的承诺,苏格兰渔业利益没有受到英国政府的重视。① 对于联合王国而言,隐藏在英国"脱欧"和苏格兰"脱英"背后政党间的政治分歧,会对英国国家发展产生重大负面影响。对英国中央政府来说,北爱尔兰和苏格兰问题被"脱欧"推到了风口浪尖,"不独立"意味着下放更多的权力,独立后则可能加入欧盟。在民调上,英国的"欧洲怀疑论"和"权力下放焦虑"普遍存在相关性。②

对于北爱尔兰问题,两派人口比例变化及英国经济相对爱

---

① "Brexit deal means drop in key fishing stocks", Scottish Government, Dec. 29, 2020, https://www.gov.scot/news/brexit-deal-means-drop-in-key-fishing-stocks/.

② [英]戴维·雷诺兹著,廖平译:《英国故事:从11世纪到脱欧动荡,千年历史的四重变奏》,中信出版社2021年版,第261页。

尔兰的滞后将对北爱尔兰与爱尔兰统一的倾向产生影响,英国政府需要考虑的是,为挽留北爱尔兰付出多少成本和代价。英国政府和欧盟达成了《北爱尔兰议定书》,北爱尔兰事实上留在了欧洲关税区内,它在欧盟的重要性提升,北爱尔兰地区亲英派与独立派之间的矛盾可能会加剧,英、欧双方会继续围绕北爱尔兰问题争执不下。2019年的英国大选,新芬党获得7个席位,仅比支持"脱欧"的北爱尔兰第一大党民主统一党少1个席位。在2022年5月的北爱尔兰议会选举中,主张"脱英"的新芬党首次成为议会最大党。英国政府则在修改《北爱尔兰议定书》的问题上与欧盟关系龃龉不断。

在"脱欧"公投和英国2019年大选中,国家医疗服务体系已经成为备受关注的焦点问题,为了消除社会不满情绪,英国未来在医疗服务问题上会有更多的资金投入,多年紧缩的财政政策会有所放松。在英国,移民问题的尖锐性也随着"脱欧"进程的结束逐渐减弱。据牛津大学移民观察组织统计,"脱欧"公投前8个季度英国的移民量大幅增加,每季度平均为16.6万人。[1] 公投后,2016—2018年来自欧盟的移民已经减少了33%,即从62.6万人下降到41.9万人。[2] 英国的反移民情绪随之减弱。英国"脱欧"主要是为了限制底层劳动力涌入,为了满足今后发展需求,英国未来移民政策会侧重对高技能型人才开放。此外,无成文宪法的英国在"脱欧"过程中几次陷入混乱,打破了英国政治的很多惯例。法律被确立为前提,但法律的确立体现出了一定的政治倾向,法律需要通过政治措施获得支持。在政治陷入僵局时,法官被迫干预政治事务,司法的独立性受

---

[1] "What to look for in the quarterly migration statistics after the referendum", The Migration Observatory, Feb. 23, 2017, https://migrationobservatory.ox.ac.uk/resources/commentaries/look-quarterly-migration-statistics-referendum/.

[2] "EU net migration falls further as Britain takes a leap into the unknown", The Migration Observatory, Feb. 28, 2019, https://migrationobservatory.ox.ac.uk/press/eu-net-migration-falls-further-as-britain-takes-a-leap-into-the-unknown/.

到指责。"脱欧"乱局表明，威斯敏斯特模式需要更加彻底的改革。约翰逊完成了"脱欧"，但是英国近几年的经济乏善可陈，更因为新冠疫情期间的"聚会门""报销门"等丑闻，他没顶住巨大的舆论压力而辞职。第三位女首相伊丽莎白·特拉斯在高通胀背景下执意实施减税，在任仅45天，成了英国历史上最短命首相。从2010年与自由民主党组建联合政府算起，保守党已经连续执政13年。从"脱欧"公投后，保守党政府在7年里换了五位首相，改变了英国政治稳定的传统特征。①

第二节 "脱欧"对欧盟的影响

从欧洲经济共同体到现在的欧盟，成员国从6个增加到了28个，此次英国"脱欧"是第一次有国家决定离开欧盟，而且是如此重要的一个成员国。英国首次申请加入时，法国的态度是英国的块头太大了，年轻的欧洲经济共同体消化不了庞大的英国。② 英国离开欧盟，同样需要欧盟消化很久，对于多年深陷危机的欧盟不外乎伤口撒盐。欧盟一度被视为地区一体化的样板，无论从体量上还是声誉上，英国"脱欧"对欧盟都是沉重一击，它引发了全世界对欧洲一体化与全球化将往何处去的讨论，让世界对欧盟的前景提出质疑，对欧盟的决策机构来说是一个警告。

一、对欧盟实力的影响

规模对欧盟来说是一个不可或缺的因素。英国的块头太大

---

① 田德文：《保守党地方选举失守，英国深陷政治困局》，《世界知识》2023年第11期，第52页。

② George Wikes, "Britain's Failure to Enter the European Community, 1961 – 1963: The Enlargement Negotiations and Crises in European, Atlantic, and Commonwealth Relations", London: Frank Class, 1997, p. 19.

了，若缺少英国，欧盟在体量上将大大萎缩，它的地缘政治影响力会受到削弱。近些年，受英国"脱欧"和其他危机的影响，欧洲政治和经济的重要性在下降。欧盟希望英国回心转意，它不时地向英国发出挽留的信号。与欧盟内其他具有离心倾向的国家相比，英国的地位使其有选择退出欧盟以及和欧盟议价的资本。英国与德、法并称为欧盟的"三驾马车"，在欧盟中具有很重要的位置，但却成了欧盟中第一个退出的成员国。[①]英国人口居欧洲大陆前列，"脱欧"后，欧盟将减少13%（英国6600万人）的人口、15%的经济和5.5%陆地规模，失去英国对欧盟的军事贡献、农业贡献及其对欧盟的建言献策。2017年，美国和中国的国内生产总值分别为17.2万亿欧元和10.8万亿欧元，分别为全球第一和第三，欧盟15.3万亿欧元排名全球第二。失去了英国，欧盟的国内生产总值为13万亿欧元。欧盟对中国的领先程度将从42%下降到20%。[②] 英国退出后，剩下的27国占世界经济总量不足1/5，未来需要投入更多的资金，并削减开支以弥补英国"脱欧"带来的财政预算空缺，国防、内部安全等任务的资金缺口会更大。[③]

英国"脱欧"后，欧盟在联合国安理会只剩法国一张否决票，欧洲在联合国安理会的话语权将会受到削弱。欧盟防务方面的一体化程度和实力远不如其在经贸和社会领域的成就。特蕾莎·梅首相致信图斯克启动《里斯本条约》第50条时称，如

[①] 阿尔及利亚1962年成为主权国家后脱离欧共体。作为丹麦的一部分，格陵兰岛1982年举行公投，1985年正式脱离。加勒比海的圣巴泰勒米岛曾隶属于法国属地瓜德罗普，也是欧盟的一部分。该岛2007年举行公投从法属瓜德罗普分离，2012年成为海外领地后就不再是欧盟的一部分。三地加入欧共体时不是以主权国家身份加入的。

[②] Hubertus Väth：《全球视角下的英国脱欧与金融影响》，《中国银行业》2019年第6期，第56—57页。

[③] 任琳、郑海琦：《国际政治经济视野下的欧洲与世界》，《国际经济评论》2018年第3期，第93页；鞠辉：《英国脱欧可能反转?》，《中国青年报》2018年第6版。

果无法达成协议，英、欧在联合打击犯罪和恐怖主义方面的合作将弱化，欧洲安全环境正处于冷战后最脆弱的时期。弱化合作将是一个成本高昂的错误。① 英国是欧洲最大的防务支出国之一，同时也是欧洲最大的防务研发支出国之一，法、德、英三国占欧盟 20 亿欧元防务研发基金的 92%，英国"脱欧"可能导致欧盟集体防卫能力减弱约 1/4。② 欧盟不得不更加依赖北约，然而，特朗普威胁向北约成员国收取更高的"保护费"，如果成员国军费比例无法达到国内生产总值的 2%，美国将放缓对北约的承诺。③ 欧洲领导人不得不重新评估北约对欧盟的作用。而欧盟在发展自己的防务力量上面临着重重困难，德国如何消除世界对它的疑虑？在欧洲经济低迷的困境下，钱从哪来？会不会引起俄罗斯针锋相对的反应？

欧洲政治具有相互关联性，十几年来，欧盟被多重危机缠身，英国退出恐怕会产生消极示范效应和连锁反应，这是欧盟最大的担忧。2016 年的"脱欧"公投受到了 2015 年德国难民危机的影响，英国"脱欧"中最激进的一支队伍穿上了法国民众反对马克龙的抗议者的黄背心，加泰罗尼亚独立公投受到了 2014 年苏格兰独立公投的启发。④ 英国国内有一种观点认为，欧盟助长了英国地区的分离势力。而英国"脱欧"也会助长其他成员国对欧盟的离心力。民族主义者已经在意大利、匈牙利和波兰掌权，并在奥地利与其他党派组建了联合政府，极右翼

---

① "Prime Minister's letter to Donald Tusk triggering Article 50", Prime Minister's Office, Mar. 29, 2017, https://assets.publishing.service.gov.uk/government/uploads/system/uploads/attachment_data/file/604079/Prime_Ministers_letter_to_European_Council_President_Donald_Tusk.pdf.

② 田粤皖：《英国"脱欧"将对欧洲防务一体化产生显著影响：欧洲防务自主喜忧参半》，《解放军报》2020 年第 4 版。

③ 目前仅有四五个北约成员国军费开支达到了国内生产总值2%的标准，大部分开支由美国承担。

④ ［英］吉迪恩·拉赫曼：《英国退欧是"欧洲病"的一部分》，《金融时报》，2019 年 3 月 27 日，http://www.ftchinese.com/premium/001082049?exclusive。

政党也在法国、德国和荷兰的选举中表现强劲,并在西班牙赢得议会席位,欧盟不想因为过度反应引起"疑欧派"的政治反弹,让欧盟成为右翼发泄的出气筒,助长民粹主义兴起的成员国去追随英国。"脱欧"公投后,荷兰、德国、意大利、波兰、匈牙利、丹麦、瑞典政府同样遭受了英国政府在"脱欧"公投期间面对的政治与社会压力,舆论抨击欧盟,并且谴责欧盟委员会与欧洲议会。法国国民阵线、荷兰自由党、丹麦人民党、意大利北方联盟、奥地利自由党,呼吁在本国举行公投。尽管欧洲主要国家成功阻止了极右翼政党上台,但民粹主义思潮与右翼势力在欧洲多国抬头已经是一个不争的事实。[1] 欧盟各国内部政治环境堪忧,民粹思潮此起彼伏,广大民众对现状不满,愤怒与反抗可能会成为未来几十年欧洲社会主要特征。动辄出现全民公投这种直接民主方式,可能成为干扰各国精英和欧盟决策者的重要因素。[2] 在民粹主义思潮的影响下,任何问题都可以轻而易举地变成一个爱国主义问题。[3]

有了英国的先例,欧盟内不满的成员可能会不时以退出欧盟为要挟。很多右翼政客发现反对布鲁塞尔成了政治良药。[4] 欧盟很多时候成了替罪羊。英国"脱欧"后,还不确定走向哪里?如果英国"脱欧"后经济好转,会进一步刺激欧盟的离心力。[5] 当市场平静时,不确定性是不可见的。如果出现另一场危机,一切可能会另当别论。未来几年,欧洲的统一将会反复受到国际事态的考验。这将考验德、法联合驱动的意志以及这

---

[1] 梅兆荣:《大选年下的欧洲政坛》,《国际纵横》2018年第1期,第39页。

[2] 王鸿刚:《欧盟的结构性难题与一体化未来》,《国际展望》2018年第2期,第28页。

[3] [美]罗杰·希尔斯曼、劳拉·高克伦、帕特里夏·A.韦茨曼,曹大鹏译,《防务与外交决策中的政治:概念模式与官僚政治》,商务印书馆2000年版,第191页。

[4] [英]彼得·威尔汀著,李静怡译:《英国下一步:后脱欧之境》,远足文化2017年版,第84页。

[5] 杨帆、杨柳:《英国脱欧的深层原因与欧盟的发展前景》,《国际政治与经济》2017年第1期,第120页。

两大核心国为弱化批评所愿意接受的成本，它们不得不做出一些政治妥协。2019年5月的欧洲议会选举结果显示，右翼民粹主义和反欧盟党派在新一届欧洲议会中的席位增加，"本国优先"成了很多右翼党派的口号，传统的中左和中右翼党派正在衰落。在英国，"脱欧"党得票率最高（31.6%），保守党得票率仅9.1%。欧盟没有过分拉拢英国国内的"留欧"势力，不给那些偏颇的观点以新养料，以免引起英国"疑欧派"的过度反应，如果把混乱的英国逼近死胡同，会让英国右翼党派有机可乘。

二、对欧盟发展方向和凝聚力的影响

欧盟一系列危机以英国"脱欧"宣告欧洲政治大气候发生转变。欧洲对于二战的记忆已经逐渐模糊，西欧国家间的战争威胁警报已经解除，越来越多的人对欧盟存在的意义感到怀疑和困惑。为什么要守着一个越来越紧密的联盟？欧盟如何在实力悬殊的成员国之间协调？欧洲政治在融合过程中有过两次重大挫折：一次是20世纪50年代的防卫共同体失败，另一次是21世纪初的宪法危机。英国"脱欧"对欧盟的挫折更大，此前的危机都是因某国议会或公民不同意一体化过程中的某个措施或者某项条款而引发的，英国"脱欧"公投则是对整个欧洲一体化说"不"。欧盟是否是一个可以随意进出的火车站大厅？《里斯本条约》中的脱离条款会不会被对欧洲一体化持怀疑态度的人钻空子？[①] 2016年6月，欧盟题为《共同观点、共同行动、更强的欧洲》的外交与安全政策报告显示，欧盟之前持有的乐观态度发生了明显转变，如报告中所述，这是欧盟"内忧外患"的时代，已带来前所未有的和平、繁荣和民主的欧洲计

---

① ［荷］吕克·范米德拉尔著，任轶、郑方磊译：《通向欧洲之路》，东方出版社2016年版，第409页。

划正在备受质疑。① 欧盟建立更加广泛和深入合作的信心受到了极大的影响。欧洲一体化发展充满挑战和不确定性，以"联邦派"的主张克服危机变得不切实际。② 英国"脱欧"可能引发其他国家政党呼吁在本国举行公投，刺激对欧盟的离心力增长。③ 欧盟还能存在多久？它会扮演一个什么样的地缘政治角色？没有英国这个绊脚石，欧洲一体化会加速吗？欧盟可能变得更分裂还是更团结？有人认为，"脱欧"开启了欧洲"去一体化"进程，欧盟也许会倒塌，它是德国主导的失败实验。也有人认为，英国"脱欧"会倒逼欧盟加速推进一体化改革，欧盟的每一个进展都是在经历危机后推动的。"脱欧"为欧盟提供了对其内部权力和利益整合的契机。④

欧盟27国需要团结起来共同面对一个他者（英国）捍卫单一市场的利益。欧盟深知，欧洲需要团结一致，否则将一事无成。从短期来看，欧盟成员国在"脱欧"问题上基本显示了团结立场。然而，在英国真正"脱欧"以后，这种空前团结可能会减弱。团结一致仅限于面对要离开的英国，对于欧盟解决自身危机和改革，不会起作用。

欧盟如何应对英国的离开，取决于欧盟希望成为哪种联盟，欧盟并不是一个一成不变的概念，而是一个程度概念。英国"脱欧"会给欧盟统一的共同外交和安全政策以机会。⑤ 即使英国还未完全脱离，但在其原来不作为或阻挠的领域，欧盟已经

---

① 巩潇泫、贺之杲：《英国脱欧对欧盟行为体角色的影响分析》，《国际论坛》2016年第6期，第4页。

② 冯仲平：《英国退欧对欧盟及中欧关系的影响》，《欧洲研究》2016年第4期，第3—4页。

③ 杨帆、杨柳：《英国脱欧的深层原因与欧盟的发展前景》，《国际政治与经济》2017年第1期，第120页。

④ 高奇琦、张鹏：《英国"脱欧"与欧洲一体化前景：一种新结构政治学的分析》，《探索》2019年第1期，第79页。

⑤ Arne Lietz, "Brexit", Friedrich-Ebert-Stiftun, Jul. 15, 2016, https：//www.fes-dc.org/news-list/e/brexit/.

开始改变。英国一直认为，北约是欧洲防务的重要支撑，它长期对深化欧洲防务一体化持谨慎态度，反对加强欧洲防务局预算。在"脱欧"过程中，欧盟已经建立了防务基金，下一个七年预算（2021—2027年）还将计划安排130亿欧元的防务基金，提出了"永久结构性合作"机制，扩大联合军事指挥中心等，欧盟推进战略自主建设将是一个长期趋势，法国在这方面最为积极。2018年6月，欧盟9国国防部长签署欧盟干预倡议意向书，谋划组建独立的欧洲军队；2019年1月22日，德、法两国《亚琛条约》的签署，建立未来欧洲联合军队又进了一步，在英国"脱欧"背景下，欧盟深化防务合作对于提振欧洲一体化信心意义重大。2019年9月10日，提出要打造一届"地缘政治委员会"，宣示在2025年前将欧盟建设为真正的防务联盟；2022年3月21日，通过"战略指南针"行动计划，旨在协调成员国不同的战略诉求，发展共同的欧盟战略文化，规定欧盟将建立多达5000人的快速反应部队，定期进行陆上和海上实弹演习，为建设共同防务联盟迈出坚实一步。①

在金融和科技规则领域，欧盟也会力争主导权。从长远来看，英国退出后，欧洲的控制权一定程度上移交给了德国，"德国问题"可能会在欧盟重新浮现，而欧洲计划的初衷就是要避免出现这样的结果。②

面对英国这样"三心二意"的成员，有差别的一体化和"多速欧洲"已经不是什么新提法，差异性一体化是促进欧盟进一步发展的不得已的选择，但也可能导致欧盟碎片化发展。欧盟是应该"去一体化"，给成员国松绑、继续容忍差异一体化还是应该加强规范性？布鲁塞尔有一批"更欧洲"的支持者，马克龙支持让布鲁塞尔拥有更大的调控权。欧盟仍旧在寻

---

① 孔元：《重振领导力：俄乌冲突中的英国战略》，《文化纵横》2022年第3期，第61页。
② [英]布伦丹·西姆斯著，李天云、窦雪雅译：《千年英欧史》，中信出版社2021年版，第242页。

找深化经济一体化与扩张组织之间的平衡。欧洲在融合过程中犯的最大错误就是纵向、横向一起来，而且速度过快。欧元这一人类历史上最大胆的货币尝试刚启动，欧盟就决定接受东欧10国入盟，横向跨出了最大一步。今后，欧盟必须表明它能够解决欧洲大陆的诸多难题，而不是将欧洲国家卷入新的、更深的难题中。欧盟扩张的势头会减弱，欧洲融合将进入一个长时间的调整期。① 阿尔巴尼亚和北马其顿原本期望它们的入盟申请能够尽快获得欧盟批准，从而正式开启入盟谈判，负责谈判的欧盟委员会也坚称两国都达到了所有标准，然而在2019年10月举行的欧盟首脑会议上，马克龙否决了北马其顿和阿尔巴尼亚的"入欧"谈判，称欧盟扩大规则需要改革，这一立场得到了丹麦和荷兰的支持，它们认为，英国"脱欧"后，立刻启动扩员会给欧盟团结带来新挑战，英国"脱欧"成了西巴尔干"入欧"的不利因素。但是支持者认为，拒绝承认已经证实的进展将产生负面影响，巴尔干半岛西部的不稳定因素，会对欧盟产生实质的影响。②

三、对欧盟内部权力关系的影响

英国政府一直充当着新欧洲捍卫者的角色，一直反对布鲁塞尔在经济方面集中化倾向，英国退出后，欧盟内经济自由主义的声音将会减弱。但当欧洲国家试图摆脱货币和经济危机的时候，德国，而不是英国成了欧洲的焦点。③ 英国退出后，欧盟的主要成员为德国、法国、意大利、波兰和西班牙。各成员国由于利益不同，对英国"脱欧"的反应也不尽相同。捷克对欧盟持怀疑态度，对欧盟难民政策极为不满，英国"脱欧"会

---

① ［德］张丹红：《从查理大帝到欧元》，长江文艺出版社2017年版，第355页。
② 赵怀普：《欧盟政治与外交》，世界知识出版社2021年版，第71页。
③ ［英］布伦丹·西姆斯著，李天云、窦雪雅译：《千年英欧史》，中信出版社2021年版，第244页。

振奋捷克的士气。法国大部分人都希望英国"脱欧",在"脱欧"过程中,对英国的姿态也更为强硬。法国传统上排英,它的经济与英国经济的互补性不是特别强,英国"脱欧"对法国来说,在欧洲主导权上可能是一个历史机遇。英国退出后,法国凭借强大的军事、政治、经济力量,成为欧盟绝对的第一强国,德国在军事政治方面是受限制的。比利时、奥地利等国关心自由流动及预算,立场稍显强硬。波兰、瑞典、丹麦、爱尔兰及波罗的海三国对英国态度较为温和,波兰和匈牙利将更加坚定地在欧盟捍卫民族国家利益。英国离开对欧盟其余成员国决策权将呈现东西分野的态势,即西欧发达国家在欧盟内部的传统领导权很有可能因为英国"脱欧"而受到侵蚀,但中东欧国家的自主性可能获得提升。中东欧国家多为欧盟的"净收益者",而西欧国家多为"净贡献者",因此,西欧国家的内部疑欧情绪可能进一步扩张。[1]

德国受英国"脱欧"的影响最大。默克尔和图斯克都希望英国能最终放弃"脱欧"。表面来看,英国离开后,德国因为经济实力和人口规模在欧盟的领导力会更加突出,但其实,德国是欧洲大陆上与英国经济关系最紧密的国家,英国从德国进口的商品比从其他任何欧盟国家的都多,反过来,德国也是从英国进口最多商品的欧盟国家。[2] 在德国的国内生产总值中,47%都依赖出口。[3] 在德国,基本上每十个外国公司里就有一个是英国的。[4] 在"脱欧"过程中,德国对英国"脱欧"的态

---

[1] 何晴倩、丹尼尔·诺兰:《英国脱欧与欧盟理事会权力的再分配——基于跟踪问卷调查数据的社会网络分析》,《欧洲研究》2020年第1期,第29页。

[2] [德]海因里希·奥古斯特·温克勒著,童欣译:《西方的困局》,中信出版社2019年版,346页。

[3] "Overseas Business Risk-Germany", Department for International Trade, Feb. 16, 2021, https://www.gov.uk/government/publications/over-seas-business-risk-germany/overseas-business-risk-germany.

[4] "Doing Business in Germany", Institute of Export & International Trade, Feburary, 2016, http://www.germany.doingbusinessguide.co.uk/the-guide/.

度稍显温和，默克尔不希望英、欧贸易谈判被中断，因为英、德经济互补性较强。德国对欧洲有"领导权回避情结"，德国不想让"欧洲逐渐变成德国的欧洲"。自二战以来，德国回归文明国家的圈子耗费了几十年的努力，它曾做出了巨大投入，企图挽救欧元和协调难民政策，英国的离开折损了德国的努力。默克尔下台后，欧盟将失去一个主心骨。

经过3年多的纠葛，欧盟尽力挽留英国也许不是什么正确的选择了，即使"留欧派"最终获胜，英国仍会在欧盟内违反规则或寻求例外权，甚至使其他成员国也产生离心力，让其他成员国学会保留令它们受益的欧盟规则，逃避它们不喜欢的规则。日益紧密的联盟只存在于让大部分国家受益的单一市场，其他领域则步履维艰。

缺少英国，欧洲议会特定多数表决将使非欧元国家的地位更具脆弱性，非欧元区板块在英国离开后将变小，欧元区与非欧元区的矛盾将进一步显现。卡梅伦与欧盟谈判得到的让步是，欧元区多数国家不能把意愿强加给非欧元区欧盟成员国，这一结果受到非欧元区八国的肯定，但是，"脱欧"使卡梅伦得到的欧盟让步一笔勾销。① 对于波兰、瑞典、丹麦这样的非欧元区国家来说，英国退出会给它们带来忧虑，欧盟内部是否会更加突出欧元区国家的核心地位，形成一个强化的"联盟中的联盟"，并以此为整个联盟或整个欧洲确立游戏规则，对于保加利亚和罗马尼亚来说，它们需要考虑的则是如何才能不被欧元区进一步边缘化。②

英国退出，欧盟将缺少一个净出资大国，留下每年100亿欧元左右的缺口。③ 容克一方面呼吁打破欧盟年度预算占经济

---

① 欧盟非欧元区国家：保加利亚、克罗地亚、捷克、丹麦、匈牙利、波兰、罗马尼亚和瑞典。
② 巩潇泫、贺之杲：《英国脱欧对欧盟行为体角色的影响分析》，《国际论坛》2016年第6期，第2—4页。
③ 据英国财政部每年公布的数据显示，2016年，该国对欧盟预算的净贡献为96亿英镑。

总量1%的上限来填补，另一方面呼吁缩减预算开支。然而，净出资国反对提高成员费，不愿意再出更多的钱来劫富济贫，净收益国又反对对团结基金和农业预算的任何缩减，要求富国表现出更多的团结精神，穷国与富国在预算问题上的矛盾会进一步显现。

欧盟需要做出调整，包括在理事会决策中的投票体系改革、欧洲议会席位的重新分配、工作人员配额的调整以及由于英国离开给其他成员国增加的预算支出等。此前，欧洲议会751个议员来自28个成员国，英国"脱欧"后，欧洲议会不再有英国籍议员。未受专门邀请，英国首相今后不再受邀出席欧盟领导人峰会。2019年5月选出的73名英国欧洲议员已全部离任。73个席位中的27个席位将分配给席位不足的14个成员国，其余46席将留给今后有望加入的国家。①

维谢格拉德集团（简称V4，波兰、捷克、斯洛伐克、匈牙利）期待通过集团内部合作和"V4＋"合作模式改善自身在欧盟政策领域的谈判地位，如欧盟预算、数字市场、乌克兰危机、能源安全和移民政策等议题。近年来，在成员国的团结合作下，维谢格拉德集团不仅坚决反对欧盟的强制性难民配额制，而且成功阻止了原欧盟委员会第一副主席蒂默曼斯出任新一届欧盟委员会主席。在英国"脱欧"问题上，维谢格拉德集团立场一致，都希望尽可能减轻英国"脱欧"对未来英欧经济关系的影响，希望双方在互惠、公正的原则基础上尽可能保持最好的关系。英国"脱欧"进一步推动了维谢格拉德集团加强合作，以平衡德、法等欧盟大国对欧盟事务的影响力。英国"脱欧"后，"斯拉夫科夫三角"（捷克、斯洛伐克和奥地利）也可能是中欧国家增强在欧盟影响力的一种合作形式。②

---

① Niall McCarthy, "How the UK's EU Parliament Seats Will Be Distributed", Statista, Feb. 3, 2020, https://www.statista.com/chart/20690/distribution-of-uk-european-parliament-seats-by-member-state/.

② 姜琍、张海燕：《英国与欧盟达成协议"脱欧"对中东欧国家的影响》，《欧亚经济》2021年第3期，第34—35页。

第三节 对未来英欧关系及国际格局的影响

英国仍然是国际关系中一个不可忽视的变量，英国"脱欧"将影响世界政治与经济力量的再分配，触动大国关系，给全球地缘政治带来深远影响。英国要重新界定自己的利益和诉求，摆脱欧盟的桎梏，建立新的伙伴关系网，美国将会是英国的重要抓手，英美"特殊关系"再度升温，欲摆脱欧盟束缚的英国已经把与美国、澳大利亚、新西兰、加拿大、新加坡等国的贸易协定摆在优先位置，它期望与非欧盟国家自由贸易增长，以弥补不能再以有利条件进入欧盟市场的损失，它一边与欧盟谈"脱欧"协议，一边与其他国家就未来关系展开非正式谈判，英、欧利益差异或将持续放大。

一、对英欧关系的影响

在过渡期内，"脱欧"在严格意义上还未真正实现，英国仍需要向欧盟缴纳成员国会费，英国和欧盟货物仍可自由通行，英国和欧盟公民旅行时，在双方海关仍然可以通过欧盟公民专用通道通关，双方公民仍然可以自由选择在英国或者欧盟国家继续生活和工作。双方在何种程度上达成自由贸易协定，无疑将深刻影响英国和欧盟未来经济发展。

以往的经验表明，多边自由贸易协定通常需要 5 年到 10 年时间才能达成，这大大超出英国为其和欧盟谈判所留出 11 个月的期限。[①] 新任欧盟委员会主席冯德莱恩已表态，在预期计划

---

① 冯维江：《英国"脱欧"对国际贸易的影响》，《中国远洋海运》2020 年第 2 期，第 27 页。

内达成双边贸易协定很难。① 而英国政府则一直强调不会将过渡期延期，一定会在2020年12月底之前完成贸易谈判，其中部分底气来自于2019年约翰逊实施威胁策略并成功逼迫欧盟让步的现实。除了贸易外，英国与欧盟还将讨论关于法律实施、信息分享与安全、航空标准与安全、电力与煤气供应、药品经营执照与管理等问题。英国和欧盟，一个是6600万的消费者市场，一个是拥有近5亿的消费者市场，单一市场的吸引力是欧盟的谈判筹码，英国要想获得单一市场的便利就需要满足欧盟在英国水域捕鱼等要求，继续允许欧洲渔船通行。英国虽然不想再与欧盟共享捕鱼权，但如果不向欧盟成员国开放捕鱼水域，欧盟则可对英国渔产品的市场准入设置障碍。② 而英国认为，共享捕鱼制度让欧盟国家获益过多，英国一直想改变这种局面，英国要成为独立的沿海国。"脱欧派"暗示，脱离欧盟但保留紧密关系，英国就可以在欧盟的篱笆外随意挑选采摘欧盟的果实。欧盟却始终对英国强调权责对等，即单一市场的准入程度与英国遵守欧盟规则和法律义务的程度是相关的，不允许英国"搭便车"：在规则上不受约束的同时，又享受单一市场的好处。③

　　欧盟会在规则上施压，它绝不希望看到英国这样一个大型经济体在家门口以低税率、较宽松的社会和环境标准搞不公平竞争。欧盟还坚持，英国必须在维持公平竞争环境上做出保证后才能达成协议，否则无法获得单一市场高质量的准入权，这就意味着英国在国家补贴、行业竞争、社会就业、环境保护及相关税收事务上受到欧盟标准的牵制，而英国认为，欧盟强加给它的这些条件是失衡的，有损英国的独立性。

---

① 2019年12月初，欧洲理事会主席夏尔·米歇尔和欧盟委员会主席冯德莱恩开始履新，接替了图斯克和容克。
② 曲兵：《英国"脱欧"之后，与欧盟的关系如何安排》，《世界知识》2020年第5期，第58页。
③ 曲兵：《英国"脱欧"之后，与欧盟的关系如何安排》，《世界知识》2020年第5期，第57页。

英欧贸易关系如果退回到世界贸易组织框架之中，按照最惠国关税税率，欧盟对英国出口将面临4.5%左右的贸易加权平均关税，英国对欧盟出口将面临2.6%的关税，在加工食品、汽车零部件等领域，关税水平甚至会超过7%。①"脱欧"后，英国将成为新的政治和经济中心，成为欧盟的竞争者。重要经济体之间的竞争越来越重视监管标准，相比制造业，金融服务业对监管规则的变动更为敏感，规则不同将增加贸易成本，英国监管体系独立意味着双方市场准入的不确定性和不稳定性，双方监管互认在"脱欧"之后存在政策风险。欧盟采取的措施让英国金融业面临更大的困难，2018年1月，欧盟制定出了《金融工具市场指令II》，提高了金融市场准入门槛，收紧了"第三方一致"机制，坚持严格的审核监管。此外，在七国集团、北约和联合国安理会，英国与欧盟成员国之间的合作可能受掣肘。

在"脱欧"公投后的4年多时间里，2020年12月24日，即"脱欧"过渡期结束前一周，英国与欧盟经过漫长的谈判，就未来关系达成贸易和合作协定，从而避免了无协议"硬脱欧"对双方的重大打击。"脱欧"使英国失去了在欧盟这个集体中追求自身利益的机会，英国在欧盟制定政策方面的影响力下降，不再是以一个俱乐部成员的身份进行谈判，英国不能在欧盟按单点菜了，菜单和价格都将由布鲁塞尔说了算。

《英欧贸易与合作协定》更像是一个加强版的自贸区协定，主要局限于货物贸易领域，欧盟在这些领域的贸易中是顺差方，而在英国有比较优势的服务贸易领域，协议基本没有涉及。未来英、欧仍需要通过谈判来解决一系列问题，如金融业准入问题、数据流通问题、司法合作问题，还有捕鱼权问题等。在很

---

① 冯维江：《英国"脱欧"对国际贸易的影响》，《中国远洋海运》2020年第2期，第27页。

多议题上，英、欧利益分歧或将被持续放大。① 英、欧未来的磨合将是一个漫长和复杂的过程。现在，英国国内有越来越多的声音称，这份协定是一份粗糙的、为了完成"脱欧"而草率达成的、对英国不利的协定，缔结这样一个不均衡的协定，欧盟无疑是要让英国付出代价。2021年下半年，英国开始要求修改"脱欧"协议和《北爱尔兰议定书》，特别要求改变欧洲法院争端北爱尔兰解决的权力。2021年11月，欧盟对此做出强烈反应，公开表示如果英国因此暂停执行《北爱尔兰议定书》，欧盟将中止整个"脱欧"协议。英国和法国也在国防、两国渔民冲突和难民偷渡等问题加深了裂痕，英、法两国越来越缺乏信任和协调沟通机制来应对问题。

土耳其与法国、希腊、塞浦路斯等欧盟成员国一度剑拔弩张，欧盟还多次对土耳其实施制裁，但英国却借机与土耳其加强关系，2020年12月29日，英、土签署了自由贸易协定，这是英国与欧盟达成新的贸易协定后签署的第一项协定。英、土合作很明显增加了土耳其对抗欧盟压力的底气，也在一定程度上削弱了欧盟对土耳其制裁的效力。未来，英国可能会加强与北欧国家的经贸联系，还可能密切与欧盟成员国中"问题国家"的关系，如波兰、匈牙利等。英国逐渐推动与欧洲国家的双边合作，拆解欧洲战略自主。2021年以来，英国已与爱沙尼亚签署强化合作意向声明，并分别与德国、比利时、拉脱维亚、立陶宛、丹麦签署联合声明，与希腊签署双边框架。加上之前签署的英法、英波合作条约，英国同欧洲国家的外交、防务和安全合作基本具备雏形。英国政府还一直加强对波兰和乌克兰的支持。2022年5月，英国与芬兰签署联合安全声明，双方承诺，在对方遭受袭击时提供支持和援助，重申了英国对俄乌冲

---

① 张健：《英国脱欧后与欧盟的博弈将进一步加剧》，《世界知识》2021年第4期，第56页。

突和芬兰加入北约的支持立场。① 在俄乌战线拉长之际，英国通过主动表态和积极介入，成功抢占先机、引领北约改革。②

但对英国来说，欧洲仍旧如此重要。双方互为对手，亦是朋友。英国与欧盟在诸多领域存在广阔的合作空间，如地区安全、能源安全、难民危机、自由贸易、多边合作机制等诸多领域立场相似。英、欧都将努力证明自身选择的正确性，如何管控分歧是英、欧未来需要面对的问题。③ 英国不会过分阻止欧元区实现一体化，欧盟对英国国内的"亲欧派"可能只是口头同情，不会做出破坏英国领土完整的举动。历史上，英国曾一直努力防止欧洲受单一势力统治。现在，至少在欧元危机和难民危机未结束的时候，德国都是欧洲大陆的经济优等生和顶梁柱，其他成员国暂能接受这一责任承担者的地位，德国给英国的压力也尚可承受。美国一方面在北约体系内一再推卸责任与义务，另一方面压迫包括英国在内的欧洲盟友，令其提高军费开支以减轻美国自身压力。英国认识到，必须要依靠与欧洲盟友在多边外交领域的通力合作来应对地缘政治安全挑战，因而其与德、法等国进一步合作的动力不会减弱。如在中东政策上，针对伊朗伊斯兰革命卫队苏莱曼尼将军遇刺事件，外交大臣多米尼克·拉布公开宣称，中东地区冲突不符合英国利益，约翰逊也公开反对美国的中东政策。为了应对美国退出伊核问题全面协议，维护伦敦全球金融中心地位，2020 年，英国不顾美国制裁的威胁，与德、法等欧洲九国一起推出了"支持贸易往来工具结算系统"，目的就是要绕开美国管制，用新贸易机制与伊朗交易。④

---

① "United Kingdom-Finland statement", Prime Minister's Office, May 1, 2022, https://www.gov.uk/government/publications/united-kingdom-finland-statement-11-may-2022.
② 孔元：《重振领导力：俄乌冲突中的英国战略》，《文化纵横》2022 年第 3 期，第 66 页。
③ 孔元：《重振领导力：俄乌冲突中的英国战略》，《文化纵横》2022 年第 3 期，第 57 页。
④ 郭海龙、徐红霞：《浅析英国脱欧后的外交走向》，《公共外交季刊》2020 年第 3 期，第 66 页。

在面对来自俄罗斯和中国方面压力的时候，英国和欧盟会共同用价值观"说话"。根据西欧传统安全价值理念，俄罗斯是欧洲大陆与英国必须直接面对的地缘政治安全挑战。一个分裂的欧洲，没有切实抵御传统形式威胁或恐怖主义威胁能力的欧洲，不符合英国利益。① 英国在欧洲大陆的军事存在是很难被轻视的。2020 年 11 月，约翰逊政府宣布，在一个竞争更加激烈的时代，削减国防预算必须结束，未来 4 年，将增加 241 亿英镑的国防开支，总支出达到 1880 亿英镑，比除美国之外的任何北约盟国都要多，此举将创造冷战后英国军费开支的最快增长纪录。② 无论现在还是将来，军事都是英、欧合作可用的资源优势。英国仍然是对抗俄罗斯扩张的坚实欧洲壁垒。俄罗斯在东欧吞并克里米亚地区、入侵乌克兰东部、威胁波罗的海诸国安全，这些对英国影响深远。如果普京继续在东部边界施加巨大意识形态和军事威胁，欧洲只能给予微弱回应，英国将遵循北约第五条款有关集体防务的承诺，致力于维护欧洲大陆的安全。③ "脱欧"后，英国将意识到，自己在欧洲事务中所扮演的平衡型角色更加重要了。对于受到俄罗斯威胁的国家来说，英国是紧跟美国之后的第二大停靠港。波兰于 2016 年初就表示，愿意以减少本国国民在英国的福利来换取更多的英国军事支持，在波兰东部建立旨在威慑俄罗斯的北约军事基地。④ 2018 年 12 月 20 日，两国声明将加强国防和安全领域的合作以

---

① ［英］布伦丹·西姆斯著，李天云、窦雪雅译：《千年英欧史》，中信出版社 2021 年版，第 253 页。

② "Defence in a competitive age", Ministry of Defence, Jul. 30, 2021, p. 7, https://assets. publishing. service. gov. uk/government/uploads/system/uploads/attachment_data/file/974661/CP411_-Defence_Command_Plan. pdf.

③ ［英］布伦丹·西姆斯著，李天云、窦雪雅译：《千年英欧史》，中信出版社 2021 年版，第 228 页。

④ Bruno Waterfield and Francis Waterfield, "Poland Will Support EU Benefit Curbs in Return for NATO Base", The Times, May 1, 2016, p. 14.

限制俄罗斯的威胁。① 同样，英国和欧盟都要保护自己免受所谓非市场经济行为体的不公平竞争，在投资审查、服务业开放、技术转让、知识产权等问题上，英国会与美欧一起对中国施压。②

二、对英美关系的影响

美国具有足够的规模，是"脱欧"后英国的重要抓手，英国将会全面借助天然盟友关系，这一对关系走向也将受到其他大国的关注。特蕾莎·梅首相是第一位在华盛顿访问特朗普的世界领导人。调查显示，特朗普上任以来，英国谈论英美"特殊关系"的人数是美国的4倍。③ 2018年3月，英国外交部将英美关系定义为"一个多世纪以来，久经历史考验的最重要的双边关系"，称英国将与美国共同应对来自俄罗斯与中国的挑战，并继续在情报共享、北约共同防务等领域通力合作。④ 于"脱欧派"而言，脱离欧盟后就能顺理成章地回到英语文化圈。英语文化圈包括5个核心国家，已经建立了世界上最紧密的情报共享体系，还联合实施了一个代号为"梯队"的全球窃听计划。⑤ 近年来，"五眼联盟"的合作已经从共享通信情报扩大到了数字领域。英国支持"五眼联盟"将合作领域超出情报和安

---

① "UK and Poland join forces to curb hostile state activity across Europe", Foreign & Commonwealth Office, Dec. 20, 2018, https://www.gov.uk/government/news/uk-and-poland-join-forces-to-curb-hostile-state-activity-across-europe.
② 王展鹏、吕大永：《英国"脱欧"与中英关系的未来》，《当代世界》2020年第6期，第51页。
③ 林利民：《试析英美"特殊关系"的内涵、实质及其前景》，《美国研究》2019年第4期，第13页。
④ "Global Britain, Sixth Report of Session 2017–19", House of Commons Foreign Affairs Committee, Mar. 6, 2018, https://publications.parliament.uk/pa/cm201719/cmselect/cmfaff/780/780.pdf.
⑤ ［英］丹尼尔·汉南著，徐爽译：《发明自由》，九州出版社2020年版，第426页。

全合作的范畴，推动它向政治化转型，还热衷于扩大"五眼联盟"成员范围，吸收日本、印度等亚洲国家加入，使之成为英国在亚太地区加强存在的抓手。① 盎格鲁－撒克逊圈有形成一个自由贸易区的基础。美国和加拿大形成了一个单一市场，澳大利亚和新西兰也是如此。美国和澳大利亚 2005 年签署了自由贸易协定，新西兰也加入了谈判。② 英国对外政策会从传统的扮演欧美之间桥梁的角色转向更加倚重英美"特殊关系"。此外，英国与澳大利亚、新西兰、马来西亚和新加坡签订的《五国防务安排协定》是东南亚地区唯一的多边防务机制，缔约国马来西亚是中国南海争端问题的一方。③ 2021 年 9 月，英美澳"三方安全伙伴关系"发展将促使三国在印太地区的安全防务协作进一步增强。④ 英、美、澳三国签订的防务协议被视为是对抗中国影响力的尝试，而就在同年 4 月，欧盟也发布《欧盟印太合作战略》报告，详细阐述欧盟参与印太地区事务的背景、路径和愿景等。英美澳"三方安全伙伴关系"可能会和欧盟及欧盟成员国的"印太战略"形成对冲。根据英、美、澳三国签订的防务协议，美国向澳大利亚出售核潜艇，澳大利亚在没有事先协商或警告的情况下，决定中断与法国的信任伙伴关系，包括中断与法国的潜艇采购协议，马克龙怒火中烧，法国认为美国在背后挖墙脚。

在经济上，美国是英国第二大出口市场，位居欧洲单一市场之后，也是仅次于德国的商品和服务第二大供应国，从贸易

---

① Danielle Sheridan, "UK Looks to Expand Five Eyes Alliance to 'Send Message to China'", Daily Telegraph, Oct. 5, 2020.

② ［英］丹尼尔·汉南著，徐爽译：《发明自由》，九州出版社 2020 年版，第 423 页。

③ 郭海龙、徐红霞：《浅析英国脱欧后的外交走向》，《公共外交季刊》2020 年第 3 期，第 64 页。

④ "UK, US AND Australia launch new security partnership", Prime Minister's Office, Sep. 15, 2021, https://www.gov.uk/government/news/uk-us-and-australia-launch-new-security-partnership.

规模来看，美国被英国看作是替代欧盟市场的最好选择，它期望未来不能自由进入欧盟单一市场的损失能在美国那里得到补偿。英国积极推动英美自由贸易协定，贸易大臣利亚姆·福克斯于2017年7月访美，参加英美贸易投资工作小组会议，开启了两国非正式谈判。① 同年，两国还签订了《英美科技协定》，以确保英国在科技，特别是工业战略方面的优势地位。2017年11月至2018年底，英美贸易投资工作小组相继召开了五次会议，为"脱欧"后达成英美自由贸易协定奠定了基础。在2018年特朗普访英时的联合记者会上，特蕾莎·梅首相强调了寻求与美国达成一份"雄心勃勃的贸易协定"。特朗普也公开表态支持英美自由贸易协定，美国将把英国置于贸易谈判队伍的前几位，美国政府已经公布了达成广泛协定的谈判目标，2019年6月，特朗普访英时表示，两国间的跨大西洋贸易将可能是现在的2—3倍，回应了英国对双边自由贸易协定的迫不及待，还用"世界上最伟大的联盟"赞誉双边关系。

英国曾经是美国和欧盟之间的桥梁，英国"脱欧"意味着它放弃了"中间人"的角色。对美国而言，欧洲大陆的战略意义逐渐变弱。② 英国在国际事务上将会继续采取与美国相配合的政策，政策独立性会更小。约翰逊坦言，"脱欧"后的英国会更加重视与美国的关系。③ 英国早已经退出超级大国行列，而美国处于一个截然不同的位置。英国当代外交心理的一部分特征是，英国人在认识到自己领导世界的时代已经结束的同时，坚定地拒绝接受外人的领导，接受美国领导是战后英国外交的

---

① 持疑欧主义的利亚姆·福克斯被梅首相任命为国际贸易大臣，2019年7月24日，这一职位由伊丽莎白·特拉斯担任。

② [法]巴斯卡尔·博尼法斯著，张弛、楚镔译：《这是真的，我在一本书里读到过》，中国社会科学出版社2019年版，第95页。

③ "Joint Press Conference with Secretary Mattis and Secretary Fallon in London", US Embassy in the UK, Mar. 31, 2017, https://www.defense.gov/Newsroom/Transcripts/Transcript/Article/1137368/joint-press-conference-with-secretary-mattis-and-secretary-fallon-in-london-eng/.

一个例外，对于英国来说，美国的地位过于特殊。如果欧盟和北约丧失凝聚力，美国和英国之间的"特殊关系"可能会再度重要起来。[1] 因此，有学者判断，在后"脱欧"时代，会形成一个以美英主导的盎格鲁单质文化圈，这个圈子的主要成员还包括澳大利亚、加拿大、新西兰。这在特朗普执政后表现得尤为明显，特朗普入主白宫后带来的最重要的问题是欧美政治互信发生动摇。[2] 奥巴马曾强烈反对英国"脱欧"，特朗普则支持英国"脱欧"，称"脱欧"是英国明智的选择。

但是，英国不应自陷于过度浪漫化的英美关系之中，英国对美国的需求会远大于美国对英国的需求。特朗普对约翰逊个人的称赞在多大程度上能换来一个优惠的贸易协定是值得商榷的。英美的确有相似的价值观，但正如1956年苏伊士运河事件证明的，英国不能仅因为英、美两国有着共同母语，就期待着美国将与英国的关系摆在第一位。特拉斯上台前后一直想要推翻《北爱尔兰议定书》，引起了美国的担忧和阻挠的信号。具有爱尔兰血统的拜登对维护北爱尔兰和平事宜十分关注，在《北爱尔兰和平协议》签署25周年之际访问了贝尔法斯特，并有可能将此与英、美之间的贸易协定挂钩。英国丢掉了欧盟，但是它在美国那里得到的可能不如预期。

三、对中英关系和中欧关系的影响

英国是中国在欧洲的第二大贸易伙伴、第一大直接投资目的国和第二大引资来源地，中国也是英国在欧洲外的第二大贸易伙伴。在欧盟成员国中，英国对中国在经济与商业问题上采取相对自由主义的立场。英国"脱欧"后，欧盟27国对中国在

---

[1] [英]布伦丹·西姆斯著，李天云、窦雪雅译：《千年英欧史》，中信出版社2021年版，第260页。

[2] 冯仲平、陈旸：《欧洲对美关系演变及发展前景》，见周弘、苏宏达：《欧盟对外关系》，中国社会科学出版社2018年版，第326页。

经济政策上的自由主义声音将会减弱。英国一直是中方投资最青睐的目的地之一，2008年以来，中国在欧盟的直接投资额基本保持了逐年增加的态势（除2013年以外），2000—2016年，中国对外直接投资额最多的欧盟国家是英国，占比23%，紧随其后的是占比19%的德国。① 2015年3月，英国不顾美国的反对，率先提出要求作为创始成员国加入亚投行，成为首个申请加入亚投行的主要西方国家，德国、法国、意大利等一大批欧洲国家纷纷效仿。2015年10月，习近平主席访英期间与卡梅伦首相会晤，正式开启中英关系"黄金时代"。中、英、法将合作建设欣克利角核电站，这是中国首次与发达国家在重大战略事务上进行合作，并意欲打造成中、英务实合作的旗舰项目。② 英国欣克利角核电项目，是迄今为止全世界造价最高的核电站。2017年12月，第九次中英经济财金对话决定成立首期10亿美元的双边投资基金，哈蒙德表示英国支持共建"一带一路"倡议。2018年初，福克斯海外首访选择中国表示，英国的法律制度、人才优势和低税率环境对中国投资者具有吸引力，这些优势不会受到"脱欧"的影响。"沪伦通"启动开创了中国与欧洲资本市场互联互通的先河，推动了人民币国际化进程。③ 2019年11月，英国的人民币清算行累计清算人民币总量突破40万亿元，成为全球第二大人民币离岸清算中心和第一大人民币离岸外汇交易中心。2019年4月，哈蒙德参加第二届"一带一路"国际合作高峰论坛，为英国企业争取共建"一带一路"项目合同，他是在国内出现争议的背景下访问中国的，

---

① "Chinese Investment in Europe", Mercator Institute for China Studies, pp. 26 - 28, https://www.merics.org/sites/default/files/2018 - 01/171216_ETNC%20Report%2020170.pdf.

② 李冠杰、左敏：《英国脱欧的当前进展与启示》，见徐明棋、杨海峰：《多重挑战下的欧盟及其对外关系》，时事出版社2019年版，第93页。

③ 王展鹏：《百年大变局下英国对华政策的演变》，《欧洲研究》2020年第6期，第37页。

出访前英国刚宣布，华为可以建设英国5G数据网络的一些非核心部分，而英国此前多次受到华盛顿的警告。英国制定出"全球英国"战略以处理"脱欧"后与非欧盟国家的关系，新兴经济体是"全球英国"战略的重要组成部分，而印度和南非属于英联邦国家，俄罗斯在克里米亚问题上与英国利益不一致。对英国而言，中国和巴西可能会成为新兴经济体的代表。①

2016年，英国举行"脱欧"公投和特朗普当选两个事件，使中英关系逐渐从"黄金时代"向窗口期过渡。公投后的英国忙于应对"脱欧"问题，中、英合作议程讨论和重大项目的实施有所放缓。在"脱欧"过程中，英国对中国释放出的信号相对谨慎和保守，但考虑到中国在全球事务上的影响力与不断增强的贸易投资潜力，英国仍将会寻求同中国方面维持友好的关系。② 同时，英国在关于中国崛起的认知上也出现一定分化，在发展对华关系上迟疑观望，自相矛盾加剧。③ 英国"脱欧"最直接的效应是，中国企业进入欧洲的通道在一定程度上受阻，中国对欧盟的直接投资总股本将缩水。近些年，英国的人民币外汇交易量快速增长，伦敦已成为最具活力和最重要的人民币交易中心和离岸人民币市场之一，伦敦是中国人民币国际化的重要支撑，英国"脱欧"对人民币的国际化和中国资本"走出去"会产生不利影响。

英国为了与美国达成一份满意的贸易协定，博取美国的信任，不得不在华为参与英国5G移动网络建设问题上束手束脚，加上保守党内部一些反对派不断施压，2020年7月，英国在华为问题上朝令夕改，英国政府正式以华为存在信息安全和美国

---

① 张彪：《"全球英国"：脱欧后英国的外交选择》，《现代国际关系》2018年第3期，第23页。

② 唐磊：《观中国：域外中国研究动态：2016—2018》，中国社会科学出版社2019年版，第107页。

③ 王展鹏：《百年大变局下英国对华政策的演变》，《欧洲研究》2020年第6期，第39页。

制裁造成的供应能力安全的双重隐患为由，宣布2021年起不再购买华为设备，2027年前拆除、停用所有华为设备。① 英国这几年还高调强调贸易公平的重要性，批评中国在市场开放问题上未向英国和其他西方国家对等开放。英国还启动投资审查立法，中广核在欣克利角核电站的业务面临限制。由于西方对华崛起的心态变化和特朗普政府不断施压，特蕾莎·梅政府后期对华政策的两面性增强。② 虽然英国只是一个区域性大国，但它仍试图加强在印太地区的存在感。2018年，英国皇家海军两栖攻击舰巡航进入中国领海进行挑衅。2019年，英、美两国还派遣军舰在中国南海进行了为期6天的军事演习。同年11月，时任英国国防大臣的加文·威廉姆森表示："英国是一个拥有全球利益的大国，英国的国防预算全球排名第五，欧洲排名第一，北约国家中排名第二，也是全球第二大武器出口国。我们必须准备好在远离本土的地方维护我们的利益和价值观"。③ 约翰逊政府在大选后再次宣布将于2021年派航母巡航南海。2021年7月，中、美会谈期间，英国"伊丽莎白女王"号航母打击群陆续进入南海海域。不仅如此，还积极参与北约在东欧的军事演习，在地中海、北海和波罗的海地区维持舰艇巡航，2018年4月，它于2014年巴林新设的海军基地启用，以拓展中东影响力。

2020年5月下旬，中国全国人大常委会审议涉港国安法以来，英国政府与美国、澳大利亚、加拿大等国发表涉港联合声明，指责中国违反《中英联合声明》，取消与香港间的引渡协

---

① 孙学峰、张希坤：《美国盟国华为5G政策的政治逻辑》，《世界经济与政治》2021年第6期，第135—136页。

② 王展鹏：《百年大变局下英国对华政策的演变》，《欧洲研究》2020年第6期，第40页。

③ "Defence Secretary Gavin Williamson has outlined the future role of the UK's Armed Forces in a speech at RUSI today", Ministry of Defence, Feb. 11, 2019, https://www.gov.uk/government/news/gavin-williamson-sets-out-vision-for-defence-in-global-britain.

定，并放宽持有英国国民海外护照的香港人在英国居留时限的规定。在涉疆问题上，英国政府也提出西方国家应联合制裁中国。2019年4月，英国下院外事委员会发布题为《中国与基于规则的国际体系》的质询报告，该报告是议会多年来除香港问题之外发表的首份长篇涉华文件，其基调是，中国正在寻求与自身力量相适应的国际角色，成为塑造不同于西方自由主义国际秩序的主要力量，报告将中国在共建"一带一路"倡议、全球贸易、南海、香港、新疆等问题上的政策说成是中国试图改变国际秩序尝试的一部分，并批评英国政府现行的对华政策存在因经济利益而牺牲国家安全、价值观等方面利益的风险，要求英国政府制定全面的对华战略新文件。① 2021年9月上院的报告也特别提出："英国政府应制定统一、详细的文件，定义对华战略。"②

近几年，美国对华战略竞争加剧，如何在中美博弈中做出选择，成为西方"中等强国"关注的难题。拜登当选后，美国对华遏制战略的大方向在短期内难以发生逆转。如何与传统盟友保持高度紧密的政治安全关系，又从另一大国获得更多的经济利益，考验着英国的外交策略。英国在国际事务上将会继续采取与美国相配合的政策。美国在与墨西哥、加拿大、日本等国达成的贸易协定中都规定如签约国与中国等"非市场经济国家"建立自贸区，美国有权终止协定。③ 在英美自由贸易协定谈判中，美国也要求设置"毒丸"条款。

总体来看，在共建"一带一路"倡议等经济合作问题上，

---

① "China and the Rules-Based International System", UK Parliament, Apr. 4, 2019, https://publications.parliament.uk/pa/cm201719/cmselect/cmfaff/612/612.pdf.

② "The UK and China's security and trade relationship: A strategic void", House of Lords, Sep. 10, 2021, https://publications.parliament.uk/pa/ld5802/ldselect/ldintrel/62/62.pdf.

③ 王展鹏、吕大永：《英国"脱欧"与中英关系的未来》，《当代世界》2020年第6期，第53页。

英国的态度较为中立、务实。在欧盟中，英国倾向承认中国的市场经济地位，"脱欧"后，英国将会有更大的自主权与中国进行贸易谈判。英国也曾不顾美国的反对在西方国家中率先加入亚投行并参与共建"一带一路"倡议，对中国来说的确是积极的信号。但在南海、基础设施建设、所谓中国干涉英国内部事务等问题上则更倾向于将中国视为安全挑战或威胁。[1] 2021年，英国在《竞争时代的"全球英国"：安全、防务、发展和外交政策综合评估》报告中，一方面强调中国日益增长的国际声望和它在印太地区的重要性，改变着地缘政治和地缘经济，表明将采取更多措施来适应中国多方面日益增长的影响；另一方面强调英国将继续寻求与中国建立积极的贸易和投资关系。[2] 英国处理中英关系一个很矛盾的困境是：经济上靠中国，但在安全上靠美国并相互抱团。[3]

2019年，欧盟政策报告将中国同时定位为合作伙伴、经济竞争者和制度对手三重身份，英国也持有类似的矛盾心态。尤其2021年以来，英国不断向中国发难，将中国定位为"系统性竞争者"。为了获得美国的支持，英国短期内会配合美国"印太战略"，在南海宣示航海自由、支持美国反复强调的基于规则而非实力的亚太秩序，既不过分刺激中国，又在印太地区显示自身存在。[4] 未来英国可能奉行偏向于美国，但又不主动与中

---

[1] Tim Summers, "The UK's China Policy under US-China Strategic Rivalry: The Impact of Think Tank Research, China Quarterly of International Strategic Studies", Vol. 5, No. 2, 2019, pp. 187–195.

[2] "Global Britain in a Competitive Age: the Integrated Review of Security, Defence, Development and Foreign Policy", UK Government, Jul. 2, 2021, https://www.gov.uk/government/publications/global-britain-in-a-competitive-age-the-integrated-review-of-security-defence-development-and-foreign-policy/global-britain-in-a-competitive-age-the-integrated-review-of-security-defence-development-and-foreign-policy.

[3] 美国国家情报委员会编，中国现代国际关系研究院美国研究所译：《全球趋势2030——变换的世界》，时事出版社2016年版，第126页。

[4] 郭海龙、徐红霞：《浅析英国脱欧后的外交走向》，《公共外交季刊》2020年第3期，第69页。

国对抗的政策。由于其政治安全上紧跟美国，中英关系在安全、政治等问题上则将面临更大分歧。近两年，英国的决策圈开始试探性地讨论建立"民主国家十国联盟"的可能性，包括七国集团国家和韩国、印度、澳大利亚，英国希望这一计划可以建立5G设备和其他技术的替代供应商，避免依赖中国。在拜登胜选并积极推动"民主国家联盟"的情况下，英国如何作出回应值得中国关注。

英国脱离欧盟会包含哪些内容？会有哪些影响？随着时间的推移，会越来越明晰。"脱欧"后，英国在欧盟以外作为相对独立的力量参与国际事务，其外交会继续保持务实主义、地缘均势、大西洋主义传统的历史延续性，并在欧—美—英三角关系、英联邦国家、新兴经济体几个层面进行调整，仍会把与美、欧的关系放在首位。在政治和安全领域，中国应该对英国短期内"倒向"美国做好应对。

中欧关系。欧盟自成立以来已经与中国在政治、经济等方面建立了密切的联系。欧盟连续14年是中国第一大贸易伙伴，中国则是欧盟第二大贸易伙伴。世界政治经济重心逐渐东移，从大西洋两岸转向亚太地区，传统西方的重要性下降，亚太地区已经成为世界经济增长最主要的发动机。多边主义出现危机，世界多极化仍在深入调整，中国的崛起对世界政治经济变革具有深远影响。美、欧在价值观上一致，在人权、涉疆事务上攻击中国。但美国向单边主义倒退，中、欧在全球治理问题上合作点增多。中、欧不存在地缘冲突，欧盟在中国台湾问题和南海问题上态度审慎。欧盟关注中国崛起，中国关注欧盟如何调整。

2019年3月，习近平主席访问意大利，意大利成为七国集团成员国中首位与中国签署政府间共同推动"一带一路"建设谅解备忘录的国家。法国是最早表达参与共建"一带一路"倡议合作意愿的欧洲国家。此外，中、欧在安全领域的合作也日益拓宽，欧盟于2018年10月16日宣布，欧盟军队首次与中国海军举行联合军演，这次军演的主要内容是医疗疏散，欧盟海军应邀访问中国海军保障基地，此次军演可以促进中国与欧盟在更多安全层面的交流与合作。①

同样，欧盟对华态度走向复杂化，疑虑增加。欧盟对华政策在2019年确定为"谈判上的合作伙伴、经济上的竞争者和制度性对手"。欧洲人民党党团是欧洲议会第一大党团，2021年3月通过了首份中欧关系立场性文件，表示欧盟要"与中国在可能的地方合作，在需要的地方竞争，在必要的地方对抗"。欧盟认为，以中国为主的新兴力量与以欧盟为主导的以规则为基础的多边主义理念背道而驰，它正受到一个日益可行的替代方式的挑战。欧盟诸个战略文件当中都谈到了"中国威胁"。它不希望中国不顾欧盟现有规则与中东欧国家单独开展双边关系，以防成员国各行其是。受经济危机的持续影响，欧盟近几年愈发采取一种保护主义立场，欧盟在投资审查、市场对等开放、公平竞争、技术安全等方面对中国不满。欧盟不仅是一个自由贸易区，而是单一市场和关税同盟。在本区域内商品贸易零壁垒，但它与区域外国家的贸易却设置了很多壁垒。② 2022年2月，欧盟委员会公布了《欧洲芯片法》，以保护数字主权，2022年1月，美国众议院公布了推动美国半导体制造和与中国竞争的法案，欧盟与美国的芯片法案殊途同归。欧盟尽管担心过度依赖中国制造业产品可能会出现供应链风险，但同样担忧过度跟从美国对中国施压会危及国际经济秩序的正常运转，从而导致欧洲自身的经济利益受损。

---

① 葛建华：《欧洲与"一带一路"倡议：合作现状、前景与挑战》，见复旦国际关系评论：《欧盟的多重困境与一体化前景》，上海人民出版社2021年版，第241、243页。

② Roger Bootle, Julian Jessop, Dr Gerard Lyons, Patrick Minford, "Alternative Brexit Economic Analysis", Economists For Free Trade, February, 2018, https://www.economistsforfreetrade.com/wp-content/uploads/2018/03/Alternative-Brexit-Economic-Analysis-Final-2-Mar-18.pdf.

2019年，中国和欧盟27国国内生产总值合计达到30万亿美元，占全球总量约34%。但双边投资规模相对较小，欧盟对华投资大约只占中国吸收外资总量的5%，中国对欧投资仅占欧盟吸收外资总量的3.4%，与双方的经济体量不相符。[1] 2020年底，历时7年35轮谈判的《中国与欧盟全面投资协定》（以下简称《中欧投资协定》）达成原则性文本，《中欧投资协定》是在德、法两国政府的推动下完成的，2020年下半年轮值主席国的德国发挥了重要推动作用。因为德国是欧洲一体化的中心力量，对华投资（70%）和接受中国投资（24%）都在欧盟排第一位，所以德国的态度是最为重要的。对中国来说，近年来，欧盟及其成员国越来越严苛的外资审查使中国企业进入欧盟市场面临更多的挑战和困难，协定将改变目前中国企业投资欧洲时较为被动的局面。2022年，欧盟的两个轮值主席国是法国（上半年）和捷克（下半年）。在中欧协定正式批准生效之前，美国可能的施压阻挠方向包括对德、法和欧盟委员会实施威逼利诱，煽动欧洲议会议员和欧盟内的中小国家反对，借智库、媒体、非政府组织等围绕所谓人权、劳工、新疆、香港议题制造负面舆论。[2] 2021年5月20日，受政治因素干扰，欧洲议会单方面冻结了该协定。

四、对英联邦国家关系的影响

英国逐渐调整"三环"在它外交中的比重，英联邦的国际影响力虽然今非昔比，但它仍然涵盖世界近1/3的人口和近1/4的土地面积。英联邦仍然是英国国际战略的重要组成部分。

---

[1] 项佳谷：《欧洲议会高票冻结中欧投资协定的背后》，见自《"大变局下的欧洲与中欧关系"之专家笔谈》，《辽宁大学学报（哲学社会科学版）》2022年第3期，第136—137页。

[2] 邹磊、王优酉：《中欧投资协定：规则、影响与挑战》，《国际贸易》2021年第4期，第72页。

2017年3月，第一届英联邦国家贸易部长会议在伦敦召开，讨论焦点是如何提升成员国之间的贸易与投资规模。2018年4月，在伦敦召开的英联邦国家首脑会议是英国近年来举办的规模最大的国际会议，会议主题是"走向共同的未来"。英国是2018—2020年英联邦的轮值主席国，为其重新打造与英联邦成员的关系提供了契机。① 2018年4月，约翰逊宣布，英国将在英联邦成员中开增9个外交驻地。② 在英国政府内部，一些官员甚至将发展英联邦国家内部关系的政策称为"大英帝国2.0"。③

英国的目标是优先和澳大利亚、新西兰、加拿大、新加坡等国签订新的贸易协定。在"脱欧"谈判的同时，英国提前铺路，增加替代性选择。这些国家很多都已和欧盟谈成了贸易协定（或者已生效），英国参照欧盟的贸易协定版本，有利于新协定在过渡期后可以尽快达成并生效，减少"脱欧"的不确定性，又可以在其竞争力较大的金融服务领域保持灵活性，与他国制定新的规则。英国国际贸易部于2016年下半年在非欧盟国家建立了多个工作小组，进行贸易协定非正式谈判，为部长级会面搭建平台。为达成高质量的贸易协定，外交大臣、国际贸易大臣、国防大臣、财政大臣及首相本人，公投后的3年曾对这几个国家进行访问，国际贸易部还评估了这些国家与欧盟已达成的贸易协定对英国的影响。英国1973年加入欧共体，英国和澳大利亚两国间传统的贸易往来被欧洲关税同盟取代。④ 1961年，堪培拉一个跨部门委员会警告澳大利亚政府，欧共体的意图是将欧洲发展成一股世界政治势力，鉴于澳大利亚（以

---

① 李靖堃：《"全球英国"理念下英国对非洲政策的调整》，《西亚与北非》2019年第2期，第118页。
② "Foreign Secretary expands UK Commonwealth diplomatic network", UK Government, Apr. 19, 2018, https://www.gov.uk/government/news/foreign-secretary-expands-uk-commonwealth-diplomatic-network.
③ 张飚：《"全球英国"：脱欧后英国的外交选择》，《现代国际关系》2018年第3期，第22页。
④ ［英］丹尼尔·汉南著，徐爽译：《发明自由》，九州出版社2020年版，第315页。

及新西兰）的位置在欧洲、大西洋和亚洲之外，它们在联合王国的地位和影响力方面似乎损失最大，让"母国"尊重情感纽带是徒劳无益的。作为不列颠的殖民地和坚定同盟，澳大利亚在一战中派出了40万人，二战中派出了近100万人与英国人一同作战。① 在戴高乐否决英国正式加入欧共体之前，英联邦国家在这10年的不确定时间里努力将它们的贸易多元化。1962年，澳大利亚占英国出口约30%，在英国进口中所贡献的比例也相仿，10年之后，这两个数据都下降到20%左右。澳大利亚和新西兰在1965年签订了一份双边自由贸易协定，在随后的20世纪70年代砍掉了80%的关税和数量限制。因此，在1973年时，英联邦在经济上已经调整了，但在情绪上，遭到"背叛"的感觉挥之不去。1973—2016年，英国在这40多年里的叙事非常清晰：英国放弃了一个世界帝国，但找到了一个欧洲。2016年，约翰逊把公投结果描绘成"挽回1973年的背叛"，重建昔日英联邦的联系的努力。

马歇尔计划开始几年后，加拿大以海外援助模式参与了英联邦国家的援助项目——"科伦坡计划"。直到20世纪初，加拿大最重要的出口对象仍是英国，只是到了1971年英国要加入欧共体，迫使加拿大重新定位英加贸易。② 英国试图在"脱欧"后与加拿大、新西兰和澳大利亚构建起政治、经济、人口流动、司法体系等领域的全面合作机制——四国政治经济联盟，几个国家在法律和政治体系、立法机制、投资贸易规则等方面与英国有一定相似性，文化基础高度一致，经济互补性强。③ 据调查显示，82%的新西兰人、76%的加拿大人、73%的澳大利亚人与68%的英国人对四国进一步加强全方位合作表

---

① ［英］丹尼尔·汉南著，徐爽译：《发明自由》，九州出版社2020年版，第311页。
② 钱亚旭、涂东等：《英国脱欧及其身份建构的文化研究》，四川大学出版社2020年版，第202页。
③ 胡杰：《英加澳新共同体："后脱欧时代"英国的新选择?》，《边界与海洋研究》2021年第3期，第115页。

示支持。① 但在战略上,加拿大、澳大利亚、新西兰其实更加依赖美国。加拿大是因为离得近,澳大利亚和新西兰是因为它们的重点越来越转向太平洋,尤其是越南战争以后。②

南部非洲六国与英国的贸易也会参照它们与欧盟的双边经济伙伴关系协定,该同盟已经与英国签署谅解备忘录,就"脱欧"后双边经贸合作安排达成协定。③

印度作为不结盟运动的领头羊,推行反西方外交政策的时代已经一去不复返了,它现在是美国和英国的重要军事同盟国。除了五个核心国家外,英语文化圈有时也包含印度。它不但是英联邦国家,也是重要的新兴经济体国家。特蕾莎·梅在发表"全球英国"战略演说后访问了印度,带领了规模庞大的贸易代表团,并称英国要做印度"最热烈、最执着、最可信的自由贸易支持者"。④ 财政大臣哈蒙德在这不久后便赴印度展开双边经贸对话。2018年,英、印两国在英联邦会议期间,承诺要加强在科技、投资、金融与贸易领域合作,双方先后建立了英印科技联盟、英印投资与金融科技合作对话机制、多边英印贸易对话机制等一系列常态对话合作平台。英国是印度第四大外国投资来源国,印度一直位列英国海外投资来源国的第三位,在英的印度公司为英国创造了多达11万个就业岗位。借着2021年6月主办七国集团峰会的机会,英国邀请韩国、印度和澳大利亚三国参会,显示出英国对这一地区的重视,也凸显了"脱

---

① 孙盛因、高健:《"全球英国"外交理念与英国的战略选择》,《当代世界》2020年第4期,第69页。

② [英]戴维·雷诺兹著,廖平译:《英国故事:从11世纪到脱欧动荡,千年历史的四重变奏》,中信出版社2021年版,第205—207页。

③ 包括纳米比亚、南非、莱索托、莫桑比克、斯威士兰和博茨瓦纳,欧盟与SADC国家的协定2016年生效,http://rtais.wto.org/UI/PublicShowMemberRTAIDCard.aspx?rtaid=897。

④ "Theresa May to Visit India in First Trade Mission since Taking Office", The Telegraph, Oct. 16, 2016.

欧"之后英国外交的"印太"转向。① 2021 年的最后三个月，印度国内生产总值超过英国成为全球第五大经济体，印度凭借其亮眼的经济表现和人口红利，未来这种领先优势可能会进一步扩大。从印度方面来讲，它对中国是否会阻碍自身崛起非常敏感。在亚洲，中国和印度在规模和速度上具有显著优势，与中国的竞争及双方边境争端会影响到印度的战略观，印度一直把美国当成对抗中国崛起的工具，印度在地区安全问题上需要"平衡手"，英国会是它左右逢源的抓手。

五、对其他关系的影响

英国"脱欧"使西方关系更为复杂化。欧盟与美国出现了越来越多的不和谐声音，在几次的七国集团峰会中都有所体现。特朗普的贸易保护政策恶化了欧盟的贸易环境，对欧盟输美商品和服务加征关税。2018 年底，在未告知欧盟的情况下，美国降低了欧盟驻华盛顿代表团的外交级别，欧盟大使与非洲联盟代表一起被划分在国际组织之列，美国没有对此做任何回应。美国对北约的承诺越来越勉强，特朗普多次指责欧洲国家搭美国防务的"便车"，要求欧盟分担更多北约军费，退出《巴黎协定》、承认耶路撒冷为以色列首都及退出伊核问题全面协议，让危机缠身的欧盟与美国的分歧逐渐增多。特朗普乐见英国"脱欧"，削弱欧盟的地缘政治影响力。他弱化与欧盟的关系，必然会加强与"脱欧"后的英国的关系。美国在欧洲安全防务上后退，英国退出欧盟，欧洲人意识到，他们必须靠自己。马克龙在 2019 年 11 月接受采访中提醒欧洲人，要掌握自己的命运，甚至发出了"北约正在脑死亡"的言论。在与其他大国博弈过程中，欧盟成员国深知，作为单个国家，他们可能会被超

---

① 张健：《英国脱欧后与欧盟的博弈将进一步加剧》，《世界知识》2021 年第 4 期，第 57 页。

级大国各个击破。但作为世界上最大的跨境市场，欧盟具有与中国和美国相当的分量，团结可以顶回压力。如果美国决定对欧洲制造商加征汽车关税，欧盟可以采取回敬措施，欧盟还可以对俄罗斯实施涵盖整个单一市场的制裁措施，以此回应克里米亚地区加入俄罗斯的举动。

欧盟对俄政策将发生变化，实力削弱的欧盟与俄罗斯的关系未来可能会回暖，西方反俄罗斯阵营的立场将出现松动。马克龙已经认识到，欧盟将俄罗斯推离欧洲是个战略错误。乌克兰危机使得欧俄关系陷入僵局，英国对俄立场强硬，主张欧美联手加大对俄制裁。英国"脱欧"后，英、欧的相互制约松解，欧盟内部对俄温和力量上升，俄罗斯在欧洲大陆的影响力和全球地位将逐渐恢复，亚欧大陆的政治版图也许因此发生变化。[①] 无论如何，欧洲仍然是"风雨兴起之地"。对英国来说，欧洲总是比世界其他地区更重要。当俄罗斯被认为威胁到了克里米亚地区、乌克兰东部、波罗的海诸国安全时，会对英国产生深远影响。英国将遵循北约第五条款有关集体防务的承诺，致力于维护欧洲大陆的安全。英国仍然是对抗俄罗斯扩张主义最坚实的欧洲壁垒。可能成为大西洋东岸的首个停靠港，可以供波兰等前线国家停靠。当欧洲大陆再度受到俄罗斯的威胁，英国仍然是欧盟可以借助的力量。[②]

英、日双方都是七国集团成员。2018年，日本企业在英国投资高达460亿英镑。英国贸易部直言不讳地称，与日本的经贸关系被视为"全球英国"战略的关键。[③] 经多轮谈判，英、

---

① 吴志成：《英国脱欧对欧洲及世界格局的影响》，《光明日报》2019年1月17日，第12版，http：//epaper.gmw.cn/gmrb/html/2019-01/17/nw.D110000gmrb_20190117_2-12.htm。

② ［英］布伦丹·西姆斯著，李天云、窦雪雅译：《千年英欧史》，中信出版社2021年版，第228—230页。

③ "Japan and the UK: an enduring trade partnership", Department for International Trade, May 15, 2018, https://www.gov.uk/government/speeches/japan-and-the-uk-an-enduring-trade-partnership.

日已达成一致，将在欧日经贸协定的基础上进行英日贸易谈判。① 应日本要求，新协议不能仅复制现有协定内容，双方还会在特殊领域增加一些额外条款。2017年6月，约翰逊访问东京，确认英国将在朝鲜试射问题上与日本站在一起，强调双方面临着包括恐怖主义和朝鲜等国共同的安全威胁。同年8月，特蕾莎·梅首相在商业代表陪同下出访日本，旨在增强双方防务安全合作与贸易投资机会。"脱欧"后，无论在经济上还是战略上，英国都会加强与日本的关系。2017年8月，《英日安全合作共同宣言》公布，2018年10月，英军首次赴日联合训练，随后参加了美韩联合军演，成为首个参加朝鲜半岛军演的欧洲国家。此外，日本还在2022年和2023年初分别与澳大利亚和英国签署了《互惠准入协定》。英国退出欧盟后，日本非常担忧它在英国的投资受到影响，它曾把英国当作进入欧洲市场的桥梁。另外，日本还担心英国将会加强与中国的合作。2020年9月，英日达成自贸协定，这是英国40多年来首次制定一项独立于欧盟之外的新贸易协定。对于英国来说，这项协定的意义还在于，他们希望进军亚太地区的贸易市场。在达成英日贸易协定后，2021年2月，英国宣布，正式申请《全面与进步跨太平洋伙伴关系协定》。②《全面与进步跨太平洋伙伴关系协定》包括日本、澳大利亚、加拿大、墨西哥、新加坡等11个成员国，它将把英国与世界上增长最快的地区联结起来。

2010年，韩国成为亚洲国家中最先同欧盟达成自由贸易协定的国家，2019年8月，韩国率先与英国签署贸易协定，以确保两国在"脱欧"后继续维持现有贸易优惠。

2018年初，英国就加入《跨太平洋伙伴关系协定》举行非正式协商，英国可能成为首个在太平洋和南中国海都没有边境

---

① "Trade with Japan", Department for International Trade, Sep. 20, 2019, https：//www.gov.uk/government/consultations/trade-with-japan.

② 李偲偲、倪月菊：《"后脱欧时代"中英经贸关系走向寻找新路径》，《进出口经理人》2021年第6期，第46页。

线的《跨太平洋伙伴关系协定》成员。国际贸易部一位大臣表示，英国加入《跨太平洋伙伴关系协定》不受地域限制，没有什么被排除在外。[①] 2018年7月，在政府"脱欧"白皮书中，英国加入《跨太平洋伙伴关系协定》也在讨论范围内。[②] "脱欧"后，英国明确表态要致力于推进21世纪的联合国改革进程与国际规则现代化，充分发挥参与国际规则制定与议程设置的能力。可以预见，"脱欧"后的英国融入国际多边外交机制的意愿将更为强烈。

小结

"脱欧"公投以来，英镑下跌严重，英国国内通货膨胀水平提高，物价上涨，居民实际收入增长缓慢，伦敦金融中心的地位受到冲击，外国直接投资受到影响，未来一段时间内，不确定性还将持续影响企业和消费者的信心。英国需要在今后相当长的时间里增强社会凝聚力，弥补社会创伤，"脱欧"增强了英国一些地区民众的自主意识和民族情绪，英国政府需要付出一定的时间和努力安抚分离势力。"脱欧"后，英国将失去通过集体行动追求本国利益的欧洲平台，在制定政策方面，对欧盟的影响力下降。在这些代价的基础上，英国境内来自欧盟的移民已经明显减少，过渡期结束后，英国将停止向欧盟缴纳预算费用，不再受欧盟法律和规则的束缚，可以单独与他国签订自由贸易协定，"全球英国"战略将进一步得到实施，但是它的效果远不如预期那样好、那样快。

---

① 亨利·曼斯：《英国寻求在退欧后加入TPP》，《金融时报》，2018年1月3日，https://www.ftchinese.com/story/001075736? archive。

② "The Future Relationship between The United Kingdom and The European Union", UK Government, Jul. 6, 2018, https://assets.publishing.service.gov.uk/government/uploads/system/uploads/attachment_data/file/725288/The_future_relationship_between_the_United_Kingdom_and_the_European_Union.pdf.

内部团结是英欧双方今后都需要面对的问题。欧盟担忧英国"脱欧"会产生连锁反应，这将进一步考验德、法联合推动欧洲一体化的信心。缺少英国，欧盟的规模和经济实力将受到削弱，同时，在英国原来不作为的领域，欧盟的阻力也将变小，尤其是法国积极推动的防务领域的合作。此外，欧盟内部权力关系及决策机制将会发生变化，法国在欧盟的地位将会提升，非欧元区在英国离开后的弱势地位会进一步显现，欧洲理事会的投票体系和欧洲议会的席位分配将面临调整。

英国外交政策主要受三种关系驱动：与美国的"特殊关系"，与英联邦成员国的关系以及与欧洲大陆的关系，"脱欧"前后，这三者的分量会发生变化，前两者的分量无疑会增加。英国可能会奉行偏向于美国，但又不主动与中国对抗的政策，英国在经济、金融、基础设施建设等领域，可能加强同中国的联系。未来，英国会把与美国、澳大利亚、加拿大、新西兰及其他英联邦国家的贸易协定放在优先的位置。在七国集团、北约及联合国安理会等框架下，英国与欧盟成员国之间未来的合作将会受掣肘。

第六章

变局中的欧洲

百年大变局和全球疫情叠加,国际力量对比发生大幅变化,地区热点问题此起彼伏。金融危机后,东西方世界发展出现"分流"。2008年金融危机的长期后遗症,加大了在更广范围爆发危机的可能性。美国复苏缓慢,新兴国家迅速崛起,欧洲多重危机叠加。民粹主义思潮泛起,多边主义受重压。从美国到欧洲,反建制政党及其候选人屡获民意支持。英国"脱欧"给欧盟留下的不仅是双边关系上变化,更是一个复杂的结果,如果说特朗普当选和英国"脱欧"是欧洲的"黑天鹅"事件,那谁也不曾预想到,在欧盟还没有得到喘息的时候,更大的"黑天鹅"事件还在后面。

欧盟在国际体系中造就了一种新的政治单元。欧盟是由一些中小国家组成的能同甘、不能共苦的松散联合,还是能作为命运共同体的联盟?哪些制度性缺陷需要修改?是欧洲一体化走得太快了,还是不够一体化?国家主权被布鲁塞尔削弱导致成员国不能在危机中自救?还是为化解危机需交出更多主权?这些争论早已有之,目前,欧洲仍处于寻找自身理念的阶段,并将继续进行自我重组,在变局中重新定位自己。

欧盟仍然是一项雄心勃勃的在建工程。[1] 它向成员国所提供的主要好处就是,二战以后,成员国之间虽然发生过纠纷,有些成员国介入过欧洲之外的战争,但是从条约签署以来,就不再有任何一个成员国向另一个成员国开过火。其中的一个原因当然可以归结为:冷战期间,欧洲大陆被两个超级大国分裂为

---

[1] [美]罗伯特·D. 卡普兰著,涵朴译:《即将到来的地缘战争》,广东人民出版社2013年版,第163页。

各自的势力影响范围，并且不允许在它们的势力影响范围内发生任何战争。① 但冷战结束距今也有30多年了。

不同于其他国际组织，欧盟机构在国家之上掌握了若干主权。就广度而言，几乎没有什么重要的政策领域不在欧盟的关注之中，它在经贸领域的整体议价能力比单个成员国的议价能力要高出很多。在非防务领域，欧盟的自主性很大。欧盟的农业补贴和结构基金对希望加入欧盟的国家有很大吸引力。欧盟成员国已经享受到一体化带来的经济好处，不会轻易放弃。② 欧盟利用其经济力量制定和推广其标准，通过经济制裁和对外援助等政策工具输出其人权、民主和法治标准。在"脱欧"这件事上，欧盟的表现是不错的，它们依旧联合在一起，目前还没有一个成员国效仿英国。几十年来，欧洲的情绪总是在过度乐观论和过度悲观论之间摇摆。正如一名记者2010年的报道："在美国和以中国为首的新兴国家主导的政治秩序中，欧洲看起来像个输家……"③ 经济繁荣的黄金时代都是欧洲整合的时期，经济衰退的时期则多是欧洲分裂的时期。④ 现在，关于欧洲衰败的讨论越来越多。但是，长期以来，关于欧洲衰败的预测都没有成为现实。欧洲的行为方式——分享权力、制定协议、通过不计其数的委员会解决冲突，看上去是令人厌烦甚至是懊恼的，但是在日益相互依赖的世界，欧洲已经成为许多国际标准的制定者。⑤ 单一市场致力于废除交易成本和统一法规。除此之外，欧盟实施了许多监管条例，从科学政策到消费者保护都

---

① ［荷］吕克·范米德拉尔著，任轶、郑方磊译：《通向欧洲之路》，东方出版社2016年版，第346页。

② 赵怀普：《欧盟政治与外交》，世界知识出版社2021年版，第99页。

③ ［美］约瑟夫·奈著，王吉美译：《论权力》，中信出版社2015年版，第184页。

④ ［德］贝娅特·科勒-科赫等著，顾俊礼等译：《欧洲一体化与欧盟治理》，中国社会科学出版社2004年版，第43—44页。

⑤ ［美］约瑟夫·奈著，王吉美译：《论权力》，中信出版社2015年版，第185页。

有共同的标准，由欧洲法院孜孜不倦地贯彻、落实某些条文。作为行政部门的欧盟委员会负责提出新的法律，在对外贸易、农业、竞争和区域协助等很多方面实施欧盟的政策方针。它有很多对落后地区的经济援助、促进经济的融合项目。除此之外，欧盟的特别机构也多不胜数。欧盟在消除成员国差异方面发挥了积极作用，卢森堡人均收入最高，它们之中最富裕的国家（金融危机前是爱尔兰）的人均收入比最贫困的国家（保加利亚）多3.3倍，而世界上最富裕的国家人均收入比最贫困的国家高190倍。

在变局中，欧盟的体制机制问题和外部压力更为突出。

一是扩大和深化成员国之间的矛盾。欧盟出于地缘安全考虑，提升地区稳定状态，重塑周边秩序，吸纳新成员，之前已将中东欧、南欧13个国家吸纳为欧盟成员国，现在仍在消化近几轮规模扩大带来的影响。2013年，克罗地亚入盟以来，欧盟扩员的步伐暂时停顿。欧盟扩大带来安全，但会影响效率。在欧盟扩员过程中，经济以外的因素开始发挥作用，一些经济疲软国家因在科索沃战争期间支持欧盟而获得通过。扩员会造成欧盟内部权力关系变动，德国居于中心位置，法国担忧失色。法国经济的影响主要局限于冷战时期的西欧国家，而德国经济的影响则包括西欧和前华约国家，这得益于它的中心地理位置，以及与东西方的贸易联系。[①] 直到2004年欧盟东扩，欧洲移民还没有成为英国的政治问题。2004—2017年，英国来自欧洲其他地区的人口比重从1.5%增加到5%以上，在英国出生的90万波兰居民占了全国所有非英国出生居民的10%，比在英国出生的印度居民还多。[②] 德国被扣上霸权主义的帽子与其2015年以来处理难民问题有很大关系。德国的态度让英国觉得，移民潮很快会到达英国。德国应该停止在涉及整个欧洲的问题上

---

① [美]罗伯特·D.卡普兰著，涵朴译：《即将到来的地缘战争》，广东人民出版社2013年版，第161页。
② [英]戴维·雷诺兹著，廖平译：《英国故事：从11世纪到脱欧动荡，千年历史的四重变奏》，中信出版社2021年版，第222—223页。

单干。① 疫情下，凸显申根国家裂痕。新冠疫情全面暴发后，欧盟的反应迟缓，协调不利，成员国各自为政。疫情在意大利暴发后，意大利的邻国纷纷关闭边界，再次暴露了欧盟内部团结和凝聚力的缺失。②

扩大和深化悖论在于成员越多差异越大，内部成员难整合，扩员需要处理差异，整体决策能力变弱，影响一体化越深。欧洲内部越松散，对外界威胁的反应就越弱，成员国政治分歧和各自为政会制约欧盟集体行动的能力，使欧盟对外部威胁反应不够。欧洲内部存在"中心—边缘"结构，它没有能力使得经济竞争力悬殊的成员国之间达成必要的和谐。

如果欧盟真的拥有在重要问题上用一个声音说话的能力，那么它就可以成为大西洋的西方世界（尤其美国）矫正器，但目前还远不是。③ 随着一体化深入推进，欧盟内部出现分化，当一体化达到一定水平后，处于劣势地位国家的利益开始受损，欧盟内部的空间不平衡性开始逐渐加剧。④ 分歧使欧盟参与大国博弈的空间变小。德、法在共同农业政策改革上存在意见分歧，在渔业政策上做出强制性调整会让部分老成员不满。在防务安全战略自主问题上，欧洲不仅缺乏行动能力，也缺乏政治意愿。南欧并没有像波兰、芬兰和波罗的海诸国那样强烈感受到俄罗斯带来的威胁和痛苦，这从它们反对制裁俄罗斯的态度中就可以反映出来。波兰不愿意参与对利比亚的干涉行动这一点也表明了北欧和东欧国家对地中海不关心。⑤ 地理空间上越远离俄罗斯的国家越愿意推动欧盟的防务安全战略自主，西欧

---

① ［德］海因里希·奥古斯特·温克勒著，童欣译：《西方的困局》，中信出版社2019年版，348页。

② 赵怀普：《欧盟政治与外交》，世界知识出版社2021年版，第93、98页。

③ 赵怀普：《欧盟政治与外交》，世界知识出版社2021年版，第345页。

④ 刘军辉：《多米诺效应、空间不平衡性与区域贸易集团稳定性——简析英国脱欧的原因及对中国的启示》，《财经研究》2018年第9期，第131页。

⑤ ［英］布伦丹·西姆斯著，李天云、窦雪雅译：《千年英欧史》，中信出版社2021年版，第241—242页。

国家比东欧国家积极，老欧洲国家比新欧洲国家积极，法国比德国积极，德国比波兰积极，大国比小国积极。靠近俄罗斯的新欧洲国家不相信靠欧盟的防务安全战略自主能够抵御俄罗斯的威胁，它们始终将自身的安全寄托在美国身上，寄托在美国主导的北约身上。① 目前来看，法国成了欧洲主张防务安全战略自主最坚决的成员国。

二是欧盟超国家法律优于暴力垄断者的国家法律，却没有制裁成员国的权限。② 欧盟的民主赤字问题自《马斯特里赫特条约》以来一直是欧盟政治中的一个核心问题。直接选举出来的欧洲议会既没有立法提议权也没有监督权。真正的当权者是由欧盟成员国部长组成的欧盟内阁。欧盟这个凌驾于国家政府之上的组织应该如何建立和维持民主和法治问责制，长期以来一直都是一个棘手的问题。右派批评欧盟监管得太多，手伸得太长，左派批评欧盟缺乏民主。欧盟合法性不是来自联盟公民，而是来自政府让渡主权，它有实施立法和司法的权限，规定成员国有作为执行机构的义务，当欧洲法令的执行遭成员国抵制时，却没有制裁权限。

波兰政府一系列具有争议的司法改革招致欧盟不满，欧盟对波兰的民主状况表示担心。2021年10月7日，波兰宪法法院的裁决认为，欧盟条约的一些条款不符合波兰宪法，认为欧洲法院干涉波兰司法系统的行为违反了法治原则、波兰宪法至上的原则，以及在欧洲一体化过程中保持主权的原则，这是对欧盟法律高于成员国法律的一个非常直接的挑战。波兰宪法法院的裁决引发了欧洲一体化历史上又一次严重的宪法危机。欧盟法律高于成员国的法律是欧盟的支柱之一。冯德莱恩认为，

---

① 吴大辉：《欧盟对俄罗斯威胁的认知与欧盟战略自主》，见《"大变局下的欧洲与中欧关系"之专家笔谈》，《辽宁大学学报（哲学社会科学版）》2022年第3期，第135—136页。

② [德]尤尔根·哈贝马斯著，伍慧萍、朱苗苗译：《欧盟的危机：关于欧洲宪法的思考》，上海人民出版社2019年版，第58页。

波兰宪法法院的这一裁决是对欧盟基础的质疑，只有共同的法律秩序才能保障实现成员国之间的平等权利、法律安全、相互信任以及作为其结果的共同政策。当然在欧盟成员国内部，反应也不尽相同，比如荷兰、比利时、芬兰、卢森堡等要求强力应对，匈牙利则支持波兰，而法国、德国主张以对话来解决问题。自 2004 年加入欧盟之后，波兰的经济总量翻了一番，经济表现良好，经济增长率高于德国，失业率是欧盟国家中最低的，吸引的外资额在欧洲排名第三，应当说波兰是获益最大的新成员国。从波兰的民调看，2005 年以来，波兰人对欧盟成员国地位的支持率从没有低于 70%，而 2021 年 10 月支持率高达 90%，应当说波兰"脱欧"不具备民意基础。① 波兰宪法法院裁决加剧了欧盟的法治危机。这在英国的"脱欧"争论中也存在，只不过英国在欧盟中的得失，不像波兰这样显而易见。欧盟可以因为匈牙利和波兰两国严重违反欧盟规范性原则，根据《里斯本条约》第 7 条规定剥夺它们的投票权，但是在具体执行中，执行这项制裁的一个前提条件让第 7 条规定变成了一纸空文：执行这样的措施必须经除直接涉及的国家之外的全体成员国一致同意。由于匈牙利支持波兰，波兰也力挺匈牙利，剥夺投票权的这项武器已经变成一把没有锋刃的剑，对一个成员国变相专制制度的容忍，欧盟的规范性认同已经受到了极大的损害。②

此类的制度设计缺陷还有很多，欧元是一种没有国家的货币，是一种没有联合军事手段的联合政治项目，也没有在欧洲大陆执行使命的共同意识；由于缺乏超越国家议会主权的共同议会代表，欧洲无法发行可以稳定市场和货币的欧洲债券；欧盟建立了一个免护照的旅游区，却没有建立一个欧盟警察维持治安的外部边界。

---

① 孔田平：《对"波兰脱欧"问题的思考》，见《"大变局下的欧洲与中欧关系"之专家笔谈》，《辽宁大学学报（哲学社会科学版）》2022 年第 3 期，第 148 页。
② [德] 海因里希·奥古斯特·温克勒著，童欣译：《西方的困局》，中信出版社 2019 年版，第 343—344 页。

三是欧元区制度缺陷。欧元是世界第二大储备货币，约占所有国家外汇储备总额的20%，在全球外汇储备总额中所占比重仅次于美元，后者约占63.5%。有些经济体，如希腊和意大利，在欧元诞生之时，就未能满足与可接受的债务水平相关的财政标准，成为欧元区日后遇到困难的起因之一。[1] 欧元被视为"天生畸形"。统一财政权的缺失降低了欧元区整体经济调控能力，成员国通过统一货币"捆绑"在一起，无法再像从前那样将货币贬值作为反危机手段。此外，由于欧洲货币联盟没有设立有效的退出机制，危机发生时成员国之间便形成了"一损俱损"的传导效应，使欧元区国家缺乏退路。[2] 欧盟货币政策和财政政策弥补手段不够，危机暴露了欧盟金融系统监管不足。欧盟最深刻的经济矛盾存在于债权国与债务国之间，发行欧元不能掩盖这个矛盾，欧盟的反危机措施就是把权力集中到布鲁塞尔，趁机强化政治一体化。[3] 波兰、匈牙利和捷克等中东欧国家拒绝加入欧元区，且没有制定明确的时间表。在欧元区内部，人均收入高、失业率低的北部和竞争力低、失业率高的南部之间发展不均，这种不平衡加剧了成员国之间的紧张关系和反欧情绪。[4]

债务危机导致怀疑主义蔓延，希腊等国痛苦不堪。债台高筑，又限制了欧盟借债能力，除非大幅度提高经济增长率和劳动生产率，否则希腊等国难以维持支出较高的福利体系。在德国政府的要求下，从2010年起，欧盟范围内实施紧缩政策。欧盟经济和财政问题与事关欧盟前途的政治决策难解难分，欧盟

---

[1] 格泽高滋·W.科勒德克、玛尔塔·普斯图拉、史聪一：《欧元区扩大的决定性因素与影响》，《欧洲研究》2018年第3期，第9页。

[2] 卜永光、庞中英：《从主权债务危机看欧元区制度的缺陷与变革》，《现代国际关系》2012年第9期，第17页。

[3] 杨帆、杨柳：《英国脱欧的深层原因与欧盟的发展前景》，《国际政治与经济》2017年第1期，第118页。

[4] 任琳、郑海琦：《国际政治经济视野下的欧洲与世界》，《国际经济评论》2018年第3期，第101页。

可能要对财政金融拥有更高的管理权限，实行紧缩政策，建立统一财政体系和金融监管体系，那么，欧洲控制权进一步移交给德国。欧洲央行的政策给德国财政部门带来了巨大好处，德国从共同货币中受益最大。在商讨解决债务危机的过程中，英国一再与德、法等国发生重大分歧。① 欧盟领导人避免欧元区解体，但当前的措施却导致危机气氛，导致欧元在全球市场上的走势捉摸不定。可能的解决方案"多速欧洲"，又将招来一大堆新问题，即欧洲能不能采取一致的政治行动。②

欧盟的难题在于，经济上更深层的一体化要建立在广泛的事务性治理架构之上，最后，要么欧盟硬生生建立起一个政治架构，要么满足于一个有限的经济联盟。在经济上，欧盟比世界上任何一个地区都统一，但是相应的治理架构还在建设中。在内部，是货币的动摇，在外部，有世界诸强之力量对比变化。如此多的冲击，推动着欧洲整体被创造、被再造。③

四是美、俄地缘争夺下欧盟进退失据。美国是欧盟跨大西洋战略盟友，俄罗斯是搬不走的近邻。在地缘安全问题上，欧盟缺乏与大国地位相匹配的军事力量，经济强、军事弱的短板使它参与地缘安全问题受限。以克里米亚地区危机、叙利亚危机、俄罗斯与北约在波罗的海对峙为代表，反映出大国之间为争夺地理实体的控制权而展开的竞争。④ 美国的力量投射依赖于、受益于其与西方国家的强大同盟，这种同盟是在与法西斯主义及其之后的共产主义的战斗中建立的。⑤ 根据《里斯本条

---

① 郭华榕、徐天新：《欧洲的分与合》，人民出版社 2015 年版，第 514 页。

② 美国国家情报委员会编，中国现代国际关系研究院美国研究所译：《全球趋势 2030：变换的世界》，时事出版社 2016 年版，第 77 页。

③ ［荷］吕克·范米德拉尔著，任轶、郑方磊译：《通向欧洲之路》，东方出版社 2016 年版，第 430 页。

④ 张晓通、赖扬敏：《历史的逻辑与欧洲的未来》，《欧洲研究》2018 年第 5 期，第 3 页。

⑤ 美国国家情报委员会编，中国现代国际关系研究院美国研究所译：《全球趋势 2030：变换的世界》，时事出版社 2016 年版，第 160 页。

约》，欧盟共同安全与防务政策不能与北约的总路线相矛盾。欧盟21个成员国同是北约成员国，欧洲安全依赖美国主导的北约，但美国在伊拉克、阿富汗等地的单边行动与欧盟利益不符，美国一系列退出行动引起欧盟担忧。美国算不算个好的安全提供者？它煽动如伊拉克那样的战争，且二战以来参加战争的次数超过任何国家。[1] 特朗普政府不愿意继续为欧洲安全付出高昂代价，逐渐转向印太。特朗普几乎把大西洋关系带入了一个新低谷，决定退出伊核问题全面协议和《中导条约》，而欧盟恰恰期望这两者能维护其安全。在非传统安全方面，特朗普政府决定退出联合国应对气候变化的《巴黎协定》，并在新冠疫情肆虐全球之时决定退出世界卫生组织。特朗普还严厉批评欧洲盟友破坏美国对伊朗的制裁及德国同俄罗斯合作开展"北溪-2"天然气管道项目，指责欧洲盟国在从巴尔干到俄罗斯和乌克兰等一系列问题上过于软弱。[2] 欧盟"防务外包"的困境使欧盟对美国既"离不开"，又"靠不住"。[3]

俄罗斯是欧盟传统竞争对手，是欧洲大陆必须直面的地缘政治安全挑战。俄、欧之间难以割离的地缘政治关系，关系着欧盟的防务和能源安全，欧洲和俄罗斯之间始终不存在明晰的边界。欧洲的25%、德国的40%、芬兰和波罗的海诸国近100%的天然气都是俄罗斯供应的，它们会部分屈服于俄罗斯的影响。[4] "北溪-2"天然气管道项目使欧盟更加依赖俄罗斯油气资源，德国和俄罗斯利益更加密切，俄罗斯更有机会对欧盟政治发挥影响。在解决地区冲突、恐怖袭击、伊核问题、和平

---

[1] 美国国家情报委员会编，中国现代国际关系研究院美国研究所译：《全球趋势2030：变换的世界》，时事出版社2016年版，第3页。

[2] 叶江：《拜登执政后美欧关系走向浅析》，《国际关系研究》2021年第3期，第33页。

[3] 田德文：《解析欧盟"战略自主"困局》，《欧洲研究》2021年第5期，第37页。

[4] ［美］罗伯特·D.卡普兰著，涵朴译：《即将到来的地缘战争》，广东人民出版社2013年版，第163页。

裁军等重大问题上，没有作为联合国安理会常任理事国俄罗斯的支持难以解决。西欧对于俄罗斯地缘威胁的感知更多来自俄罗斯的远程打击力量，美国退出《中导条约》就是因为俄罗斯在加里宁格勒部署了伊斯坎德尔导弹。在北约配合下，欧盟在2004年、2007年和2013年的三次东扩基本完成了对俄罗斯空间的整合。① 2004年的欧盟东扩是西欧在北约东扩背景下完成的。波罗的海三国加入欧盟对俄罗斯心脏地区构成直接威胁，罗马尼亚和保加利亚加入欧盟增加了俄罗斯对黑海自由度的担心，现在欧盟的主要争夺目标是俄罗斯南部缓冲区乌克兰。

欧洲周边有两大危机，即东部的乌克兰危机和南部的叙利亚危机，俄罗斯可以随时对这两大危机施加影响，然后直接反作用于欧盟。② 地缘因素使欧盟成了美国遏制俄罗斯的前阵，面对普京在东部边界意识形态和军事威胁，欧盟对美国提出的国家导弹防御系统，尤其是部署在捷克和波兰的设施感到担忧。2014年，乌克兰危机给欧盟当头棒喝，在乌克兰即将接近欧盟、摆脱俄罗斯的传统影响之际，俄罗斯果断进行武力干预。③ 其实质是乌克兰坚持实行"亲西疏俄"路线和俄德争夺相互交织而引发的一场区域性地缘政治动荡，反应了业已成熟的欧洲联盟和正在成型但影响力有限的欧亚联盟为贸易自由和贸易保护而展开的激烈博弈。④ 美、欧认为普京在东欧吞并克里米亚、入侵乌克兰东地区是俄罗斯复兴的表现。乌克兰与俄罗斯对峙，威胁欧盟能源安全，欧盟不得不调整"东部伙伴关系"计划。

---

① 宋黎磊：《欧盟的东扩之路：和俄罗斯的较量》，见复旦国际关系评论：《欧盟的多重困境与一体化前景》，上海人民出版社2021年版，第151页。
② 吴大辉：《欧盟对俄罗斯威胁的认知与欧盟战略自主》，见《"大变局下的欧洲与中欧关系"之专家笔谈》，《辽宁大学学报（哲学社会科学版）》2022年第3期，第135页。
③ 解楠楠、张晓通：《"地缘政治欧洲"：欧盟力量的地缘政治转向？》，《欧洲研究》2020年第2期，第9页。
④ 宋黎磊：《欧盟的东扩之路：和俄罗斯的较量》，见复旦国际关系评论：《欧盟的多重困境与一体化前景》，上海人民出版社2021年版，第160页。

油气资源和地区安全是俄欧关系重要因素，欧盟要守住与俄罗斯僵而不破的底线。2016年，欧盟认识到了自己的地缘政治环境已经退化。

欧洲仍然是一块血雨腥风之地。2022年的俄乌冲突初期，欧盟低估了俄罗斯的决心，对俄罗斯只是制裁和孤立，后来几个月，欧盟不仅为乌克兰提供物资装备支持，还对俄罗斯实施了从金融到能源的全方位、全领域制裁，欧盟是被美国"绑架"了的盟友。自俄乌冲突以来，英国是除美国外，向乌克兰提供最多军事援助的国家。俄乌冲突对德国的影响尤其大，二战后一直秉持和平主义的德国，跨越了战后自我设定的不向战争地区输送武器的"和平政策门槛"，还计划大幅增加国防投入。10年前曾获诺贝尔和平奖的欧盟已经深度介入了这场战争，至2023年上半年，欧盟和其成员国及欧洲金融机构为乌克兰提供了约530亿欧元的财政、人道主义、紧急情况、预算及军事支持。① 俄乌冲突极大地增加了欧洲的不安全感，阿富汗撤军以及美、英、澳组建"三方安全伙伴关系"再次令欧洲体会到美国的"不可靠"。② 欧盟对俄罗斯的制裁，使欧洲将失去这些丰富资源的获取途径，美国工业很可能成为真正的赢家。欧盟被戏称为"经济上的巨人、政治上的矮子、军事上的侏儒"。③

欧盟是不是真的像它看起来这样虚弱？虽然唱衰的声音很多，但还是有一部分人相信，欧盟是一个非常有韧性且能够不断学习进化的组织，欧洲一体化很多成果都是在危机倒逼下实现的。在20世纪60年代的"空椅子危机"中，"卢森堡协议"得以达成；在20世纪80年代的信任危机中，欧盟引入了欧元；

---

① "Recovery and reconstruction of Ukraine", European Commission, https://eu-solidarity-ukraine.ec.europa.eu/eu-assistance-ukraine/recovery-and-reconstruction-ukraine_en.

② 赵晨：《欧美关系被安全议题重新"绑定"》，《世界知识》2022年第10期，第15页。

③ 赵怀普：《欧盟政治与外交》，世界知识出版社2021年版，第65页。

为了应对欧债危机，欧盟推出了金融稳定机制；为了抵御难民危机，欧盟改革了欧洲共同庇护制度；在英国"脱欧"引发的可能解体的危机中，欧盟完善以往备受诟病的退出机制，看似严重的危机所导致的结果往往是国家主权让出更多的权限，从而使欧盟得到进一步发展。欧盟自成立以来就不是铁板一块，但是权力结构基本稳定。① 欧盟近几年的一些重要战略报告或领导人讲话都提到了欧洲的"战略自主"，"战略自主"的定义不够明确，但其核心含义应该是进一步的成员整合能力。解决危机和处理结构性问题需要提高一体化程度，而动真格的一体化"跃进"，却要求把主权交给中央权力机构，自主权丧失会不得民心。俄乌冲突会推动欧盟防务自主步伐，地缘政治欧洲或成为欧盟长期愿景。但是，美国维护北约在欧洲安全的主导地位是为了维持对欧洲的领导力和控制力，而欧盟推动防务一体化则是为了追求战略自主，二者存在深刻矛盾。②

拜登政府一方面以"民主同盟"和"共同价值观"对欧洲盟友进行绑定，并对欧盟抛出橄榄枝，称"美国回来了""跨大西洋联盟回来了"。欧盟在2021年5月率先暂停对美国实施的报复性关税，拜登政府与欧盟委员会成立了一个联合工作组，计划在2021年底前解决这一关税争端。③ 在2021年6月举行的美欧领导人峰会上，美国和欧盟就持续17年的航空补贴争端达成"休战协议"。虽然拜登把处于低谷的美欧关系往回拉，但只是方式更温和，不会偏离特朗普执政时的方向，拜登政府不会支持欧盟的"战略自主"。

未来几十年，全球化问题的广泛性、连带性和复杂性，不能使任何国家成为霸权国。美欧愈发注重技术创新和新能源驱

---

① 赵怀普：《欧盟政治与外交》，世界知识出版社2021年版，第100页。
② 张蓓：《英国脱欧对欧美关系的影响》，《国际问题研究》2022年第1期，第101页。
③ 赵晨：《从"蛮权力"回归"巧权力"：拜登政府对欧政策初评》，《当代美国评论》2021年第3期，第22页。

动，贸易和投资保护主义抬头，世界范围内不同程度的区域一体化呈迅速发展态势。地区合作越来越成为大国关注的重点，因此，更需要注意多极化格局的另一个层面，即一大批重要的"中等强国"，如韩国、土耳其、澳大利亚等影响力增大，尤其在地区事务中日益发挥重要的作用。① 2022年9月，俄乌冲突可能进一步升级之际，土耳其和沙特从中斡旋，促成了俄乌换俘行动，便说明了这一点。

英国"脱欧"后，欧洲又经历了新冠疫情全球大暴发、始于2022年2月的俄乌冲突演变成一场旷日持久的拉锯战，英国女王伊丽莎白二世在任命特拉斯为英国新首相后去世，英联邦和英联邦王国体系面临着分崩离析的风险。2022年的全球安全形势与10年前相比明显恶化。在世界范围内，战争越来越多，军费开支明显增加，食品安全压力与日俱增，大国之间的对抗加剧使国际稳定性受损。② 欧盟短期内面临着一系列错综复杂的挑战，以单独和叠加的方式考验着欧洲联合的实验，在评估欧盟的实力时，评估关键为：欧洲是否会形成足够的政治和社会文化凝聚力，在国际上作为一个整体发挥作用，还是它将继续保持有限的国家集团的现状？

---

① 美国国家情报委员会编，中国现代国际关系研究院美国研究所译：《全球趋势2030：变换的世界》，时事出版社2016年版，第3—4页。
② "Stockholm International Peace Research Institute", SIPRI Yearbook 2023, p. 7, https：//www. sipri. org/sites/default/files/2023－06/yb23_summary_en_1. pdf.

结　　语

当前，世界正处于百年未有之大变局，国际格局面临重构，国际规则和国际秩序面临进一步调整和完善，地区热点事件频出，民族主义与自由主义矛盾突出，民粹主义思潮和右翼势力崛起给欧洲主流政党带来压力，欧洲一体化面临深刻调整，英国"脱欧"正是在这一历史背景下发生的。

英国"脱欧"有复杂的原因，既可以从英欧关系史中找到根源，又有现实矛盾的特殊性。大英帝国凭借其工业革命、世界工厂、殖民扩张、海洋霸权在帝国竞争中脱颖而出，它有着灵活的帝国模式，并在19世纪达到鼎盛阶段。英格兰在几百年的时间里就一直积极地介入欧洲事务，但对欧洲并没有什么归属感。拥有帝国这一事实极大地影响了英国人对自身以及世界的认识，以至于它在过去约一个世纪的时间里，在相对衰落的无奈中不断调适，却无法找到适合自己的位置。

二战以来，英国对欧洲联合的态度经历了排斥、不得不加入、威胁退出、寻求主导权、留在内部求改变，到最终选择退出的变化轨迹。英国三次提交申请，经过漫长谈判后才获准加入。英国需要欧盟，但又不愿意完全融入其中，它对欧洲大陆的新政策总是开始时不屑一顾，而后谨慎观望，等待时机，政策收到效果后最终又无奈采纳。英国政府先谈判再公投，本质上反映了英国在欧盟中，追求例外权的先天特征。从2016年开始，历时4年、三任"脱欧首相"，无数次大小谈判和拉锯战，长达47年的英、欧"婚姻"结束了，英国有序"脱欧"了。"脱欧"解决不了全部问题，"留欧"也不是一切问题的根源。英国满怀期待地告别了过去，却迟迟未能迎来它的黄金未来。

"脱欧"留下了长长的尾巴，英国不断表达反悔之意，提出修改《北爱尔兰议定书》，国内政治中分裂性因素发酵。英国"脱欧派"与"留欧派"之间、政府和议会之间的矛盾，以及不同地区在"脱欧"问题上的差异诉求，让"脱欧"几次陷入僵局。政府执行"脱欧"的困境在于，即使多数人投了"脱欧"票，但是这一结果没有表明如何实现"脱欧"。英国有着特殊的政治经济利益和根深蒂固的主权国家观念，它在经济利益得失和政治成本之间难以平衡，由此产生的党派斗争和个人争权使英国很难得出一个最优的"脱欧"方案。民众的意见在公投时发挥了作用，并产生了一个出乎意料的结果，但在"脱欧"过程中，执政党并没有给"人民的投票"机会，因为这很可能推翻2016年保守党政府的公投决定。2016年，英国不愿被深陷危机的欧盟拖后腿，独立党的出现给执政的保守党带来压力，卡梅伦在策略上存在失误，误判形势，并且过度承诺。特蕾莎·梅和约翰逊在"脱欧"公投时一个支持"留欧"，一个支持"脱欧"，但他们执政以后，都尊重公投结果并坚持执行"脱欧"，拒绝二次公投，反对"脱欧"延期，两位首相都称，英国要离开欧盟，但是不离开欧洲，二人都试图把选项限制在现有方案和无协议"脱欧"之间，希望反对的议员在看到无协议"脱欧"的风险后，会转而支持政府的"脱欧"协议。特蕾莎·梅首相的行事方式是相对保守和求稳的，而约翰逊却恰恰相反，他"誓死一搏"的策略收到了效果，逼欧盟让步，逼议会中的反对派妥协。他赢在善于驾驭权术，对欧盟表现出强硬的姿态，在下院不惜开除党内异己，通过大选洗牌，保守党重新获得单独执政地位，2019年12月的大选成为结束"脱欧"僵局的转折点。欧洲问题在英国引发争论和政党矛盾，不是"脱欧"公投时才有的，自英国加入时就一直存在。在下院，保守党始终未能得到苏格兰民族党和北爱尔兰民主统一党的支持，它们也没有与科尔宾领导的工党结成紧密联合，小党席位分散，有独特地方利益诉求和主张。一定程度上，约翰逊的成功是站在特蕾莎·梅的失败上实现的，对特蕾莎·梅的

"脱欧"方案拾遗补缺，删掉了备受争议的"保障条款"。"脱欧"考验着英国人如何理性算计与平衡，他们希望用更换首相的方式打破"脱欧"困境，英国人在"脱欧"乱局中吵累了。

英国"全球英国"战略的意义不应该仅仅是把目光投向全球、建立广泛的伙伴关系网和自贸协定，它的基础首先应该是立足国内。只有建立一个身份多元化、认同多元化、更加开放和包容的社会，国家才能更好地融入世界。在参与全球化和地区一体化过程中，国家如何兼顾国际性和地方性、世界主义和社群主义、有效回应不同阶层和地区的差异诉求，寻求共识，有着丰富经验的英国在为我们提供经验教训，也是逆全球化趋势下，各国需要回答的问题。

英国的例外要求在何种程度上能被欧盟所接受？这一问题在英国和欧盟之间存在认知偏差。英国与欧盟经过40多年的磨合，已经建立起了紧密的相互依赖关系，英国"脱欧"是对双方关系的重大考验，会对欧盟和英国造成"伤敌一千，自损八百"的局面，不论是欧盟还是英国，基本立足点都是如何在这场博弈中把损失降到最低。"脱欧"的影响是长期的和渐进的，时间越久，我们越能对该问题有更清晰的认识和反思。英国"脱欧"之所以重要，不仅因为它在欧洲一体化发展过程中史无前例，还因为它引发了人们对欧洲一体化前途和命运的思考。国家主权的边界和地区一体化的终点在哪？主权让渡一定是维护欧洲和平、增进欧洲繁荣所必须的吗？有人认为，还"不够一体化"，欧盟对差异化诉求一味地让步，没有为差异性一体化设限，才有了英国的特立独行。也有人认为，欧洲一体化深化触碰了国家核心利益，欧盟协调成员国形形色色的要求和利益关系则变得越来越困难。随着各国相互依赖程度加深，国家主权的内涵和外延值得我们重新思考。

在评估欧盟的能力时，它是否具有足够的凝聚力，作为一个整体发挥作用？还是它仅仅是一个松散的国家集团？这一判断标准越来越重要。在未来的贸易谈判中，德、法主导的欧盟会为保持同一性而战，如果欧盟内部出现分歧，可能会被英国利用。世界已经形成多个相互竞争的"贸易集团"，在联系紧密度和规则一致性上，不论英国靠近哪一个，它都不会与欧盟走得太远。一份高自由化水平的贸易协定达成后，双方经济关系或许会是一个"离而不分"的结局。在政治层面，欧洲各国在二战结束后不得不依靠美国的"马歇尔计划"才能恢复元气，现在，欧盟仍然在美国主导的北约牵制下，战略自主进程步履维艰。2022年，全球军费连续8年保持增长，我们生活在一个越来越不安的世界，世界之变、时代之变、历史之变正以前所未有的方式展开，给人类提出了诸多新课题，带来了一系列新挑战，如粮食安全、能源安全、环境安全、恐怖主义等，我们不知道还会有哪些超乎想象的变数，机遇与挑战并存，推动着中国识变、应变、谋变。

参考文献

一、中文著作

1. 阎照祥：《英国政治思想史》，人民出版社 2010 年版。

2. 梁晓君：《英国欧洲政策之国内成因研究——以撒切尔时期为例》，世界知识出版社 2008 年版。

3. 贾文华：《法国与英国欧洲一体化政策比较研究：欧洲一体化成因与动力的历史考察（1944—1973）》，中国政法大学出版社 2006 年版。

4. 复旦国际关系评论：《欧盟的多重困境与一体化前景》，上海人民出版社 2021 年版。

5. 洪邮生等：《让渡还是坚守？一体化语境中的欧洲人主权观研究》，南京大学出版社 2015 年版。

6. 周弘、[德] 贝娅特·科勒-科赫：《欧盟治理模式》，社会科学文献出版社 2008 年版。

7. 赵怀普：《英国与欧洲一体化》，世界知识出版社 2004 年版。

8. 马瑞映：《疏离与合作：英国与欧共体关系研究》，中国社会科学出版社 2007 年版。

9. 郭华榕、徐天新主编：《欧洲的分与合》，人民出版社 2015 年版。

10. 桂涛：《英国：优雅衰落——"脱欧"时代的权力、荣耀、秩序与现实》，生活书店出版有限公司 2019 年版。

11. 钱乘旦等主编：《英国通史·第六卷：日落斜阳——20 世纪英国》，江苏人民出版社 2016 年版。

12. 姜南：《民族国家与欧洲一体化（1945—1973）》，中国社会科学出版社 2013 年版。

13. ［德］张丹红：《从查理大帝到欧元：欧元的统一梦》，长江文艺出版社 2017 年版。

14. 魏贻恒：《全民公决的理论与实践》，中国人民大学出版社 2007 年版。

15. 王英津：《自决权理论与公民投票》，九州出版社 2007 年版。

16. 季卫东：《宪政新论——全球化时代的法与社会变迁》（第 2 版），北京大学出版社 2005 年版。

17. 谢峰：《政治演进与制度变迁：英国政党与政党制度研究》，北京大学出版社 2013 年版。

18. 李冠杰：《危险的分权——新工党治下英国的权力下放进程（1997—2001）》，上海人民出版社 2014 年版。

19. 唐磊主编：《观中国：域外中国研究动态：（2016—2018）》，中国社会科学出版社 2019 年版。

20. 钱亚旭、涂东、蒲雅竹、胡英：《英国脱欧及其身份建构的文化研究》，四川大学出版社 2020 年版。

21. 赵怀普：《欧盟政治与外交》，世界知识出版社 2021 年版。

二、中文译著

1. ［英］埃里克·霍布斯鲍姆著，梅俊杰译：《工业与帝国：英国的现代化历程》，中央编译出版社 2017 年版。

2. ［德］卡尔·施米特著，林国基译：《陆地与海洋：世界史的考察》，上海三联书店 2018 年版。

3. ［美］保罗·肯尼迪著，陈景彪等译：《大国的兴衰：1500—2000 年的经济变迁与军事冲突》，国际文化出版公司 2006 年版。

4.［美］诺曼·里奇著，王潇楠、王珺译：《现代欧洲史05：民族主义与改革的年代 1850—1890》，中信出版社2016年版。

5.［英］劳伦斯·詹姆斯著，张子悦、解永春译：《大英帝国的崛起与衰落》，中国友谊出版公司2018年版。

6.［美］索尔·科恩著，严春松译：《地缘政治学：国际关系的地理学》（第2版），上海社会科学院出版社2011年版。

7.［美］约翰·伊肯伯里著，门洪华译：《大战胜利之后：制度、战略约束与战后秩序重建》，北京大学出版社2008年版。

8.［美］斯奈德著，于铁军等译：《帝国的迷思：国内政治与对外扩张》，北京大学出版社2007年版。

9.［美］菲利普·霍夫曼著，赖希倩译：《欧洲何以征服世界？》，中信出版社2017年版。

10.［美］乔治·弗里德曼著，魏宗雷、杰宁娜译：《弗里德曼说，下一个一百年地缘大冲突》，广东人民出版社2016年版。

11.［英］布赖恩·莱弗里著，施诚、张珉璐译：《海洋帝国：英国海军如何改变现代世界》，中信出版社2016年版。

12.［美］约翰·米尔斯海默著，王义桅、唐小松译：《大国政治的悲剧》，上海人民出版社2003年版。

13.［英］尼尔·弗格森著，雨珂译：《帝国》，中信出版社2012年版。

14.［美］斯塔夫里阿诺斯著，吴象婴等译：《全球通史》（第7版），北京大学出版社2005年版。

15.［德］海因里希·奥古斯特·温克著，童欣译：《西方的困局——欧洲与美国的当下危机》，中信出版社2019年版。

16.［美］迈克尔·罗斯金著，夏维勇、杨勇译：《国家的常识：政权·地理·文化》，世界知识出版社2013年版。

17.［美］沃尔特·拉塞尔·米德著，涂怡超、罗怡清译：《上帝与黄金：英国、美国与现代世界的形成》，社会科学文献出版社2017年版。

18．［荷］吕克·范米德拉尔著，任轶、郑方磊译：《通向欧洲之路》，东方出版社2016年版。

19．［美］罗伯特·D. 卡普兰著，涵朴译：《即将到来的地缘战争》，广东人民出版社2013年版。

20．［英］彼得·威尔汀著，李静怡译：《英国下一步：后脱欧之境》，远足文化2017年版。

21．［美］罗杰·希尔斯曼、劳拉·高克伦、帕特里夏·A. 韦茨曼：《防务与外交决策中的政治》，商务印书馆2000年版。

22．［英］丹尼斯·卡瓦纳著，刘凤霞、张正国译：《英国政治：延续与变革》（第4版），世界知识出版社2014年版。

23．［英］比尔·考克斯、林顿·罗宾斯、罗伯特·里奇著，孔新峰、蒋鲲译：《当代英国政治》（第4版），北京大学出版社2009年版。

24．［美］海伦·米尔纳著，曲博译：《利益、制度与信息：国内政治与国际关系》，上海人民出版社2015年版。

25．［英］佩里·安德森著，高福进、杨晓玲、杨晓红、陈茂华、刘钊译：《新的旧世界》，上海人民出版社2017年版。

26．［美］丹尼·罗德里克著，廖丽华译：《全球化的悖论》，中国人民大学出版社2011年版。

27．［德］贝娅特·科勒－科赫等著，顾俊礼等译：《欧洲一体化与欧盟治理》，中国社会科学出版社2004年版。

28．［美］约瑟夫·奈著，王吉美译：《论权力》，中信出版社2015年版。

29．［英］罗莎·普林斯著，周旭、张广海译：《特蕾莎·梅：谜一般的首相》，文化发展出版社2017年版。

30．［英］弗里德利希·冯·哈耶克著，邓正来译：《自由秩序原理》（上），生活·读书·新知三联书店2003年版。

31．［德］尤尔根·哈贝马斯著，伍慧萍、朱苗苗译：《欧盟的危机：关于欧洲宪法的思考》，上海人民出版社2019年版。

32. ［英］沃尔特·白芝浩著，夏彦才译：《英国宪法》，商务印书馆2016年版。

33. ［美］杰克·斯奈德著，吴强译：《从投票到暴力：民主化和民族主义冲突》，中央编译出版社2017年版。

34. ［法］巴斯卡尔·博尼法斯著，张弛、楚镔译：《这是真的，我在一本书里读到过》，中国社会科学出版社2019年版。

35. ［英］布伦丹·西姆斯著，李天云、窦雪雅译：《千年英欧史》，中信出版社2021年版。

36. ［英］丹尼尔·汉南著，徐爽译：《发明自由》，九州出版社2020年版。

37. ［英］戴维·雷诺兹著，廖平译：《英国故事：从11世纪到脱欧动荡，千年历史的四重变奏》，中信出版社2021年版。

38. 美国国家情报委员会编，中国现代国际关系研究院美国研究所译：《全球趋势2030——变换的世界》，时事出版社2016年版。

三、中文期刊及学位论文

1. 哈里·T. 狄金森、李兆鹏：《英国的公共舆论、议会与非洲奴隶贸易的废除》，《英国研究》2022年第1期。

2. 钱乘旦：《英帝国史总序》，《外国问题研究》2019年第4期。

3. 俞可平、费海汀：《退而回到帝国体系，还是进而走向全球善治？——俞可平教授谈全球化时代的帝国研究和全球秩序》，《俄罗斯研究》2023年第1期。

4. 孙兴杰：《后帝国空间与国家构建：反思现代国际关系的原点与限度》，《国际政治研究》2021年第5期。

5. 贾珺：《1815—1914年英国海权特点分析》，《军事历史研究》2006年第1期。

6. 卢凌、鲍家政：《从制造者到索取者：霸权衰落的逻辑》，《世界经济与政治》2019年第9期。

7. 于少龙：《地缘政治观视角下英国欧陆政策研究》，博士学位论文，北京外国语大学2022年。

8. 刘婷婷：《英国崛起过程中制度创新的动因探析》，《山东工会论坛》2016年第2期。

9. 王朝阳、何德旭：《英国金融服务业的集群式发展：经验及启示》，《世界经济》2008年第3期。

10. 狄金森、朱利安、朱啸风：《近代英国政治文明的历史变迁》，《英国研究》2019年第1期。

11. 王展鹏：《百年大变局下英国对华政策的演变》，《欧洲研究》2020年第6期。

12. 洪邮生：《论战后初期英国对欧政策的形成》，《世界历史》1999年第1期。

13. 孔元：《重振领导力：俄乌冲突中的英国战略》，《文化纵横》2022年第3期。

14. 郝金霞：《英国脱欧视域下的直布罗陀问题》，博士学位论文，山西大学2019年。

15. 杨芳：《欧债危机以来英国对欧政策评析》，《现代国际关系》2013年第2期。

16. 杨芳：《英国"疑欧主义"新解》，《世界知识》2016年第6期。

17. 王妙琴、朱立群：《英国对欧洲联盟的政策及其影响》，《欧洲》1996年第2期。

18. 梅兆荣：《大选年下的欧洲政坛》，《国际纵横》2018年第1期。

19. 王鸿刚：《欧盟的结构性难题与一体化的未来》，《国际展望》2018年第2期。

20. 罗伯特·盖耶尔、沈伟、李靖堃：《英国退欧的原因、过程及其对英国—欧盟—中国关系的影响》，《欧洲研究》2016

年第 4 期。

21. 任琳：《英国脱欧对全球治理及国际政治经济格局的影响》，《国际经济评论》2016 年第 6 期。

22. 史炜：《对英国脱欧的必然性分析及对英国未来经济社会走向的展望》，《国际金融》2016 年第 12 期。

23. 郑春荣：《欧盟逆全球化思潮涌动的原因与表现》，《国际展望》2017 年第 1 期。

24. ［德］安德里亚斯·讷克：《英国脱欧：迈向组织化资本主义的全球新阶段?》，《国外理论动态》2018 年第 6 期。

25. 潘兴明：《关于欧洲一体化的新思考——以英国脱欧为视角》，《人民论坛·学术前沿》2018 年第 18 期。

26. 王凡一：《从英国脱欧看欧盟内部经济的不稳定因素》，《当代经济研究》2017 年第 5 期。

27. 杨帆、杨柳：《英国脱欧的深层原因与欧盟的发展前景》，《新视野》2017 年第 1 期。

28. 任琳、郑海琦：《国际政治经济学视野下的欧洲与世界》，《国际经济评论》2018 年第 3 期。

29. 金玲：《欧洲一体化困境及其路径重塑》，《国际问题研究》2017 年第 3 期。

30. 刘军辉：《多米诺效应、空间不平衡性与区域贸易集团稳定性——简析英国脱欧的原因及对中国的启示》，《财经研究》2018 年第 9 期。

31. 王明进：《英国两大政党在欧洲问题上的内部纷争》，《人民论坛》2018 年第 17 期。

32. 丁纯：《英国退欧和欧洲的前途》，《欧洲研究》2016 年第 4 期。

33. 潘兴明：《英国对欧政策新取向探析》，《外交评论》2014 年第 4 期。

34. 丁一凡、冯仲平、李靖堃、王展鹏、田德文：《英国与欧盟：延续与变革》，《欧洲研究》2013 年第 1 期。

35. 陈晓律：《从世界历史的角度探讨英国脱欧与欧盟的发展》，《欧洲研究》2016 年第 4 期。

36. 马钟成：《英国脱欧公投标志着西方政治经济体制开始衰竭》，《世界社会主义研究》2017 年第 1 期。

37. 李靖堃：《英国欧洲政策的特殊性：传统、理念与现实利益》，《欧洲研究》2012 年第 5 期。

38. 金玲：《英国脱欧：原因、影响及走向》，《国际问题研究》2016 年第 4 期。

39. 鞠辉：《英国脱欧可能反转？》，《中国青年报》，2018 年 1 月 10 日。

40. 冯仲平：《英国退欧对欧盟及中欧关系的影响》，《欧洲研究》2016 年第 4 期。

41. 巩潇泫、贺之杲：《英国脱欧对欧盟行为体角色的影响分析》，《国际论坛》2016 年第 6 期。

42. 任琳：《盘点英国脱欧那些事》，《世界知识》2018 年第 2 期。

43. 程漫江、叶丙南：《英国脱欧将如何影响世界经济格局？》，《金融市场研究》2016 年第 7 期。

44. 保罗·克鲁格曼：《英国脱欧与特朗普贸易战》，《中国经济报告》2018 年第 7 期。

45. 冯仲平：《英国脱欧及其对中国的影响》，《现代国际关系》2016 年第 7 期。

46. 桂涛：《"脱欧"关键法案撕裂英国社会》，《经济参考报》2018 年第 3 期。

47. 王原雪、张晓磊、张二震：《"英国脱欧"将如何影响中国的"一带一路"战略——基于 GTAP 模型的分析》，《国际经贸探索》2017 年第 5 期。

48. 张飚：《"全球英国"：脱欧后英国的外交选择》，《现代国际关系》2018 年第 3 期。

49. 邹根宝、黎媛菲、江畅：《从布朗的五项测试标准看英国加入欧元区的前景》,《世界经济研究》2003 年第 10 期。

50. 冯仲平:《转型中的英国外交》,《欧洲研究》2015 年第 4 期。

51. 唐飞:《宪法政治中的审议与协商——从英国脱欧公投的宪法学分析说起》,《学术界》2017 年第 12 期。

52. 张华:《论英国"退欧"进程中的条约法问题》,《欧洲研究》2017 年第 4 期。

53. 王展鹏:《全民公投、选举政治与脱欧僵局》,《红旗文稿》2019 年第 5 期。

54. 阎学通:《"黑天鹅现象"对国际关系理论研究的警示》,《国际政治科学》2017 年第 1 期。

55. 王明进:《英国参加欧洲议会选举及其影响》,《当代世界》2019 年第 7 期。

56. 曲兵:《英国"脱欧"之后,与欧盟的关系如何安排》,《世界知识》2020 年第 5 期。

57. 冯维江:《英国"脱欧"对国际贸易的影响》,《中国远洋海运》2020 年第 2 期。

58. 林利民:《试析英美"特殊关系"的内涵、实质及其前景》,《美国研究》2019 年第 4 期。

59. 李靖堃:《"全球英国"理念下英国对非洲政策的调整》,《西亚非洲》2019 年第 2 期。

60. 王展鹏、夏添:《"脱欧"僵局、政治博弈与英国政治转型》,《当代世界》2019 年第 1 期。

61. 戴炳然:《欧洲一体化中的国家主权问题》,《太平洋学报》2000 年第 4 期。

62. 戴炳然:《欧洲一体化中的国家主权问题——对一个特例的思索》,《复旦学报(社会科学版)》1998 年第 1 期。

63. 何韵、史志钦:《欧洲议会选举视阈下的欧盟碎片化及其影响》,《现代国际关系》2019 年第 9 期。

64. 赖亚枫、张利华:《苏格兰独立公投失败的主要影响因素——基于民调的分析》,《国际政治科学》2016 年第 4 期。

65. 陈海燕:《能源博弈下的苏格兰公投及英国相关政策走向》,《西南民族大学学报（人文社科版）》2015 年第 10 期。

66. 许川:《试析分离主义视角下的苏格兰公投——兼论台湾地区"独立公投"的非法性》,《台湾研究》2019 年第 2 期。

67. 王展鹏、张茜:《脱欧背景下英国权力下放的演变及其影响》,《欧洲研究》2019 年第 4 期。

68. 曲兵:《北爱尔兰民主统一党对英国脱欧谈判的影响》,《国际研究参考》2019 年第 2 期。

69. 张健:《英国脱欧的战略影响》,《现代国际关系》2019 年第 11 期。

70. 任琳、张尊月:《英国脱欧，如何牵动几大国神经》,《世界知识》2019 年第 2 期。

71. 刘煜旻:《"两枝世界政治论"视角下"英国脱欧"的根源、影响与启示》,《领导科学论坛》2019 年第 8 期。

72. Hubertus Väth:《全球视角下的英国脱欧与金融影响》,《中国银行业》2019 年第 6 期。

73. 田粤皖:《英国"脱欧"将对欧洲防务一体化产生显著影响——欧洲防务自主喜忧参半》,《解放军报》2020 年第 4 期。

74. 高奇琦、张鹏:《英国"脱欧"与欧洲一体化前景：一种新结构政治学的分析》,《探索》2019 年第 1 期。

75. 何晴倩、丹尼尔·诺兰:《英国脱欧与欧盟理事会权力的再分配——基于跟踪问卷调查数据的社会网络分析》,《欧洲研究》2020 年第 1 期。

76. 姜琍、张海燕:《英国与欧盟达成协议"脱欧"对中东欧国家的影响》,《欧亚经济》2021 年第 3 期。

77. 李双虹:《英国脱欧谈判问题研究》,博士学位论文,外交学院 2018 年。

78. 马晓云:《从"疑欧"到"脱欧"：英国卡梅伦政府对

欧盟政策研究》，博士学位论文，南京大学 2017 年。

79. 孔亦舒：《当前英国经济形势及 2023 年展望》，《中国经贸导刊》2023 年第 1 期。

80. 田德文：《保守党地方选举失守，英国深陷政治困局》，《世界知识》2023 年第 11 期。

81. 史志钦、赵安晴、崔洪建等：《大变局下的中欧关系》，《辽宁大学学报（哲学社会科学版）》2022 年第 3 期。

82. 格泽高滋·W. 科勒德克、玛尔塔·普斯图拉、史聪一：《欧元区扩大的决定性因素与影响》，《欧洲研究》2018 年第 3 期。

83. 卜永光、庞中英：《从主权债务危机看欧元区制度的缺陷与变革》，《现代国际关系》2012 年第 9 期。

84. 叶江：《拜登执政后美欧关系走向浅析》，《国际关系研究》2021 年第 3 期。

85. 田德文：《解析欧盟"战略自主"困局》，《欧洲研究》2021 年第 5 期。

86. 解楠楠、张晓通：《"地缘政治欧洲"：欧盟力量的地缘政治转向？》，《欧洲研究》2020 年第 2 期。

87. 赵晨：《欧美关系被安全议题重新"绑定"》，《世界知识》2022 年第 10 期。

88. 张蓓：《英国脱欧对欧美关系的影响》，《国际问题研究》2022 年第 1 期。

89. 赵晨：《从"蛮权力"回归"巧权力"：拜登政府对欧政策初评》，《当代美国评论》2021 年第 3 期。

四、中文网络资源

1. 《欧盟挽留英国："脱欧"之后还可"入盟"》，《德国之声》，2018 年 1 月 17 日，https：//www.dw.com/zh/%E6%AC%A7%E7%9B%9F%E6%8C%BD%E7%95%99%E8%

8B%B1%E5%9B%BD%E8%84%B1%E6%AC%A7%E4%B9%8B%E5%90%8E%E8%BF%98%E5%8F%AF%E5%85%A5%E7%9B%9F/a-42181837。

2.《英国"脱欧谈判"：英国与爱尔兰边界问题成焦点》，央视新闻，2017年9月8日，http：//m.news.cctv.com/2017/09/08/ARTIZCDTdd2R5pfgt3IxK5fC170908.shtmll。

3.《若无脱欧协议 英或将失去50万个就业机会》，《环球网》，2018年1月12日，https：//finance.huanqiu.com/article/9CaK rnK6ktM。

4.《谁可能接替梅?》，《德国之声》，2019年5月24日，https：//www.dw.com/zh/%E8%B0%81%E5%8F%AF%E8%83%BD%E6%8E%A5%E6%9B%BF%E6%A2%85/g-48861879。

5.《谁将是特蕾莎·梅的继任?》，《德国之声》，2019年6月11日，https：//www.dw.com/zh/%E8%B0%81%E5%B0%86%E6%98%AF%E7%89%B9%E4%B8%BD%E8%8E%8E%E6%A2%85%E7%9A%84%E7%BB%A7%E4%BB%BB/a-49134750。

6.《呼之欲出的英国"强人首相"?》，《金融时报》，2019年9月12日，http：//www.ftchinese.com/story/001084398? Archive。

7. 西蒙·库柏：《谁在治理欧盟?》，《金融时报》，2019年5月23日。

8. 马丁·沃尔夫：《英国将"夺回控制权"纯属幻觉》，《金融时报》，2019年3月29日，http：//www.ftchinese.com/story/001082095? adchannelID = &full = y。

9.《英国退欧将再次推迟 自由贸易协定将陷入停滞——分析师》，《路透社》，2019年10月16日，https：//cn.reuters.com/article/poll-uk-brexit-free-trade-1016-idCNKBS1WV04C。

10. 菲利普·斯蒂芬斯：《是时候举行第二次英国退欧公投》，《金融时报》，2018年11月26日，http：//www.ftchi-

nese. com/story/001080370? page = rest&archive。

11. 吉迪恩·拉赫曼：《英国退欧是"欧洲病"的一部分》，《金融时报》，2019 年 3 月 27 日，http：//www. ftchinese. com/premium/001082049? Exclusive。

12. 亨利·曼斯：《英国寻求在退欧后加入 TPP》，《金融时报》，2018 年 1 月 3 日，https：//www. ftchinese. com/story/00107 5736? Archive。

13. 《综研院与英国 Z/Yen 集团联合在迪拜发布第 25 期全球金融中心指数》，英国智库集团与中国综合开发研究院，2019 年 3 月 21 日，http：//www. cdi. com. cn/Article/Detail? Id = 14427。

14. 吴志成：《英国脱欧对欧洲及世界格局的影响》，《光明日报》，2019 年 1 月 17 日，http：//epaper. gmw. cn/gmrb/html/2019 - 01/17/nw. D110000gmrb_20190117_2 - 12. htm。

五、英文专著

1. David Olusoga, "Black and British: A Forgotten History", London, 2016.

2. Joseph E. Inikori, "Africans and the Industrial Revolution in England: A Study in International Trade and Economic Development", Cambridge, 2002.

3. David Reynolds, "Britannia Overruled: British Policy and World Power in the Twentieth Century (2nd edn)", London, 2000.

4. Malcolm Yapp, "Strategies of British India, 1798 - 1850", Oxford, 1980.

5. Kennedy, "Strategy and Diplomacy, 1870 - 1945", London, 1984.

6. Winfried Baumgart, "The Peace of Paris 1856", Santa Barbara, 1981.

7. George W. Monger, "The End of Isolation: British Foreign Policy, 1900 – 1907", London, 1963.

8. John Darwin, "Unfinished Empire: The Global Expansion of Britain", London, 2012.

9. Cf. T. O. Lloyd, "The British Empire, 1558 – 1983", London, 1984.

10. Denis Judd and Peter Slinn, "The Evolution of the Modern Commonwealth", London, 1982.

11. Iain E. Johnston-White, "The British Commonwealth and Victory in the Second World War", London, 2017.

12. Yasmin Khan, "The Raj at War: A People's History of India's Second World War", London, 2015.

13. Ian E. Johnston-White, "The British Commonwealth and Victory in the Second World War", London, 2017.

14. Jack Brand, "The National Movement in Scotland", London, 1978.

15. Devine, "The Scottish Nation, 290; Robert Colls, Identity of England", Oxford, 2002.

16. P. J. Marshall, "A Nation defined by Empire, 1755 – 1776", in Alexander Grant and Keith J. Stringer, eds, "Uniting the Kingdom? The Making of British History", London, 1995.

17. Paul Kennedy, "The Rise and Fall of the Great Powers: Economic Change and Military Conflict from 1500 to 2000", London, 1998.

18. F. S. Northedge, "Britain and the EEC: Past and Present", in Roy Jenkins ed., "Britain and the EEC", London: the Macmillan Press Ltd, 1983.

19. Christopher Lord, "British Entry to the European Community under the Health Government of 1970 – 1974", Aldershot: Dartmouth, 1993.

20. John Tunner, "The Tories and Europe", Manchester University Press, 2000.

21. David Baker and David Seawright, "British For and Against Europe: British Politics and The Question of European Integration", Oxford: Clarendon press, 1998.

22. Anthony Forest, "Euroscepticism in Contemporary British Politics: Opposition to Europe in the Conservative and Labour Parties since 1945", London: Routledge, 2002.

23. David Butler & Gareth Butler, eds, "British Political Facts", Palgrave Macmillan, 2011.

24. Stephen George, "An Awkward Partner: Britain in the European Community", Oxford: Oxford University Press, 1998.

六、英文网络资源

1. "The United Kingdom's Exit from, and New Partnership with the European Union", Department for Exiting the European Union, Feb. 2, 2017, https://www.gov.uk/government/publications/the-united-kingdoms-exit-from-and-new-partnership-with-the-european-union-white-paper/the-united-kingdoms-exit-from-and-new-partnership-with-the-european-union-2.

2. "Prime Minister's letter to Donald Tusk triggering Article 50", Prime Minister's Office, Mar. 29, 2017, https://www.gov.uk/government/publications/prime-ministers-letter-to-donald-tusk-triggering-article-50.

3. "Brexit: Lighting the way", PWC, Spring 2018, Issue 3, p. 4, https://www.pwc.ie/publications/2018/brexit-spring-2018-report.pdf.

4. "A New Era of Cooperation and Partnership between The UK and The EU", Prime Minister's Office, Sep. 22, 2017, https://

www. gov. uk/government/speeches/pms-florence-speech-a-new-era-of-cooperation-and-partnership-between-the-uk-and-the-eu.

5. "Statement from HM Government", UK Government, Jul. 6, 2018, https：//assets. publishing. service. gov. uk/government/uploads/system/uploads/attachment_data/file/723460/CHEQUERS_STATEMENT_-_FINAL. PDF.

6. "List of Resignations from May Ministry Due to Brexit", Resign Letter, https：//www. resignletter. org/list-of-resignations-from-may-ministry-due-to-brexit/.

7. "European Commission, Canada, European Commission > Trade Policy > Countries and regions > Canada", http：//ec. europa. eu/trade/policy/countries-and-regions/countries/canada/.

8. "Britain may offer 20 billion euros for Brexit bill", Ecns, Sep. 21, 2017, http：//www. ecns. cn/business/2017/09 - 21/274482. shtml.

9. "Information for European Union citizens living in the UK", Home Office, Jun. 30, 2017, https：//www. gov. uk/guidance/status-of-eu-nationals-in-the-uk-what-you-need-to-know.

10. "The Secretary of State for Exiting the European Union opened the debate in the House of Commons", UK Government, Jun. 26, 2017, https：//www. gov. uk/government/news/david-davis-opening-statement-from-the-queens-speech-debate-brexit-and-foreign-affairs.

11. "David Davis' opening statement from the Queen's Speech Debate 'Brexit and Foreign Affairs'", UK Government, Jun. 26, 2017, https：//www. gov. uk/government/news/david-davis-opening-statement-from-the-queens-speech-debate-brexit-and-foreign-affairs.

12. "Remainer MPs Are 'Desperate' to Reverse Brexit and Kill off PM's Leverage by Ruling out No Deal, Top Brexiteer Esther McVey Blasts", The Sun, Feb. 25, 2019, https：//www. thesun. co. uk/news/

brexit/8507417/remainer-mps-reverse-brexit-esther-mcvey/.

13. "Changed Eur Mind? How Would Your Area Vote in a Second Referendum on Brexit?", The Sun, Nov. 7, 2018, https://www.thesun.co.uk/news/7679361/how-would-your-area-vote-in-a-second-referendum-on-brexit/.

14. "Jeremy Corbyn backs second Brexit referendum as Emily Thornberry confirms Labour will campaign to REMAIN in betrayal to 17.4m Leave voters", The Sun, Feb. 25, 2019, https://www.thesun.co.uk/news/brexit/8508189/jeremy-corbyn-backs-second-referendum-brexit/.

15. "Europe Faces 'Considerable' Economic Hit from No Deal Brexit with Italy's Banks Going Bust First, Dutch Report Warns", The Sun, Mar. 1, 2019, https://www.thesun.co.uk/news/brexit/8536323/europe-faces-considerable-economic-hit-from-no-deal-brexit-with-italys-banks-going-bust-first-dutch-report-warns/.

16. "Evidence Over Ideology: A Brexit that Works for All", CBI, https://www.cbi.org.uk/our-campaigns/evidence-over-ideology-a-brexit-that-works-for-all.

17. "Brexit: Cabinet Split as Amber Rudd Calls No-deal 'Unthinkable'", The Guardian, Oct. 18, 2017, https://www.theguardian.com/politics/2017/oct/17/david-davis-eu-drag-out-brexit-talks-more-money.

18. "Judgment of the Court of Justice in Case C-621/18", Court of Justice of the European Union, Press Release No 191/18, Dec. 10, 2018, https://curia.europa.eu/jcms/upload/docs/application/pdf/2018-12/cp180191en.pdf.

19. "UK Prime Minister Theresa May wins confidence vote, but faces uphill battle to pass Brexit deal", CNBC, Dec. 12, 2018, https://www.cnbc.com/2018/12/12/uk-prime-minister-theresa-may-wins-confidence-vote.html.

20. "Government Loses 'Meaningful Vote' in the Commons", UK Parliament, Jan. 16, 2019, https://www.parliament.uk/business/news/2019/parliamentary-news-2019/meaningful-vote-on-brexit-resumes-in-the-commons/

21. "Jeremy Corbyn's own deputy Tom Watson launches scathing attack on leftie leader and threatens to set up 'party within a party'", The Sun, Feb. 24, 2019, https://www.thesun.co.uk/news/8497832/jeremy-corbyn-deputy-tom-watson-attack-threat-party/.

22. "Government's Brexit deal defeated again in 'meaningful vote'", UK Parliament, Mar. 12, 2019, https://www.parliament.uk/business/news/2019/march/key-brexit-vote-as-meaningful-vote-returns-to-the-commons/.

23. "House of Commons Vote on No-deal Brexit", UK Parliament, Mar. 13, 2019, https://www.parliament.uk/business/news/2019/march/house-of-commons-to-vote-on-no-deal-brexit/.

24. "House of Commons votes to seek Article 50 extension", UK Parliament, Mar. 13, 2019, https://www.parliament.uk/business/news/2019/march/house-of-commons-to-vote-on-article-50-extension/.

25. "Commons votes to reject Government's EU Withdrawal Agreement", UK Parliament, Mar. 13, 2019, https://www.parliament.uk/business/news/2019/march/mps-debate-and-vote-on-the-withdrawal-agreement-with-the-european-union/.

26. "Tara John and James Frater, British and Irish leaders see 'pathway to a deal' after weeks of Brexit deadlock", CNN, Oct. 11, 2019, https://edition.cnn.com/2019/10/10/uk/brexit-pathway-deal-varadkar-boris-johnson-gbr-intl/index.html.

27. "The Rt Hon Theresa May MP", UK Government, https://www.gov.uk/government/people/theresa-may.

28. "Boris Johnson warns Tories will be wiped out if they don't take Britain out of EU on time", The Sun, Jun. 4, 2019, ht-

tps：//www. thesun. co. uk/news/brexit/9223895/boris-johnson-brexit-existential-crisis-tory-leadership/.

29. "Boris Johnson accused of rigging vote after 'fans vote for Jeremy Hunt' to exact revenge on nemesis Michael Gove", The Sun, Jun. 21, 2019, https：//www. thesun. co. uk/news/9341907/boris-johnson-vote-rigging-accusations-michael-gove-jeremy-hunt/.

30. "Brussels rules out changing Irish backstop as Britain is warned that failing to pay £39bn Brexit bill could 'break law'", The Sun, Jun. 12, 2019, https：//www. thesun. co. uk/news/brexit/9274494/brussels-rules-out-changes-to-irish-backstop/.

31. "Full list of new ministerial and government appointments：July 2019", UK Government, Jul. 30, 2019, https：//www. gov. uk/government/news/full-list-of-new-ministerial-and-government-appointments-july-2019.

32. "YouGov's Record of Accuracy", YouGov, Jun. 18, 2019, https：//d25d2506sfb94s. cloudfront. net/cumulus _ uploads/document/2uo7zs3zo8/Record_of_Accuracy_YG_w. pdf.

33. "What happened in the live TV debates? Tory leader candidates Boris Johnson and Jeremy Hunt went head to head", The Sun, Jul. 15, 2019, https：//www. thesun. co. uk/news/9377552/boris-johnson-jeremy-hunt-debate/.

34. "Review of the Balance of Competences between the UK and the EU：Asylum & non-EU Migration", UK Government, Feburary, 2014, p. 17 . https：//www. gov. uk/government/consultations/asylum-and-non-eu-migration-review-of-the-balance-of-competencesv.

35. "Additional data paper：Northern Ireland trade data and statistics," UK Government, Aug. 16, 2017, https：//www. gov. uk/government/publications/northern-ireland-and-ireland-a-position-paper.

36. "The Pink Book", Office for National Statistics, October,

2015, Table 9.3, https://www.gov.uk/government/publications/why-the-government-believes-that-voting-to-remain-in-the-european-union-is-the-best-decision-for-the-uk/why-the-government-believes-that-voting-to-remain-in-the-european-union-is-the-best-decision-for-the-uk.

37. "UK Overseas Trade in Goods Statistics", HM Revenue & Customs, October, 2019, p.5, https://assets.publishing.service.gov.uk/government/uploads/system/uploads/attachment_data/file/850912/OTS_Release_102019.pdf.

38. "Leaving the Customs Union Must not Leave UK Tech Firms Tied up in Red Tape", Tech UK, Apr. 19, 2017, https://www.techuk.org/insights/news/item/10659-government-must-ensure-uk-tech-can-thrive-in-new-customs-arrangements.

39. "2019 KOF Globalisation Index", KOF Index of Globalization (2011)", KOF Swiss Economic Institute, http://www.globalsherpa.org/wp-content/uploads/2011/06/kof-globalization-index-2011-all.gif, https://kof.ethz.ch/en/forecasts-and-indicators/indicators/kof-globalisation-index.html.

40. "General Election 2019: full results and analysis", House of Commons Library, Jan. 28, 2020, https://researchbriefings.parliament.uk/ResearchBriefing/Summary/CBP-8749.

41. "Letter to Rt Hon Dominic Raab MP ref Scrutiny of Withdrawal Agreement and political statement on the future UKEU relationship", European Union Committees in the House of Lords, Oct. 23, 2018, https://www.parliament.uk/documents/lords-committees/eu-select/scrutiny-brexit-negotiations/scrutiny-withdrawal-agreement-raab.pdf.

42. "Theresa May accused of misleading the public over Brexit plan which could break up the UK", The Sun, Nov. 7, 2018, https://www.thesun.co.uk/news/7682393/theresa-may-release-legal-advice-brexit/.

43. "'Contempt Motion' on Publishing of Legal Advice", House of Commons, Dec. 4, 2018, https: //www. parliament. uk/business/news/2018/december/contempt-motion-on-publishing-of-legal-advice/.

44. "Brexit Readiness: Operation Yellowhammer", House of Commons Hansard, Sep. 25, 2019, Volume 664, https: //hansard. parliament. uk/commons/2019-09-25/debates/B2BCE472-527C- 4549-B23F-A34C4D8F4160/BrexitReadinessOperationYellowhammer.

45. "PM statement on Brexit: 20 March 2019", Prime Minister's Office, https: //www. gov. uk/government/speeches/pm-statement-on-brexit-20-march-2019.

46. "Theresa May attacks warring MPs over Brexit stalemate and tells voters 'I'm on your side'", The Sun, Mar. 20, 2019, https: //www. thesun. co. uk/news/brexit/8684882/theresa-may-promises-to-sort-brexit/.

47. "What's Next for Brexit? No Commons Majority in Indicative Votes", UK Parliament, Mar. 27, 2019, https: //www. parliament. uk/business/news/2019/march/whats-next-for-brexit-house-of-commons-holds-indicative-votes/.

48. "PM's Statement at Downing Street", UK Government, Jan. 16, 2019, https: //www. gov. uk/government/speeches/pms-statement-at-downing-street-16-january-2019.

49. "Voting Record: European Union (Withdrawal) (No. 5) Bill Third Reading", House of Commons, Apr. 3, 2019, https: //votes. parliament. uk/Votes/Commons/Division/678.

50. "Voting Record: European Union (Withdrawal): Sir Oliver Letwin's motion submitted under Standing Order No. 24", House of Commons, Sep. 3, 2019, https: //votes. parliament. uk/Votes/Commons/Division/711.

51. "Voting Record: Mr Letwin's Amendment (a) to the

Government's motion on section 1 (1) (a) of the European Union (Withdrawal) (No. 2) Act 2019 and section 13 (1) (b) of the European Union (Withdrawal) Act 2018", House of Commons, Oct. 19, 2019, https://votes.parliament.uk/Votes/Commons/Division/721.

52. "Prime Minister Theresa May met with European Council President Donald Tusk to discuss imaginative and creative ways to establish the new UK/EU relationship", Prime Minister's Office, Sep. 26, 2017, https://www.gov.uk/government/news/pm-meeting-with-donald-tusk-26-september-2017.

53. "Theresa May Accused of Misleading the Public over Brexit Plan Which Could Break up the UK", The Sun, Nov. 7, 2018, https://www.thesun.co.uk/news/7682393/theresa-may-release-legal-advice-brexit/.

54. "Renewing the British dream: May's speech in full", Conservative Home, Oct. 4, 2017, https://www.conservativehome.com/parliament/2017/10/renewing-the-british-dream-mays-speech-in-full.html.

55. "Joint Press Conference with Secretary Mattis and Secretary Fallon in London", US Embassy in the UK, Mar. 31, 2017, https://www.defense.gov/Newsroom/Transcripts/Transcript/Article/1137368/joint-press-conference-with-secretary-mattis-and-secretary-fallon-in-london-eng/.

56. "Foreign Secretary expands UK Commonwealth diplomatic network", UK Government, Apr. 19, 2018, https://www.gov.uk/government/news/foreign-secretary-expands-uk-commonwealth-diplomatic-network.

57. "Japan and the UK: an enduring trade partnership", Department for International Trade, May 15, 2018, https://www.gov.uk/government/speeches/japan-and-the-uk-an-enduring-trade-partner-

ship.

58. "Trade with Japan", Department for International Trade, Sep. 20, 2019, https://www.gov.uk/government/consultations/trade-with-japan.

59. "Jeremy Hunt and Michael Gove neck and neck in battle to take on Boris after Sajid Javid is knocked out", The Sun, Jun. 20, 2019, https://www.thesun.co.uk/news/9335626/tory-leadership-election-final-round-boris-johnson/.

60. "Boris Johnson blasts Jeremy Hunt's 'absolutely insane' Brexit plan in fiery TV grilling", The Sun, Jul. 12, 2019, https://www.thesun.co.uk/news/brexit/9496688/boris-johnson-brexit-insane-jeremy-hunt-bbc-interview/.

61. "Boris anoints himself 'The Dude' to 'deliver Brexit, unite the country, defeat Corbyn and energise' as he thumps Hunt to be new Prime Minister", The Sun, Jul. 23, 2019, https://www.thesun.co.uk/news/9563529/boris-johnson-new-uk-prime-minister-jeremy-hunt/.

62. Martin Wolf", Six Impossible Notions about 'Global Britain'", Financial Times, Dec. 1, 2017.

63. "How would you vote in a Scottish independence referendum if held now? (asked after the EU referendum)", What Scotland Thinks, 24 June 2016-31 January 2020, https://whatscotlandthinks.org/questions/how-would-you-vote-in-the-in-a-scottish-independence-referendum-if-held-now-ask/#line.

64. "Oil and gas production rises", Scottish Government, Sep. 13, 2017, https://www.gov.scot/news/oil-and-gas-production-rises/.

65. "State of the economy: October 2016", Scottish Government, Oct. 28, 2016, https://www.gov.scot/publications/state-of-the-economy-october-2016/.

66. "Scotland's Place in Europe", Scottish Government, Dec. 20,

2016, https：//www. gov. scot/news/scotlands-place-in-europe-4/.

67. "Engagements", House of Commons Hansard, Sep. 4, 2019, Vol. 664, https：//hansard. parliament. uk/Commons/2019-09-04/debates/A7A1E43B-AD26- 4F52-BB21-E7715164C5B4/Engagements.

68. "Scotland being 'short changed'", Scottish Government, Mar. 1, 2019, https：//www. gov. scot/news/scotland-being-short-changed/.

69. "2010 to 2015 government policy：European funds", UK government, May 8, 2015, https：//www. gov. uk/government/publications/2010-to-2015-government-policy-european-funds/2010-to-2015-government-policy-european-funds # appendix-1-european-structural-and-investment-funds-united-kingdom.

70. "Additional data paper：Northern Ireland trade data and statistics", Northern Ireland Office and Department for Exiting the European Union, Aug. 16, 2017, https：//www. gov. uk/government/publications/northern-ireland-and-ireland-a-position-paper.

71. "Brexit：Gibraltar：Question for Short Debate", House of Lords Hansard, Mar. 21, 2017, https：//hansard. parliament. uk/Lords/2017-03-21/debates/ED51F73C-D70F-4D5E-86DA-115779383895/BrexitGibraltar.

72. "Analysis of the EU Referendum results 2016", House of Commons Library, Jun. 29, 2016, https：//researchbriefings. parliament. uk/ResearchBriefing/Summary/CBP-7639#fullreport.

73. "PM call with Chief Minister of Gibraltar", Prime Minister's Office, Apr. 2, 2017, https：//www. gov. uk/government/news/pm-call-with-chief-minister-of-gibraltar-2-april-2017.

74. "Agreement on the withdrawal of the United Kingdom of Great Britain and Northern Ireland from the European Union and the European Atomic Energy Community", UK Government, Oct. 19,

2019, pp. 444-446, https://www.gov.uk/government/publications/agreement-on-the-withdrawal-of-the-united-kingdom-of-great-britain-and-northern-ireland-from-the-european-union-and-the-european-atomic-energy-communi.

75. "World Economic Outlook (October 2019)", IMF DataMapper, https://www.imf.org/external/datamapper/NGDP_RPCH@WEO/OEMDC/ADVEC/WEOWORLD.

76. "Brexit: All you need to know about the UK leaving the EU", BBC, Oct. 9, 2017, http://www.bbc.com/news/uk-politics-32810887.

77. "Brexit bullion: Fear of no-deal triggers Irish gold rush", Arab News, Jan. 19, 2019, https://www.arabnews.com/node/1438331/business-economy.

78. "UK's Economic Outlook in Six Charts", IMF Country Focus, Nov. 14, 201, https://www.imf.org/en/News/Articles/2018/11/13/na111418-uk-economic-outlook-in-six-charts

79. "A Year of Impact (2018)", CBI: https://cbicdnend.azureedge.net/media/1838/2019-03-cbi-a-year-of-impact.pdf?v=20190401.3.

80. "Innovative new Freeports across the UK as Government lays out plans to boost economy", UK Government, Feb. 10, 2020, https://www.gov.uk/government/news/innovative-new-freeports-across-the-uk-as-government-lays-out-plans-to-boost-economy.

81. "What to look for in the quarterly migration statistics after the referendum", The Migration Observatory, Feb. 23, 2017, https://migrationobservatory.ox.ac.uk/resources/commentaries/look-quarterly-migration-statistics-referendum/.

82. "EU net migration falls further as Britain takes a leap into the unknown", The Migration Observatory, Feb. 28, 2019, https://migrationobservatory.ox.ac.uk/press/eu-net-migration-falls-

further-as-britain-takes-a-leap-into-the-unknown/.

83. Arne Lietz, "Brexit", Friedrich-Ebert-Stiftun, Jul. 15, 2016, https://www.fesdc.org/news-list/e/brexit/.

84. Niall McCarthy, "How The UK's EU Parliament Seats Will Be Distributed", Statista, Feb. 3, 2020, https://www.statista.com/chart/20690/distribution-of-uk-european-parliament-seats-by-member-state/.

85. Martin Armstrong, "The economic impact of Brexit", Statista, Mar. 22, 2016, https://www.statista.com/chart/4533/the-economic-impact-of-brexit/.

86. "Engagements", House of Commons Hansard, Mar. 6, 2019, Vol. 655, https://hansard.parliament.uk/Commons/2019-03-06/debates/F1381E13-33A6-4A4F-9F12-D383B0F1F6D8/Engagements.

87. "Innovative new Freeports across the UK as Government lays out plans to boost economy", UK Government, Feb. 10, 2020, https://www.gov.uk/government/news/innovative-new-freeports-across-the-uk-as-government-lays-out-plans-to-boost-economy.

88. "Brexit deal means drop in key fishing stocks", Scottish Government, Dec. 29, 2020, https://www.gov.scot/news/brexit-deal-means-drop-in-key-fishing-stocks/.

89. "Recovery and reconstruction of Ukraine", European Commission, https://eu-solidarity-ukraine.ec.europa.eu/eu-assistance-ukraine/recovery-and-reconstruction-ukraine_en.

90. "SIPRI Yearbook 2023", Stockholm International Peace Research Institute, p. 7, https://www.sipri.org/sites/default/files/2023-06/yb23_summary_en_1.pdf.

七、常用网站

英国政府网站：https：//www.gov.uk/

英国下院网站：https：//www.parliament.uk/business/commons/

苏格兰地方政府网站：https：//www.gov.scot/

欧盟委员会网站：https：//ec.europa.eu/info/index_en

舆观调查网：https：//yougov.com/zh/

Statista 全球调查统计数据门户：https：//www.statista.com/

保守党之家网站：http：//www.conservativehome.com/about

移民观察组织网站：https：//migrationobservatory.ox.ac.uk/

图书在版编目（CIP）数据

英国的欧洲之困：历史惯性与现实矛盾/孙婉璐著.
—北京：时事出版社，2024.7
ISBN 978-7-5195-0577-6

Ⅰ.①英… Ⅱ.①孙… Ⅲ.①英国—关系—欧洲联盟—研究 Ⅳ.①D756.1②D814.1

中国国家版本馆 CIP 数据核字（2024）第 096214 号

出 版 发 行：时事出版社
地　　　　址：北京市海淀区彰化路 138 号西荣阁 B 座 G2 层
邮　　　　编：100097
发 行 热 线：（010）88869831　88869832
传　　　　真：（010）88869875
电 子 邮 箱：shishichubanshe@sina.com
印　　　　刷：北京良义印刷科技有限公司

开本：787×1092　1/16　印张：19　字数：235 千字
2024 年 7 月第 1 版　2024 年 7 月第 1 次印刷
定价：135.00 元

（如有印装质量问题，请与本社发行部联系调换）